知识产权保护
对企业创新绩效的影响机理研究

Research on the Influence Mechanism of Intellectual Property Protection on Enterprise Innovation Performance

郑　玉　魏华阳／著

中国经济出版社
CHINA ECONOMIC PUBLISHING HOUSE
北　京

图书在版编目（CIP）数据

知识产权保护对企业创新绩效的影响机理研究 / 郑玉，魏华阳著.
—北京：中国经济出版社，2018.9
ISBN 978-7-5136-5198-1
Ⅰ.①知… Ⅱ.①郑…②魏… Ⅲ.①知识产权保护—影响—企业创新—企业绩效—研究—中国 Ⅳ.①F279.2

中国版本图书馆 CIP 数据核字（2018）第 092464 号

责任编辑 师少林 张 户
责任印制 巢新强
封面设计 华子图文

出版发行 中国经济出版社
印 刷 者 北京九州迅驰传媒文化有限公司
经 销 者 各地新华书店
开 本 710mm×1000mm 1/16
印 张 14.75
字 数 300 千字
版 次 2018 年 9 月第 1 版
印 次 2018 年 9 月第 1 次
定 价 68.00 元
广告经营许可证 京西工商广字第 8179 号

中国经济出版社 **网址** www.economyph.com **社址** 北京市东城区安定门外大街 58 号 **邮编** 100011

前　言

自20世纪80年代以来，随着环境污染的加剧，传统生产要素的规模报酬递减，西方国家主导的以高新技术为驱动的经济增长方式得到人们的普遍关注。我国作为发展中大国，一方面希望通过国际技术外溢的途径促进我国创新能力的快速提升；另一方面，又必须发展自主创新能力，从而掌握经济发展的主动权。然而，自改革开放以来，由政府主导实施的“以市场换技术”的战略并未达到预期效果，巨大的市场并未换来更先进的技术。为此，多年来，我国政府不断致力于完善和加强知识产权保护，并提出建设创新型国家的目标。在国家政策的引导下，我国国内的知识产权保护与自主创新意识均有所改善，研究与开发（R&D）投入持续增长，自2009年以来，其投资额已经跃居全球第二位，但其研发支出占GDP的比重仍然相对较低，缺乏自主知识产权的核心技术，民族品牌极少。总的来看，我国的创新效率和科技能力已经成为一个备受关注的话题。本书拟全面系统地梳理知识产权保护如何诱发国际技术扩散和自主创新，并最终提升创新绩效的机理，试图得到创新效率长期被“压抑”的新解释。

我国经济形势的现实状况决定了系统分析知识产权保护对创新绩效影响机理的理论需要，但以往的研究尚未形成一个系统的理论框架。目前，基于我国“以模仿求突破”的探讨并未形成统一的研究结论，且没有关注国际技术转移与溢出可能存在知识产权保护的门槛效应，更忽视了知识产权保护诱发国际技术扩散并提升我国企业创新绩效的机理。而对基于知识产权保护对企业研发的激励效应虽已达成共识，但较少关注知识产权保护对异质性企业的不同作用机制。鉴于当前我国创新乏力和传统理论解释力欠佳的现状，在系统总结知识产权经济理论与创新理论以往研究成果的基础上，就知识产权保护对创新绩效影响的机理进行深入研究具有紧迫而重要的实践意义。

本书在对知识产权经济理论与创新理论等文献进行回顾并界定相关概念的基础上，运用定性分析与定量分析相结合的方法，对知识产权的创新效应进行从理论框架到实证检验的分析，再到相关机理的探讨。基于我国转型期的制度背景，分别分析知识产权制度如何影响国际技术扩散［国际贸易、FDI（外商直接投资）和技术许可］和自主创新，并由此实现我国技术进步的内在机理。全书主要内容和研究结论概括如下：

首先，本书对我国各省区知识产权保护水平进行测算。本书借鉴了 Ginarte 和 Park（1997）以及韩玉雄和李怀祖（2005）的方法，通过构建我国的 Ginarte-Park 指数（以下简称为 GP 指数）和各省知识产权保护的执法力度，重新测算了 2001—2015 年我国各省区知识产权保护强度。定量测算的结果显示，由于我国的立法水平自 2000 年开始便趋于稳定，因此知识产权立法强度一直保持在 3.857 的水平。我国知识产权保护水平的稳步上升源于知识产权执法力度的不断加强，但各省的执法力度仍然存在一定的差异。

其次，基于国际技术转移与溢出的进口贸易、FDI 和许可渠道，发现知识产权保护对源于这些途径的技术溢出均存在正向效应。基于静态局部均衡的理论分析可以发现，当北方研发效率较高，溢出能力较强时，南方加强知识产权保护有利于这些渠道的技术溢出。基于门槛模型的实证研究可以得出以下结论：知识产权保护对进口贸易、FDI 及许可三大路径的国际技术转移与溢出均呈现非线性的“双门槛效应”，当知识产权保护水平超过某一阈值时，三大路径的技术溢出效果均会显著增强。其机理在于，尽管知识产权保护的提高使模仿有所下降，但这种下降被高质量、高水平的技术溢出大大抵消。对比进口贸易、FDI 和许可的研究结论可以发现，许可的最优知识产权保护门槛值最高，FDI 的最优知识产权保护门槛值最低。此外，本土企业的人力资本水平，尤其是科技研发人员的技术水平，是技术、知识得以应用于实践并发挥作用的载体，其逐渐成为决定经济增长的关键生产要素。

再次，基于自主创新渠道，可以发现知识产权保护在诱发 R&D 投资和提升创新绩效方面有其独特的作用，其对异质性企业的作用机理也存在较大差异。本书通过理论分析和实证检验发现，企业 R&D 投资受到知识产权保护水平的影响，知识产权保护的增强有利于促进企业的 R&D 投资。基于异质性企业的视角研究可以发现：从公司规模来看，知识产权保护对中小型企业的 R&D 投入有更大的促进作用；从所有制类型来看，民营企业的 R&D 投入对知识产权保护有更大的需求；从行业类型来看，技术密集型企业的 R&D 投入对知识产权保护更具敏感性。针对上述经验证据，本书进一步探讨了知识产权保护对异质性企业的影响机理。

最后，贸易、FDI 和许可作为技术在国与国之间进行转移与溢出的三类主要渠道，它们是实现技术进步的间接机制，它们之间不仅存在一定的区别，而且与自主创新这种显而易见的直接途径也有所不同。具体来讲，贸易渠道的技术转移有赖于有形商品进口后产生的逆向工程，或模仿生产、商品贸易中附带的辅助服务所产生的非物化技术与隐性知识的转移，以及贸易活动导致的市场竞争后企业对现有技术进行改良或创新的动机等。FDI 渠道的技术转移则更多地体现在外资的示范—模仿效应、竞争效应、人力资本流动效应及研发合作效应。相比于贸易和 FDI，与知识产权有关的许可业务由于直接涉及对某项具体知识产权权利的使用，因此，其通过人员培训、技术操作、后期技术支持等途径引发的技术溢出更为直接，有助于实现相关技术在不同个体间的快速转移。相比较技术转移与溢出的国际途径，本国的自主研发则是我国技术进步的根本渠道，通过“干中学”不断提升创新能力，实现自主创新驱动经济发展的战略。

本书共分七章论述上述内容。第一章为绪论。第二章为文献回顾与总结。第三章为相关理论基础与分析框架。第四章为知识产权保护的制度背景分析及对中国各省知识产权保护强度的测算。第五章为基于技术转移与溢出的贸易、FDI 和许可视角，就知识产权保护在诱发国际技术扩散并提升企业创新绩效方面的机理进行探讨。第六章为基于自主研发视角，就知识产权保护在诱发企业 R&D 投入并提升企业创新绩效方面的机理进行探讨。第七章为全书的研究总结及展望。

本书的创新主要体现在以下三个方面：第一，我国经济形势的现实状况决定了系统分析知识产权保护对创新绩效影响机理的理论需要。本书突破了过去主要分析国际技术转移与溢出的局限性，同时引入国际技术扩散和自主创新两个视角，紧贴国家当前实施创新驱动发展战略的决策需求，为国家制定更加合理的知识产权保护政策提供参考和决策建议。第二，基于已有文献中争议较大的研究结论，笔者认为国际技术转移与溢出可能存在“门槛效应”。通过对我国各省份的数据资料进行分析，可以发现，当知识产权保护水平超过某一阈值时，进口贸易、FDI 及许可三大路径的技术溢出效果均会显著增强。这说明，知识产权保护通过国际技术扩散提升了创新绩效，经济不发达地区靠模仿行为不能保持其经济的持续、高速、健康发展。第三，虽然人们对于知识产权保护对企业研发的激励效应已经达成共识，但却较少关注知识产权保护对异质性企业的不同作用机制。本书通过理论分析和实证检验发现，从企业规模和所有制类型来看，中国特有的制度环境使得知识产权保护对中小企业和民营企业的 R&D 投入具有更大的促进作用。这说明中小企业和民营企业对知识产权保护也具有很大的需求。

本书由郑玉、魏华阳完成，郑玉负责本书的整体设计与统撰工作。本书的第一章、第二章、第三章由魏华阳完成；第四章、第五章、第六章、第七章由郑玉完成。本书受到国家社会科学基金（15 BRK 030）、郑州轻工业大学博士科研基金（2015 BSJJ 078）和河南省社会科学基金（2016 BJJ 059）的项目资助。

目　录

第一章　绪　论

第一节　研究背景和意义

一、研究背景

创新绩效作为现实经济领域一个十分重要的问题，长期以来受到学术界的广泛关注。从一些发达国家的发展历程来看，知识产权保护在诱发创新投入和国际技术转移的过程中发挥着不可忽视的重要作用。自2009年以来，中国的R&D投入已经跃居全球第二位，仅次于美国，技术水平得到长足的进步，但仍然存在诸多困难和问题亟须解决。

首先，科技能力和研发基础薄弱。虽然我国的专利数量不断提升，但专利的质量不高，缺乏实质性创新。图1-1显示了我国国内三种专利在2000—2015年的申请授权量，虽然近年来我国专利的授权量得到大幅度提升，但其主要是由实用新型和外观设计两种专利的快速提升拉动的；技术含量较高的发明专利所占比重较低，2000年只有6.49%，2012年占比为12.37%，2015年进一步提高，但也只达到16.5%。另外，从国内外专利授权的领域大致可以看出专利的技术含量。来自中国知识产权局的数据显示，近年来，我国专利申请主要集中在食品、中药、西药、服装、化妆品、输入法、半导体和移动通信等行业，尤其集中在食品、中药和非酒精饮料等产品附加值和技术含量较低的传统领域；以美国为代表的发达国家，其专利申请的90%以上集中在新材料、生物技术、生命科学以及信息技术等高端的技术领域。

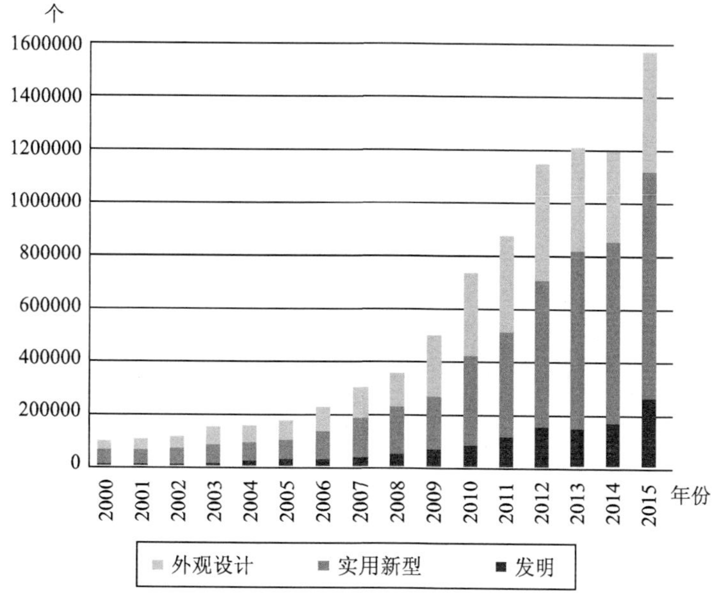

图 1-1　2000—2015 年中国国内三种专利申请授权量

数据来源：中国国家知识产权局《专利统计年报》。

其次，R&D 效率低下，科技成果转化率较低。虽然近年来我国 R&D 投入持续增长，但研发成果不尽如人意，且科技成果的转化效率也远远落后于世界平均水平。如表 1-1 所示，中国的 R&D 支出以平均每年 16%的速度高速增长，短短几年间，其数额已经从 2005 年的全球第三位跃居到 2009 年的第二位，至此，中国的 R&D 支出已经超过日本，仅次于美国，是一个名副其实的研发大国。但中国 R&D 支出的效率极其低下，表 1-2 显示了我国科技成果转化的实际情况，虽然中国的研发投资额巨大，但三元同族专利①的申请量远远低于其他国家，2005 年其申请数仅占美国、日本申请量的 3%，甚至只占德国的 7.3%。近年来，中国的三元同族专利申请以平均每年 18%的速度大幅度攀升，R&D 投入效率持续改善，截至 2013 年，其三元同族专利的申请量占日本、美国申请量的比重分别达到

① 一个专利族是指同一发明在不同的国家登记注册的专利，它可以捕获全球重要的发明，并具有国际可比性；表 1-2 的三元同族专利是指在其中的三个主要专利机构登记注册的同一发明的专利（三个专利登记机构分别是欧洲专利局 EPO；日本专利局 JPO；美国专利和商标局 USPTO）。

12%左右，占德国申请量的比重达到近 33%。另外，需要补充说明的是，中国的三元同族专利申请量的平均增速为 18%，超过了 R&D 支出的平均增速 16%，从而辅助性地说明了虽然中国整体 R&D 支出的科技成果转化率较低，却处于不断改善的进程中。另一方面，我国科技成果的产业化率也较低，仅为 25%，但真正实现科技成果转化的不足 5%，远远低于发达国家 80%的转化率的水平。这说明我国无论是在 R&D 投入转化为科技成果的环节还是在科技成果产业化的环节都不尽如人意，科技投入的经济收益非常薄弱，亟须突破瓶颈。

表 1-1　2005—2013 年部分国家 R&D 支出数额　　单位：百万美元

国家＼年份	2005	2006	2007	2008	2009	2010	2011	2012	2013
法国	45888	46997	47513	48490	50530	50730	52155	53196	53493
德国	73809	77602	79820	85650	84767	87822	93726	96756	96069
日本	140618	147337	152878	151532	138627	140607	145528	146330	154515
韩国	32316	36635	40952	43839	46549	52173	58427	64268	68149
英国	35873	37387	39153	39035	38605	38139	38787	37633	38116
美国	361066	377207	395494	415342	411369	410093	420072	419722	433380
中国	94305	111357	127816	147563	186611	213010	243035	282481	317848

数据来源：*OECD Factbook* 2015；R&D 支出的单位以 2005 年不变价衡量的百万美元表示。

表 1-2　2005—2013 年部分国家三元同族专利申请数量

单位：件/百万人口

国家＼年份	2005	2006	2007	2008	2009	2010	2011	2012	2013
法国	3051	2885	2782	2887	2722	2472	2606	2539	2484
德国	7143	6532	5809	5473	5561	5352	5396	5440	5465
日本	17717	17992	17722	15726	15330	16042	16423	16220	15970
韩国	2750	2350	1982	1828	2108	2460	2668	2887	3154
英国	2169	2091	1799	1699	1724	1681	1693	1715	1770
美国	17399	15502	13916	13829	13537	12823	13254	13819	14606
中国	522	565	695	826	1297	1417	1542	1657	1785

数据来源：*OECD Factbook* 2015。

再次，缺乏自主知识产权的核心技术，民族品牌极少。我国企业长期以来主要依靠模仿以及周围创新的方式在市场上占有较小的份额。然而激烈的市场竞争格局使得一些缺乏核心技术和民族品牌的企业难以为继。例如，我国的手机市场，iPhone 和三星等国外品牌的市场地位非常强势，我国的自有品牌并没有得到高度认可。除此之外，在电子计算机、数码、医药以及汽车行业等领域，一直是国外的品牌处于主导地位，我国一直缺乏具有高辨别度的民族品牌。缺乏自主知识产权的核心技术是中国企业不容忽视的问题，核心技术是树立民族品牌的保障，也是民族企业在激烈的国际竞争中持续高速发展的必备条件。

最后，我国知识产权的执法人员素质不高，执法力度有待提高。我国知识产权市场侵权行为屡见不鲜，究其原因，这与知识产权执法不严有很大的关系。比如，在司法部门执法的过程中，往往以权谋私，办“关系案”“人情案”，严重损害了发明者的利益。这些执法不严的现象使研发者丧失了研发动力，扰乱了市场秩序，严重阻碍了我国经济的健康发展。

总的来看，中国的创新效率和科技能力似乎已经成为一个难以回避的话题。本书拟全面系统地梳理知识产权保护如何诱发国际技术扩散和自主创新，并最终提升创新绩效的机理，试图得到创新效率长期被“压抑”的新解释。

二、研究意义

（一）理论意义

知识产权制度（Intellectual Property System）是伴随着人类智力成果的出现而发展起来的制度体系。知识产权一般包括专利、商标、版权、地理标识、商业秘密、工业设计、整体电路设计布图以及植物多样性的保护等。随着熊彼特的技术创新理论（Schumpeter，1912）和新经济增长理论（Solow，1956；Romer，1986；Lucas，1988）的兴起，特别是在阿罗（Arrow，1962）对知识的特性及其生产做出深刻的分析之后，知识产权问题开始备受关注。人们对知识产权、创新活动与经济增长的过程和机制也有了更加深入的了解。创新是支持经济持续高速增长的源泉，通过知识产权保护这种良好的政策能够不断地激励创新，进而促进经济增长是知识产权制度的基本逻辑。然而，知识产权制度自身存在着促进知识垄断与知识扩散的悖论：既需要借助法律制度创造暂时的垄断权利以促进创新，又需要约束垄断以促进智力成果的扩散及支持经济的可持续发展。

随着世界经济一体化的发展，特别是“与贸易有关的知识产权协议”（Agreement on Trade Related Aspects of Intellectual Property Rights，TRIPs）的签署，知识产权在国际经济往来中的重要性日益凸显，各国围绕本国的创新和发展问题，既不断产生冲突，又广泛开展合作。有研究认为，当前全球统一的知识产权保护体系对发展中国家无论近期还是远期都将产生负面的影响，包括将基本医疗保健品的价格提高到普通大众难以承受的水平，限制发展中国家教育资源的可得性，等等。

总之，国内外在知识产权保护对创新的影响研究中，得到的结论并不统一，多数研究仅停留在表象，较少关注其作用机制。

（二）现实意义

自20世纪80年代以来，随着环境污染的加剧，传统生产要素的规模报酬递减，西方国家主导的高新技术驱动的经济增长方式得到人们的普遍关注。以2007年为例，从各国研发支出占GDP的比重可以看到：美国为2.72%、德国为2.54%、韩国为3.21%、日本为3.44%、新加坡为2.52%、中国为1.44%，世界平均值为2.07%①。从上述数据可以看出，发达国家是技术创新的主体，其自我保护意愿也更强烈。广大发展中国家的自主创新体系正在逐步形成，目前仍缺乏完全独立创新的能力，仍有一部分关键技术需要从国外引进，以期达到吸收和再创新的目的。比如，2012年我国共签订国外技术引进合同12988项，其中“专利技术的许可或转让”支出最多，达到2288142万美元；其次多的是“技术咨询、技术服

① 虽然中国2012年研发支出占GDP的比重已达到1.98%，增长率位居世界第一，但与同期的研发强国仍有一定的差距（2012年，美国2.79%、德国2.92%、澳大利亚2.39%；2011年，韩国4.04%、日本3.39%），见网址 http://data.worldbank.org.cn/topic/science-and-technology。

务”，为1426071万美元。中国作为一个发展中大国，一方面希望通过国际技术外溢的途径促进我国创新能力的快速提升；另一方面，又必须发展自主创新能力，以免受制于人，从而掌握经济发展的主动权，提升自身在国际经济交往中的地位①。“技术引进与自主创新之争”② 也充分说明了技术进步模式选择的经济意义，同时，从宏观经济层面处理技术模仿与自主创新的关系显得极其重要（张景安，2003）。那么，如何使得中国的知识产权保护政策既有利于国际技术扩散，又有利于激励民族企业的自主创新，是中国制定知识产权战略时面临的重要课题。吴汉东（2005）认为，在一体化的世界经济潮流中，中国作为世界贸易组织的成员国，应当在遵循国际公约最低标准的基础上，结合本国实际的经济和科技发展状况，实现知识产权立法的本土化和国际化之间的协调。然而在国家倡导自主创新的产业政策导向下，国内也出现了对自主创新和知识产权的盲从。知识产权制度不但是产业规制政策的重要内容，而且是产业组织理论关于技术创新问题的研究拓展，在规制竞争和激励创新中有重要作用，本书拟探讨知识产权保护促进创新的具体作用机制，并对中国知识产权实施的实际情况进行实证检验，从而为国家制定更加合理的知识产权政策提供参考和决策建议。

开放经济条件下，国际技术扩散和本土自主创新成为东道国技术进步的两条重要途径。一般而言，国际技术扩散的渠道主要包括国际贸易、外商直接投资、服务贸易、人口迁移、技术许可等，其中又以国际贸易、外商直接投资和技术许可为主。中国的经济发展极不平衡，尤其是各地区的资源禀赋和技术水平差异巨大，这使所有地区完全依靠某一种途径实现技术进步是不现实的，“多元化”的技术选择和“多层次”的有机耦合是促进我国技术发展的理性选择。本书基于我国转型期的制度背景，分别分析知识产权制度如何影响国际技术扩散（国际贸易、FDI和技术许可）和自

① 《国民经济和社会发展第十一个五年规划纲要》和《国家中长期科学和技术发展规划纲要（2006—2020）》明确提出：到2020年，我国力争进入创新型国家的行列。

② 林毅夫、梅永红、江小娟、马俊如、孔德涌等关于“技术引进与自主创新之争”的观点参见赵亿宁：《引进技术与自主创新的争论》，《瞭望新闻周刊》，2003年7月7日第27期。

主创新，有助于深化理解知识产权制度对我国经济发展和创新的作用机制和作用效果。

本书的研究意义主要包括：第一，从中国最重要的两类技术创新渠道（国际技术扩散和自主创新）出发，分别阐述知识产权保护作用于两类不同技术创新绩效的机制，试图突破过去只从单一渠道研究的局限。第二，鉴于有关国际技术转移的三种方式——贸易、FDI 和技术许可，一般学者仅局限在国家层面进行分析，由于中国经济发展的不平衡，各个省份的知识产权执法也存在异质性的特征，这必然导致各省份的知识产权保护状况差异较大，因此把知识产权保护对技术进步影响的研究深入各省份、各地区是很有意义的探索。第三，基于已有文献中争议较大的研究结论，笔者认为国际技术转移与溢出可能存在门槛效应，以知识产权保护水平为门槛变量，分别检验进口贸易、FDI 和许可的技术溢出效应，可能得到有别于传统视角下的解释。第四，虽然学术界对知识产权保护，对企业研发的激励效应已经达成共识，但较少关注其作用机制，本书试图为经济增长的微观作用机制提供经验证据，为国家制定知识产权战略提供参考依据。

第二节　研究思路和研究方法

一、研究思路与框架

本书首先梳理了有关理论和文献，寻找可能存在的研究机会，在韩玉雄和李怀祖（2005）研究的基础上构建了各省知识产权保护的执法力度，重新测算了 2001—2012 年中国各省份的知识产权保护强度。其次，聚焦中国技术进步得以实现的不同渠道，分别基于国际技术转移和自主创新两个视角，研究了我国各省份的知识产权保护水平对源于进口贸易、FDI 及许可途径的国际技术转移与溢出的影响，并由此提升我国创新能力的内在机理，以及知识产权保护对源于自主 R&D 投入的影响，并由此促进我国企业创新绩效的作用机制。最后，就目前存在的问题提出政策建议。全书的研究思路如图 1-2 所示。

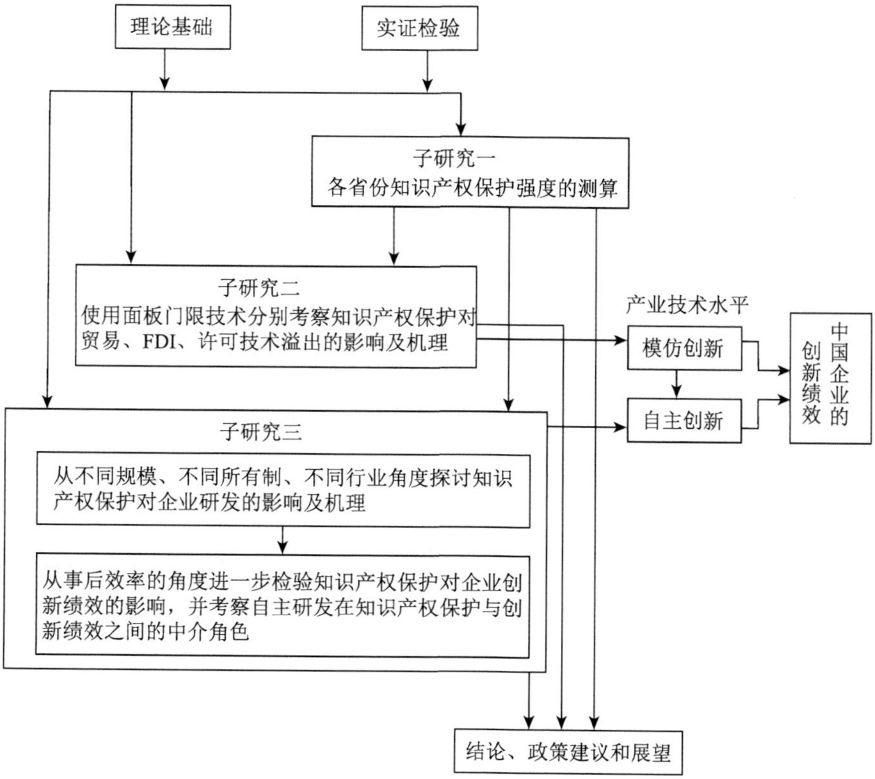

图 1-2　本书的研究逻辑框架

二、研究方法

本书应用产业经济学、国际贸易学、微观经济学等学科领域的相关研究方法，主要方法归纳如下：

第一，文献研究法。本书在查阅大量国内外文献的基础上，对知识产权保护影响创新的理论进行回顾与评论，发现研究的机会，并确定本书的研究方向和内容。

第二，定性分析与定量分析相结合的方法。本书的理论推演部分主要采用定性分析的方法；经验研究部分主要采用定性分析与定量分析相结合的方法，其中指标的论证与筛选使用定性分析的方法；在运用相关指标和计量模型开展经验研究时，主要使用定量分析的方法。

第三，实证分析与规范分析相结合的研究方法。实证分析是贯穿全书的主要方法，回答“是什么”“为什么”的问题；同时辅以规范分析，回答“应该是什么”的问题。本书在对相关理论进行回顾以及理论建模时，采用的是规范分析的方法；通过面板数据进行经验分析时，采用实证分析的方法。

第四，归纳法。在上述研究的基础上，运用归纳法，提炼结论，形成系统的理论体系，并提出有针对性的政策建议。

第三节　相关概念的界定

一、知识产权

根据《法律词典》的定义，知识产权是指“对智力劳动所创造的符合法定条件的智力成果，依法确认并享有的权利”①。知识产权也是一个动态的概念，其涵盖的内容和范围不断扩大，原有对其本质的解释已难以适用。例如，随着非创造型资源等被纳入知识产权法律的调整范围，“智力成果”已经不能完全概括知识产权客体的本质特征，但大多文献通常回避对知识产权定义或本质的阐释，只采用举例与概括性规定的方式，罗列知识产权所涉及的内容和范围。

学术界对知识产权的界定有广义和狭义之分，前者包括著作权、专利权、商标权、地理标识权、植物新品种权以及商业秘密权等；后者即为传统意义上的知识产权，包括著作权（含邻接权）、商标权和专利权。随着知识产权在经济学和管理学中的广泛应用，狭义的知识产权概念进一步涵盖了商业秘密、非专利技术和技术标准等智力成果（Day、Schoemaker 和 Gunther，2002；汪海粟、方中秀，2012）。

基于此，笔者认为应该着重从三个方面把握知识产权的内涵：知识产权实质上体现的是智力成果作为资源的归属问题，是一种结合了激励与调

① 中国社会科学院法学研究所：《法律词典》，法律出版社，2003 年。

节作用的利益机制；知识产权这一无形资产具有最终转化为生产力的价值形态；知识产权作为生产要素的重要组成部分，在知识经济时代发挥着越来越重要的作用。

因此，本书认为，知识产权保护具有三个维度的特征：保护的对象是以技术、知识等为表现形式的智力成果；该智力成果具有转化为生产力的价值形态；保护的目的是通过克服智力成果的“外部性”和“市场失灵”，从而实现对创新的激励。

二、国际技术扩散

发展中国家往往通过两种渠道获得新技术，一是自主研发，二是消化吸收国际技术的扩散。通过对经典文献的梳理，本书认为进口贸易、FDI和技术许可是国际技术扩散的三种最主要的形式。发达国家可以选择在本国生产产品然后出口到发展中国家，或者选择到发展中国家进行直接投资，也可以选择自己不进行产品生产，而将技术通过许可贸易转让给发展中国家使用，从中收取费用。下文将对贸易、FDI、许可三类国际技术转移与溢出的渠道进行简单的界定。

（一）贸易

由于本书主要从吸收发达国家技术扩散的视角出发，因此这里的贸易指的是进口贸易。进一步讲，如果按照贸易的商品形态分类，本书中的贸易指的是有实物形态的货物进口贸易。毫无疑问，发展中国家通过进口贸易可以直接提高生产率、降低生产成本，而受益的大小跟进口商品的技术含量有直接的关系。例如，Coe、Helpman 和 Hoffmaister（2009）研究发现，发展中国家加强与创新率高的发达国家的贸易往来可以快速提高劳动生产率。具体而言，发展中国家从 OECD（经济合作与发展组织）国家进口的新设备每增加 1%，其劳动生产率就会提高约 0.3%。

贸易渠道的技术转移有赖于有形商品进口后产生的逆向工程，或模仿生产、商品贸易中附带的辅助服务所产生的非物化技术与隐性知识的转移，以及贸易活动导致的市场竞争后企业对现有技术进行改良或创新的动机。

（二）FDI

从某种意义上说，FDI 也是国际经济贸易的方式之一，它在这里特指中国实际利用外商直接投资。由于技术能力的差异，外资来源成为影响技术溢出效应的重要因素。与港台企业主要利用内地廉价的劳动力进行劳动密集型生产不同，欧美企业并不仅局限于对中国廉价资源的利用，更是为了实施全球化的战略计划。这类企业不但培养了大量的本地人才，而且根据需要设立本地研发中心，其所带来的先进技术产生的溢出效应为本土企业提供了更多的“养分”①。

FDI 渠道的技术转移更多体现在外资进入东道国市场所产生的竞争效应、示范效应、人力资本流动效应以及由于供应链上的前后向联系而表现的关联效应或研发合作效应。

（三）许可

广义的贸易不但包括实物形态的商品贸易，还包括无实物形态的技术和服务的贸易，诸如金融服务、运输服务、旅游服务、技术许可服务、建筑服务等。这里的许可属于广义贸易中没有实物形态的服务贸易的范畴，它仅指中国对国外技术的引进及后续的相关技术支持服务。

相比于贸易和 FDI，与知识产权有关的许可业务由于直接涉及对某项具体知识产权权利的使用，因此其通过人员培训、技术操作、后期技术支持等途径引发的技术溢出更为直接，有助于实现相关技术在不同个体间的快速转移。

三、创新绩效

“创新”（Innovation）的概念由著名经济学家 Schumpeter（1912）提出。他认为，“创新是经济组织内在要求的结果，经济发展是来自内部的一种变革”。因此他将技术创新作为一个新的独立变量引入生产函数，重

① 马瑞超、张鹏：《外资异质、吸收能力与创新绩效》，《当代财经》，2013 年第 2 期。

新考虑这种前所未有的生产要素的“新组合”对生产体系的作用，进而考察其对经济增长和社会发展的影响。Schumpeter（1934）列举了创新的五种具体形式，包括开发新产品、开辟新市场、获得新的供应来源、运用新的生产方法以及设立新的组织形式。Schumpeter 构造的创新概念涵盖了所有生产要素的新组合，属于泛化的概念。Schumpeter（1939）进一步完善了创新理论，他认为诸如成本的降低、经济周期本身、经济均衡的打破以及残酷的竞争都应该归因于创新。

Friedman（1982）在《工业创新经济学》一书中，将创新定义为新产品、新系统、新过程和新服务的商业性转化。20 世纪 80 年代中期，廖尔赛通过深入的分析，认为“技术创新通过新颖性构思实现了一系列意义重大的非连续事件”。Christensen（2000）认为，技术创新是对一系列经济要素（资本、劳动、信息以及原材料等）进行重新组合，从而使其产生更大价值的过程。

可以看出，前期学者在论述创新与经济发展的关系时，更强调新产品和新技术对于经济增长的重要意义，因此本书的创新绩效亦指技术创新绩效。

第二章　相关文献回顾与总结

第一节　理论研究回顾与述评

一、专利制度设计

Arrow（1962）指出，从福利的角度看，已获得的信息（知识）应该免费地被公众获得，这保证了信息能够得到最优利用，但不能为研究者的投入提供激励。为了刺激发明和创新，通过法律来保障发明者从中获利是必要的。但是，知识产权保护在私人收益和公共福利之间有着内在的张力，对知识产权制度的设计，必须考虑授予创新者在对其创新成果的垄断权利与创新成果的扩散之间取得平衡。有关知识产权保护的经济学分析一般主要围绕专利制度的设计展开。最优专利制度的设计，经济研究中通常从专利长度、专利宽度和专利高度进行均衡分析。

（一）有关专利长度的研究

专利长度（Length）是指专利被保护的期限。一般而言，专利保护的期限越长，创新激励越大，社会福利损失也越大。因此，专利制度设计应该在创新激励和社会福利之间取得平衡。

在 Arrow（1962）的研究基础上，Nordhaus（1969，1972）和 Scherer（1972）等构建了最优专利期限模型。他们的分析表明，专利的期限与专利保护的覆盖面应该是互补的，如果专利的覆盖面较窄，则专利期限应考虑延长。随着专利长度的延长，将带来成本更大幅度的降低，但社会福利损失也随之增加。因此，使创新者的边际收益与社会的边际福利损失相等的专利长度是最优的。

Kamien 和 Schwartz（1974）在 Arrow-Nordhaus 模型的基础上引入潜在创新竞争者和不确定性等因素，考察了专利长度与研发竞争的关系。研究发现，厂商通常提高研发强度以缩短研发周期，较长的专利制度能够保证对创新的充分激励①。

DeBrock（1985）否认了 Kamien 和 Schwartz（1974）的假设，认为成功的研发者不会停止研发，且在竞争市场中，最优专利长度较 Nordhas 模型要短②。

国内也有不少学者在国外研究的基础上，对最优专利长度研究进行了拓展。潘士远（2005）通过构建动态一般均衡框架，主张实行有限长的专利制度。专利长度的增加引起了促进创新与导致市场扭曲之间的相互博弈，但随着专利长度的不断增加，促进创新的效应会小于市场扭曲效应，因此，应实行有限的专利长度③。

（二）有关专利宽度的研究

1990 年以后，相关研究的重点从专利的最优期限转到了专利宽度（Breadth，Width or Scope）以及专利长度和专利宽度的最优组合。专利宽度反映新发明被授予专利权必须与原有发明相比存在的差异程度。然而，相比最优专利期限而言，专利宽度的参数确定更加困难。经济学家们从多个方面进行了探索，但均未形成更有说服力的结论。

Scotchmer（1991）指出，较宽的专利保护可能会抑制后续创新的积极性；较窄的专利保护可能会促使前期创新者采用商业秘密保护创新，从而不利于创新信息的扩散。

Gallini（1992）研究发现，较长的专利保护将诱发潜在竞争者进入该专利产品市场以获取垄断利润。因此，宽的保护范围、短的保护期限是最

---

① Kamien M.，Schwartz N.，Patent Life and R&D Rivalry，*American Economic Review*，1974，64（1），pp. 183-187.

② DeBrock L.，Market structure，Innovation，and Optimal Patent Life，*Journal of Law and Economics*，1985，28（1），pp. 223-244.

③ 潘士远：《最优专利制度研究》，《经济研究》，2005 年第 12 期。

优的保护策略①。

Denicolò（1996）指出，厂商之间的专利竞赛（Patent Race）使得厂商盈利与市场竞争度密切相关。产品市场上的竞争效率越低，越应该制定较宽的专利宽度和较短的专利长度；反之，则应该制定较窄的专利宽度和较长的专利长度②。

Mazzoleni 和 Nelson（1998）认为，较宽的专利制度会造成专利封锁，最终阻碍技术进步并造成较大的经济损失③。

潘士远（2005）认为最优的专利宽度应该是有限的。有效的专利宽度应该一方面使模仿产品的质量相对较高，从而对专利产品形成潜在的威胁并降低其垄断利润，减小市场扭曲；另一方面使模仿产品的质量不要太高，从而保障创新者的垄断价格，促进创新。

Riis 和 Shi（2012）对基础创新型累积创新及其最优专利制度设计进行了分析，最优专利制度涉及对专利长度和宽度的权衡。专利的回报越小，社会福利的无谓损失越大；如果给定专利的回报规模，那么短而宽的专利将有利于社会福利；根据环境的不同，最优专利长度可能是有限的，也可能是无限的④。

（三）有关专利高度的研究

在垂直差异化的创新序列中，专利宽度工具已不再适用，取而代之的是专利高度（Height）的概念。专利高度是指新发明较专利产品所必须具备的最小改进程度，它是最重要的专利政策变量。垂直差异化的创新往往发生在创新具有累积性的环境，此时最优的专利制度的设计应使创新者的联合收益适当地分配给各期创新者以产生适度的激励，从而实现较高的创

---

① Gallini N., Patent policy and costly imitation, *Rand Journal of Economics*, Spring92, 1992, 23（1）, pp. 52-63.

② Denicolò V., Patent Races and Optimal Patent Breadth and Length, *Journal of Industrial Economics*, 1996, 44（3）, pp. 249-265.

③ Mazzoleni R, Nelson R., The benefits and costs of strong patent protection: A contribution to the current debate, *Research Policy*, 1998, 27（3）, pp. 273-284.

④ Riis C, Shi X., Sequential Innovation and Optimal Patent Design, *Available* at SSRN 2018561, 2012.

新率。

Scotchmer 和 Green（1990）有关“新颖性”（Novelty）的要求相当于专利高度，他们研究了专利法中的新颖性要求以及信息披露要求对创新速度的影响，进一步比较了不同新颖性要求下的社会福利水平。其结果指出，由于新近的创新必须建立在先前研究成果的基础上，因此专利信息的披露对社会福利是有好处的，其有利于技术进步。但是，这样会减少创新企业的市场势力，从而降低其创新激励。因此，有必要设置一个较弱的新颖性条件①。

O'Donoghue（1998）指出，如果替代品导致原在位厂商立即失去主导地位，那么对创新的激励可能不足。为了增加动态效率并激发企业研发投资，必须对质量阶梯设置最小创新程度，因其增加了创新难度而使在位厂商在位时间更长，能够获得更多的垄断利润，从而较快收回创新成本②。

Hopenhayn、Llobet 和 Mitchell（2006）研究指出，最优专利制度涉及对当前创新和未来创新之间的权衡，可以通过买断计划来实现：当前创新者以某个价格将专利出售给下一期创新者，而下一期创新者将以更高的价格将持有的专利售出，因此序贯创新每个阶段的创新者都有激励进行创新③。

Chiou（2012）指出，虽然“站在巨人的肩膀上”往往可以获得成功，但是前人的失败可能会对后来的研究者产生负面的影响，即“巨人的阴影”。她通过一个两阶段的创新模型对阴影效应进行分析，其结论指出：对基础创新授予专利有可能促进第二代创新；但当这种正面效应没有出现且有必要激励第一代创新者继续创新时，最优专利设计应该拒绝对基础创新授予专利④。

---

① Scotchmer S., Green T., Novelty and Disclosure in Patent Law, *The RAND Journal of Economics*, 1990, 21 (1), pp. 131-146.

② O'Donoghue T., A Patentability Requirement for Sequential Innovation, *Rand Journal of Economics*, 1998, 29 (4), pp. 654-679.

③ Hopenhayn H., Llobet G., Mitchell M., Rewarding Sequential Innovators: Prizes, Patents, and Buyouts, *Journal of Political Economy*, 2006, 114 (6), pp. 1041-1068.

④ Chiou, J. Y., In the Shadow of Giants, *MPRA Working Paper*, No. 37033, 2012.

二、创新类型研究

在开放经济条件下，有关知识产权保护方面的理论研究一般都是在南北分析框架下进行的，通常假设北方国家从事创新活动，而南方国家一般不具有创新能力，主要模仿北方的先进技术。因此对创新的理论研究是与北方企业的研发活动和南方企业的模仿活动密不可分的。北方企业进行研发的目的一般可以分为两种：①研发投入后，成为固定成本的一部分，而这个以固定成本存在的研发投入降低了每单位的可变成本投入，因此，这种研发被我们称为成本降低型研发；②而在知识产权保护的经济学理论研究中，被广泛关注的是以提高产品质量或开发新产品为目的的产品创新型研发。基于这两种目的，在开放经济条件下，主要有三种反映创新动机的理论模型，以反映不同目的的内在创新机制：①过程创新模型（以降低产品成本为目的的工艺创新）；②质量阶梯模型（以提高产品质量为目的的产品创新）；③种类增长模型（以开发新产品为目的的产品创新）。下面笔者分别从过程创新模型、质量阶梯模型与种类增长模型三个方面进行归纳。

（一）过程创新模型

过程创新也叫做工艺创新或成本节约型创新。基于过程创新模型的经济学理论分析最早由 Chin 和 Grossman（1990）提出，其假设北方厂商具有创新能力，而南方厂商则只具有模仿能力，它们共同向一体化的国际市场销售商品，然后运用古诺双寡头模型分析了南方国家实行完全的知识产权保护制度和不进行知识产权保护两种情形下的经济效应，并首次把市场结构变量引入知识产权保护的相关研究中。研究发现，当南方进行完全的知识产权保护且与北方创新研发效率不同时，会形成三种市场结构：当北方国家的创新研发效率小于 1.5 时，会形成不对称的双寡头市场结构；当北方国家的创新研发效率在 1.5~2 时，会形成有约束的垄断市场结构；当北方国家的创新研发效率大于 2 时，会形成无约束的垄断市场结构。他们又进一步比较上述三种市场结构的情况下，南方国家实行完全的知识产权保护制度和不进行知识产权保护情形下的社会福利的变化。研究的结论是：除非南方国家的市场份额足够大或北方国家的创新对成本节约的效果特别突出，否则，对于南方国家来说，不进行知识产权保护更为有利，而北方国家却总能从南方国家的知识产权保护制度中受益①。

Zigic（1998）基于 Chin 和 Grossman（1990）的研究，仍然假设具有创新能力的北方厂商和只具有模仿能力的南方厂商同时向一体化的国际市场销售某种商品，他采用知识产权保护的强度来衡量技术溢出的程度，南方国家的知识产权保护越强，北方国家对南方国家的技术溢出就越少；他运用古诺双寡头模型分析了南方国家知识产权保护对北方国家创新投入、南方国家和北方国家的福利以及全球福利的影响②。

孙赫（2009）在 Chin 和 Grossman（1990）以及 Zigic（1998）的过程创新模型的基础上，分别研究了在封闭经济条件下，知识产权保护对企业研发投入的影响，以及开放经济中知识产权保护对贸易、直接投资以及许可三种国际技术溢出途径的影响③。

国内学者颜琿（2009）认为，中国的知识产权保护力度未能有效地促进 R&D 投入，且由于各个行业自身的特性，对知识产权保护的内在要求也存在很大的差异，因此单纯依靠国家层面统一保护力度是不合理的，他建议企业根据实际需要建立一定的保密机制。他在 D'Aspremont 和 Jacquemin（1988）分析框架的基础上，建立了一个成本节约型的两阶段双寡头创新模型。他认为，国家层面的知识产权保护力度越低，企业自身的保密水平越高，而市场规模的扩大也会促使企业提高自身的保密水平。

（二）质量阶梯模型

格罗斯曼·赫尔普曼（1991a）和阿吉翁·霍依特（1992）开创了对

① Chin, J. C., Grossman, G. M., Intellectual property rights and North-South trade, in: Jones, R. W., Krueger, A. O. (Eds.), The Political Economy of International Trade: Essays in Honor of Robert E. Baldwin. Blackwell, (Basil), *Cambridge MA*, 1990, pp. 90-107.

② Zigic, Kresimir, Intelectual Property Rights Violations and Spillovers in North-South Trade, *European Economic Review*, 1998, 42 (9), pp. 1779-1799.

③ 孙赫：《知识产权保护与企业创新》，上海三联书店，2009 年。

质量阶梯模型的研究。Grossman 和 Helpman（1991a）假定经济活动中存在着若干种产品，质量的提高以现有的最新技术为基础，且由 R&D 投入来推动，实现产品质量提升的生产者能够获得垄断利润，同时前一创新者的垄断利润消失（庄子银，2010）。

Aghion 和 Howitt（1992）假定经济活动中存在研发部门、中间产品部门和最终产品部门。该模型认为，经济增长的源泉来自于中间产品的垂直创新，产品质量的升级一方面增加了现有知识存量，另一方面在为创新者带来垄断利润的同时终结了前人的垄断收益，因而是一个“创造性破坏”的过程①。

Yang 和 Maskus（2001）建立了基于质量阶梯模型的动态产品周期一般均衡模型，研究了南方国家的知识产权保护对北方国家创新和技术许可的影响。南方国家知识产权保护水平的提高增加了技术许可方的收益、降低了许可合同的成本，从而使北方国家有更多的资源用于创新，因此，会引起更多的创新和技术转移。但是，更强的知识产权保护对相对工资的影响是不确定的②。

Glass 和 Saggi（2002）拓展了 Grossman 和 Helpman（1991b）的产品质量阶梯模型，他们发现，通过内生创新、模仿和 FDI，南方国家知识产权保护水平的提高增加了模仿的难度，反过来导致 FDI 的减少和创新激励的下降③。

Yang 和 Maskus（2003）基于质量阶梯模型，考察了南方知识产权保护对北方技术创新与转移的影响。北方企业通过创新不断提高产品质量，并决定是在北方生产或转移到南方生产。结果显示，如果用于北方创新的劳动力规模相比用于北方和南方生产的劳动力规模足够小时，南方加强知识产权保护将促进技术创新和许可，但该模型无法对福利进行分析。

---

① Aghion P., Howitt P., A Model of Growth Through Creative Destruction, Econometrica, 1992, 60 (2), pp. 323-351.

② Yang G., Maskus K. E., Intellectual property rights, licensing, and innovation in an endogenous product-cycle model, *Journal of International Economics*, 2001, 53 (1), pp. 169-187.

③ Glass A. J., Saggi K., Intellectual property rights and foreign direct investment, *Journal of International Economics*, 2002, 56 (2), pp. 387-410.

可能产生全球性的福利收益①。

国内学者易先忠、张亚斌和刘智勇（2007）以及余长林和王瑞芳（2008）创建了基于中间产品种类扩张的三部门经济模型，模型遵循南北地区技术扩散的基本研究框架，但假定南方国家企业的技术进步源于对北方国家技术的模仿和自主创新两条渠道，其发现知识产权保护对技术进步的影响是非线性的，当南方国家与北方国家的技术差距较小时，南方国家主要通过自主创新实现技术进步，此时南方国家知识产权保护水平的提高激励了本国的研发投资进而促进了技术进步；当南方国家与北方国家的技术差距较大时，南方国家主要通过模仿等后发优势迅速实现技术突破，此时，南方国家加强知识产权保护将会提高模仿成本，反而较松的知识产权保护的力度是适宜的。

第二节　实证研究回顾与述评

随着全球化和经济一体化的迅猛发展，知识产权保护对技术进步、技术转移、社会福利和经济增长等方面的影响日益成为研究的焦点。一般认为，发达国家作为知识产品的净出口国，对发展中国家改善知识产权保护有激励作用，而对于处在发展阶段的国家而言，由发达国家主导的知识产权保护力度似乎与本国的经济发展需求并不契合，因此南方国家加强知识产权保护对发展中国家的经济效应并没有形成一个统一明确的结论。本书主要从知识产权保护的测度指标、创新的影响因素、知识产权保护对国际技术扩散的影响、知识产权保护对 R&D 投入的影响四个部分进行综述。

一、知识产权保护的测度指标

（一）国外的研究

Rapp 和 Rozek（1990）是最早尝试量化知识产权保护强度的学者，他

① Branstetter L., R. Fishman, F. Foley, Saggi K., Intellectual Property Rights, Imitation, and Foreign Direct Investment: Theory and Evidence., No. 13033, 2007.

们以美国商务部 1987 年版《专利法》作为最低标准来衡量 159 个国家和地区的专利法，从而提出了知识产权保护强度的 RR 指数。由于专利是企业最核心的技术，在某种程度上反映了知识产权保护的整体水平。RR 指数的具体测量方法是：共分为“0”至“5”六个等级，其中“0”表示该国没有专利法对专利进行保护；“1”表示该国专利法不完善，欠缺禁止盗版的法律；“2”表示该国相关法律存在严重缺陷；“3”表示该国法律存在缺陷，但尚能有效地执行；“4”表示该国相关法律较为完善；“5”表示该国相关法律与执行已经完全达到美国专利法要求的最低标准[①]。RR 指数选择了最具代表性的专利作为测算依据，能够较好地反映一国知识产权保护的水平，因此得到了广泛的运用。但是该指数仍然存在两点缺陷：一是其出发点在于一国知识产权保护法律得到完全的执行，这对于司法体系比较健全的发达国家是适宜的，但对于立法相对完善而执法相对薄弱的发展中国家可能会有较大的出入；二是其采用整数计分法，测算结果相对粗糙，结果的不连续也使立法水平相近的国家的真实差异难以区分。

Ginarte 和 Park（1997）在 RR 指数基础上进行了修正与细化（GP 指数），将专利保护水平指标划分为两个层次：第一层次分为 5 个一级指标，分别是保护的覆盖范围、国际专利条约的成员资格、权利丧失的保护、法律执行机制以及专利保护期限；第二层次为一级指标下面细分的二级指标，分别对应保护的具体内容。每个一级指标设为 1 分，再根据相应的二级指标数目进行均分，每满足一项二级指标的要求，该一级指标便累加该二级指标的得分，最后各个一级指标的得分值加总后便是该国的知识产权保护水平的得分值[②]。因此 GP 指数也往往是 0~5 的数值，数值越高，代表该国的知识产权保护越强。GP 指数有效克服了 RR 指数的第二条不足，但是第一条不足仍然存在。

除了上述立法评价法外，国外也有一些学者使用问卷调查法来衡量一

---

① Rapp R. T. , Rozek R P. , Benefits and costs of intellectual property protection in developing countries, *Journal of World Trade*, 1990, 75, pp. 75-102.

② Ginarte J. C. , Park W. G. , Determinants of patent rights: A cross-national study, *Research Policy*, 1997, 26 (3), pp. 283-301.

国的知识产权保护水平。比如：Sherwood（1997）通过对以拉丁美洲为代表的 18 个国家的问卷调查，将每个国家分为 9 部分共 103 分，包括执行（25 分）、管理（10 分）、版权（12 分）、专利（17 分）、商标（9 分）、商业秘密（15 分）、生命形式（6 分）、条约（6 分）、一般公共义务（3 分）①。这种方法将知识产权所涵盖的诸多方面纳入测算体系，比单纯以专利测算知识产权保护水平的方法有很大的进步，但由于作者是以问卷调查的方式进行的，所以其再现性十分有限，且每个部分分值的分配也没有明确的依据，使得这种方法必然较为主观。

Ostergard（2000）曾开创性地提出了知识产权保护的测量思路，他同时将知识产权保护的立法和执法纳入测量框架，认为知识产权执法水平由执法机构的执法意愿和执法能力共同决定，其中执法意愿指执法机构开展执法活动的程度，执法能力指包括司法制度、行政执法机构、法律章程、执法专业技术等在内的实际执法体系②。

Hu、Png（2013）利用 GP 指数与 Fraser 指数构建了有效专利权指数来反映知识产权保护水平，通过相关性检验确定采用算术平均或几何平均的专利权指数方程，得出了稳健的结论③。

（二）国内的研究

对于司法体系比较健全的发达国家，直接采用立法指标来衡量知识产权保护水平不会出现太大的问题，但对于转型国家来说，执法和立法尚未同步，因此，针对 RR 指数和 GP 指数都没有提及的执法问题，中国学者韩玉雄和李怀祖（2005）率先提出需要在知识产权保护的立法强度之外再设立一个执法力度的评价指标，以便更全面地衡量我国的知识产权保护水平。他设立 4 个指标对中国的知识产权执法力度进行测量，包括社会法制

---

① Sherwood R. M., Intellectual Property Systems and Investment Stimulation: The rating of systems in eighteen developing countries. *IDEA, The Journal of Law and Technology*, 1997, 37 (2), pp. 261-370.

② Ostergard, R. L., The Measurement of Intellectual Property Rights Protection, *Journal of International Business Studies*, 2000, 31 (2), pp. 349-360.

③ Hu, A. Z., Png, I. L., Patent Rights and Economic Growth: Evidence from Cross-Country Panels of Manufacturing Industries, *Oxford Economic Papers*, 2013, 65 (3), pp. 675-698.

化程度、法律体系的完备程度、经济发展水平和国际社会的监督与制衡机制。这4个指标均设为1分，以4个指标的得分之和除以4，便得到中国各个年份执法力度的真实得分。知识产权执法力度的分值在“0”到“1”之间，其中“0”表示知识产权立法完全没有执行，“1”表示知识产权立法被完全执行。这样各年度的知识产权保护水平就等于各年度的知识产权立法水平乘以各年度的知识产权执法水平①。这种方法后来得到广泛的应用（许春明、陈敏，2008；沈国兵、刘佳，2009；孙旭玉，2010）。

基于我国的知识产权立法主要由国家统一执行，那么我们一般认为各地区的立法强度为统一标准。但由于中国各地区的发展极其不平衡，导致执法状况也存在很大的差异，所以许春明和陈敏（2008）认为，各地区的知识产权保护水平理所当然地由各地区的知识产权执法力度来决定，于是他们以2004年为例，计算了各地区的知识产权保护强度。

此外，也有学者采用其他方法度量知识产权保护力度，比如吴超鹏（2009）使用各省的知识产权代理公司密集度和各省的技术市场交易规模分别衡量各省的知识产权保护水平。同时，基于中国的知识产权保护水平不高的背景，企业的研发规模却出乎意料地高，他首次尝试使用社会资本作为知识产权保护水平的替代指标。

代中强（2010）以及鲁钊阳和廖杉杉（2012）同时以专利侵权案件占专利申请比重和专利侵权案件占专利授权比重来衡量知识产权保护水平。

2007年世界产权组织（PRA）开始公布IPRI指数（International Property Rights Index），该指数是世界上第一个度量产权保护的指标，其对知识产权（IPR）、物质产权（PPP）以及法律和政治环境（LP）3个领域的11个次级指标进行衡量。王华（2011）便利用该指标研究了知识产权保护水平对技术创新的影响，发现发展中国家和发达国家存在不同的最优保护水平。冯尧（2012）也使用GP指数和IPRI三种指数中的IPR指数分析了知识产权保护与经济发展之间的关系。

① 韩玉雄、李怀祖：《关于中国知识产权保护水平的定量分析》《科学学研究》（2005年第3期）

另外，类似于发达国家的问卷调查法也被应用到知识产权保护指标的衡量中。李诗、洪涛和吴超鹏（2012）使用各省的专利侵权案件数除以该省当年累计拥有的仍处于保护期的专利数量来衡量各省的知识产权保护水平，同时发现，这个度量指标与樊纲等（2011）通过问卷调查法得到的法律保护指数的相关性在1%水平上显著①。

张杰、芦哲（2012）使用樊纲、王小鲁和朱恒鹏（2010）的《中国市场化指数》中对中国各省份和地区的知识产权保护程度的测度指标体系，考察了知识产权保护对企业研发投入和企业利润的影响。

史宇鹏和顾全林（2013）使用2001—2007年的国有及规模以上工业企业数据考察知识产权保护对企业研发的激励效应在异质性企业之间是否存在差异，其度量知识产权保护力度的指标体系分别是：专利侵权纠纷立案数相对于专利拥有数的比率、假冒他人专利行为立案数相对于专利拥有数的比率、专利侵权纠纷案件的结案比率。

Fan、Gillan和Yu（2013）使用樊纲、王小鲁（2007）的《中国市场化指数》中专利申请数除以科技人员数和专利授予数除以科技人员数来分别度量知识产权保护状况。研究了知识产权保护、R&D溢出对会计信息透明度的影响②。

黄文锋和张梦轩（2013）通过量表的方式对知识产权保护水平进行了测量，测量题项包括政府为知识产权申请提供便利、政府加强知识产权保护的宣传、政府高效公正处理知识产权案件3个方面。

二、创新的影响因素研究

关于技术创新的经济分析，熊彼特做出了重要的贡献。他认为，技术创新是在经济系统中引入新的生产函数，从而使得成本曲线不断得到更新。技术创新在一定程度上是技术进步的重要内容，技术进步是技术创新的结果。

---

① 李诗、洪涛、吴超鹏：《上市公司专利对公司价值的影响——基于知识产权保护视角》，《南开管理评论》2012年第6期。

② Fan J., Gillan S., Yu X., Property rights, R&D spillovers, and corporate accounting transparency in China, *Emerging Markets Review*, 2013, 15, pp. 34–56.

西方产业组织理论认为，创新活动的存在主要有“技术推动假说”和“需求拉动假说”两种观点。前者认为，技术知识是决定创新频率和方向的主要推力，后者认为市场需求是创新活动的主要拉力。而在新经济条件下，产业间的差异直接影响创新活动的强度。

徐竹青（2004）选用人均 GNP（或人均 GDP）、R&D 支出和专利授权数 3 个指标分析衡量经济发展水平、创新的投入和产出，探讨了专利的经济绩效，并进行实证研究，结论表明，经济发展水平对创新投入和专利水平具有显著的促进作用。

市场结构与技术创新之间的关系是产业组织理论中有关技术创新研究的重要问题，理论上的争议很大程度上起源于熊彼特（1912，1942）关于创新的观点。熊彼特（1912）认为，小公司更具有创新性特征，但他在 1942 年又指出，在一个集中性的产业中，大企业成为技术进步的引擎。熊彼特关于创新的论述可以归纳为两点（Cohen 和 Levin，1989）：一是创新与企业规模成正比，二是创新与市场集中度成正比。市场结构与创新的关系是熊彼特假说的一个重要支柱。对市场结构与创新的关系进行考虑时，需要对技术创新前后的市场结构进行区别。熊彼特认为，不论事前还是事后，市场支配力的存在都促进了技术创新。

然而 Arrow（1962）并不支持熊彼特的观点，Arrow 认为竞争性的环境会给予创新者更大的激励去创新。在存在知识产权保护制度的竞争性市场中，竞争性企业在创新成功并获得知识产权保护后成为垄断者，从而获得更高的利润。

针对熊彼特关于市场结构与技术创新的假说，以及 Arrow 关于事前竞争性市场结构对创新的效应，后来的研究者进行了大量的实证检验，并未发现令人信服的一致性经验证据。Horowitz（1962）、Hamberg（1964）、Caves 和 Uekusa（1976）等对市场结构与研发投入之间的关系进行实证研究发现，技术创新与市场集中度正相关，该结论支持了熊彼特假说。随后 Loeb（1983）以及 Griliches（1990）等进一步进行了检验，均发现企业规模与研发投入之间存在正向的单调关系，进一步支持了熊彼特的假说。

但是，Geroski（1990）采用市场集中度、进出口比例、市场的进入和退出等多个指标来反映市场竞争度，发现20世纪70年代以来，英国的多数创新都来自于市场集中度较低的行业。Bound（1984）运用美国制造业数据发现，小企业单位投入的创新效率明显高于大企业；Pavitt（1987）运用英国的创新数据也得出了同样的结论，即企业研发投入的生产率会随着企业规模的扩大而降低。ACS和Audretsch（1987）运用美国小企业管理局的数据研究发现，大企业和小企业分别在资本密集和技术密集的行业进行创新活动更具优势，不过他们的另一项研究（ACS和Audretsch，1988）却明确指出，创新会随着市场集中度的增加而减少，从而支持了Arrow（1962）的观点。

另外，也有研究综合了上述两种观点，认为创新与市场集中度之间的关系呈现倒U型的曲线特征，随着市场集中度的增加，企业的研发投入先增加后减少（Scott，1984；Levin，1985）。

Cohen和Levin（1989）以及Symeonidis（1996）对熊彼特假说的经验研究进行了比较全面的总结，认为市场竞争程度与创新之间的关系仍不明确。之后，一些研究者对市场竞争程度采用新的度量指标进行实证研究，大多支持了加强市场竞争程度能够促进创新活动。例如，Nickell（1996）采用英国1975—1986年676家企业的数据考察了市场竞争度对企业创新的影响。与之前的研究不同，Nickell采用企业竞争对手的增加更有效地度量了单个企业面临的竞争状况。发现竞争不但促进了创新，而且提高了生产力。Disney（2000）等利用143000家英国企业的样本进一步证实了Nickell的研究结论。Kukuk和Manfred（2005）除了关注企业自身因素之外，还考虑了行业因素对创新活动的影响，并利用德国的调查数据研究发现，激烈的市场竞争和高的市场需求显著地促进了企业的创新。

Schmookler（1966，1972）提出配置于创新活动的资源与期望从成功创新中获得的利润流量成比例的假说。熊彼特和阿罗（Arrow）关于垄断和竞争与创新关系相对立的假说，分别反映了市场结构对创新活动的两类影响力量，因为垄断利润的吸引力，以及来自竞争对手的竞争压力都会促使企业从事研发活动。莫尔顿·卡曼和南赛·施瓦茨对技术创新的市场结构动因的分析认为，竞争程度高低和垄断力量大小都与企业创新动机正相关。竞争决定创新的广泛性，而垄断决定创新的特性（臧旭恒等，2005）。上述市场结构对创新的两种影响机制分别被称为“垄断效应”和“竞争效应”，其共同促进创新的产生。

市场集中度不同的产业，企业创新动力的来源也可能不同。中国学者刘国新、万君康（1995）将产业分为高、中、低集中度的不同群落，并分析了各群落的创新动机，研究发现高集中度产业的创新动力源于产业技术的推动，而较少受到市场需求的影响。低集中度产业创新的动力源于市场竞争，在竞争中生存和发展。

三、知识产权保护对国际技术扩散影响的研究

一般而言，国际技术扩散的方式主要有 3 种，分别是贸易、FDI 和许可。而发达国家最终采取的方式与东道国的市场特征有密切的关系，比如知识产权保护水平、劳动力成本、市场规模等等。而加强知识产权保护力度是否有利于吸引更高质量的技术转移，并最终促进东道国的技术进步，学术界仍然存在很大的争议。因此，本书将从这两个方面进行探讨。

（一）知识产权保护对国际技术扩散方式的影响研究

第一，从行业角度来看：当发展中国家的知识产权保护水平较低时，发达国家的跨国公司会减少对某些产业的 R&D 投资，尤其在 R&D 投资，对知识产权保护比较敏感的行业更是如此（Mansfield，1989）。

Maskus（1998）发现，较松的知识产权保护不利于跨国公司的研发投资，外商往往将投资仅限于组装环节。在那些标准化的劳动密集型部门，对知识产权缺乏敏感性，而在那些知识密集型的技术部门，FDI 与知识产权保护水平显著正相关①。

Javorcik（2004）以苏联和东欧为样本，研究发现发展中国家加强知识产权保护对研发型 FDI 的流入具有较强的促进作用。

董雪兵和史晋川（2006）通过构建累积创新模型，发现电子、医药等

① Maskus K. E.，The international regulation of intellectual property，*Review of World Economy*，1998，134（2），pp. 186–208.

行业适用较严格的知识产权保护，而软件、音乐等行业适合较宽松的知识产权保护。

一般认为，研发密集型行业对知识产权保护的敏感度较高，在专利保护加强时，也更倾向于从事技术许可或 FDI。而资本密集型行业具有较高的成本投资，因此天然的进入壁垒使得专利制度对它们没有太大的意义（余长林、王瑞芳，2009）。

第二，从企业类型来看：吴超鹏（2009）通过对外商独资企业和外商合资企业进行比较，发现知识产权保护较为薄弱时，合资双方由于担心开发的新技术被对方挪用，从而都缺乏创新的动机，且中外独资企业和中外合资企业的研发投入差异在 1%的水平上。为了检验知识产权保护的增强能否有效克服合资企业的代理问题时，他重新以合资企业为样本，检验了知识产权保护对研发投入的影响，发现知识产权保护的加强显著提升了合资企业的研发意愿。

柒江艺和许和连（2011）研究发现，知识产权保护通过市场需求来拉动外资企业的技术选择，而我国知识产权保护水平的加强能够提高中等技术水平的外资企业的利润。

第三，从转移方式来看：一般来讲，出口、FDI 和许可是国际技术转移的三种主要方式，而加强知识产权保护会影响跨国公司服务海外市场的方式。Dunning（1981）提出的“所有权、区位和内部化”框架是理解跨国公司服务海外市场的重要理论依据。

Smith（2001）认为，知识产权保护水平的提高通过强化区位优势诱发跨国公司以 FDI 或许可的方式代替出口。而当知识产权保护的力度足够高时，又降低了内部化的必要性，从而促使以技术许可的方式代替 FDI 和出口。但 Smith（2001）还强调，当出口市场具有很强的模仿能力时，加强知识产权保护会提高内部化优势，继而导致跨国公司以 FDI 或出口代替技术许可①。

---

① Smith P. J., How do foreign patent rights affect US exports, affiliate sales, and licenses?, *Journal of International Economics*, 2001, 55 (2), pp. 411-439.

在同样的知识产权保护水平下，高技术企业更多地选择可以生产内部化的直接投资方式，而模仿风险较小的企业更倾向于选择许可方式。

（二）知识产权保护对国际技术扩散的经济效应研究

知识产权保护的经济效应在学术界并没有取得一致的结论。下面从贸易、FDI和许可三个方面进行述评：

第一，知识产权保护与贸易引致的技术转移。Maskus和Penubarti（1995）认为，加强知识产权保护会引致市场扩张效应（Market Expansion Effects）和市场势力效应（Market Power Effects），两种方向相反的经济效果，从而使得知识产权保护对贸易的影响具有不确定性。其中市场扩张效应是指知识产权保护水平的提高限制了模仿，从而扩大了出口规模；市场势力效应是指知识产权保护水平的提高强化了出口企业的市场垄断力量。因此出口企业可能在提高产品价格的同时，限制了出口的规模①。

Vichyanond（2009）认为，加强知识产权保护将诱致更多的创新活动，使得中间产品的种类不断扩张，而中间产品的价格却不断下降，这种知识产权保护的“产品种类效应”（Product Variety Effect）类似于“市场扩张效应”。中间产品的种类增加时，会导致每种产品的产量下降，那么将相应地降低研发者的预期利润，这又使得研发者的创新激励不足，这种知识产权保护的“挤出效应”（Crowding Out Effect）类似于“市场势力效应”。

Weng等（2009）基于美国1997—2005年的出口贸易数据，运用传统的引力模型，研究发现进口国知识产权保护水平正向影响了美国信息产品的出口，即市场扩张效应占主导地位②。

Falvey等（2009）基于5个发达国家在1970—1999年的出口贸易数据

---

① Maskus K. E., Penubarti M., How trade-related are intellectual property rights?, *Journal of International Economics*, 1995, 39 (3), pp. 227-248.

② Weng, Y., Yang, C., Huang, Y., Intellectual Property Rights and U. S. Information Goods Exports: The Role of Imitation Threat, *Journal of Cultural Economics*, 2009, 33 (2), pp. 109-134.

研究发现，知识产权保护对进口贸易的影响与模仿能力密切相关①。

苏为华和孔伟杰（2010）发现，现阶段我国的知识产权保护水平对国际贸易和FDI有一定的促进作用，国内的R&D投入也极大地推动了技术的进步②。

Foster（2012）将OECD国家的出口贸易分解为集约边际（出口产品数量）和扩展边际（出口产品种类），实证结果表明进口国的知识产权保护水平促进了OECD国家的总体出口贸易。进一步研究发现，知识产权保护与贸易的集约边际之间呈现负相关关系，与贸易的扩展边际之间存在正相关关系，且扩展边际效应占主导地位③。

Ivus（2012）基于美国1990—2006年的出口贸易数据研究发现，加强知识产权保护显著促进了专利敏感行业的出口价值，其中产品种类扩张解释了出口增长的75%以上，同时，加强知识产权保护提高了出口产品的价格，降低了出口产品的数量④。

马凌远（2014）通过对Bergstrand（1989）的双边贸易引力模型进行扩展，并运用中国2000—2011年的服务业总体和细分行业的进口贸易数据，发现中国加强知识产权保护引致的市场扩张效应超过市场势力效应，其中高技术服务业贸易对知识产权保护最为敏感⑤。

第二，知识产权保护与FDI引致的技术转移。Lesser（2001）根据1998年的44个国家和地区的调查数据发现，知识产权保护的加强有利于吸引更多的FDI的流入。

虽然有文献证实FDI对于中国的技术“外溢”效应（Dougherty，1996；刘明权、许罗丹，2001），但也有研究认为，中国过去的“市场换

---

① Falvey，R.，Foster，N.，Greenaway，D.，Trade，Imitative Ability and Intellectual Property Rights，*Review of World Economics*（Weltwirtschaftliches Archiv），2009，145（3），pp. 373-404.

② 苏为华、孔伟杰：《基于知识产权保护的国际贸易和FDI技术溢出效应研究》，《统计研究》2010年第2期。

③ Foster，N.，Intellectual Property Rights and the Margins of International Trade，*The Journal of International Trade and Economic Development*，2012，3（1），pp. 1-30.

④ Ivus，O.，The Quantity，Price，and Variety Response of U.S. Exports to Stronger Patent Protection，*Working Paper*，*Queen's School of Business*，*Queen's* University，2012.

⑤ 马凌远：《知识产权保护与中国服务贸易进口增长》，《科学学研究》2014年第3期。

技术”策略未取得很好的效果，许多产业反而面临丢失市场的同时，遭遇更大的知识产权壁垒和危机。

WIPO（世界知识产权组织）实施的一项调查发现，市场规模是发展中国家技术获取的更为重要的因素，产品市场潜力决定着进入该市场的潜在风险调整收益，而与知识产权保护并不相关。例如，世界银行的《2002年全球金融发展报告》《关于改善印度投资环境的最新报告》初稿，以及塞迪略（Zedillo）的《发展融资报告》，都普遍忽略了知识产权保护对FDI的影响。其研究表明，如果强知识产权保护能够为外商投资提供足够的动力，那么很难解释那些弱知识产权保护的东亚和拉美等大国持续不断得到大量外商投资的现象。

Levine（2005）的研究表明，如果市场规模足够小，提供一个无限期的垄断是最优的。但当市场足够大时，该期限应随着市场规模的增大而下降。因此，更大的市场规模意味着更高的利润，知识产权保护不足并不会阻碍新思想的产生。

孙赫（2007）构建“成本节约型”模型，发现发展中国家的成本优势非常明显，即使东道国的知识产权保护非常薄弱，也可以吸引到FDI进行投资。当成本优势丧失时，知识产权保护水平将对FDI产生重要影响。此外，知识产权保护水平的提高还能够激励发达国家的研发投入①。

文豪（2008）研究认为，在许多产业，知识产权保护并不是吸引FDI的关键因素，市场规模、社会稳定等其他因素对FDI的吸引力有着重要影响。他认为，随着市场规模的扩大，应降低知识产权的保护水平，仍然能够吸引FDI的流入并促进技术创新。

余长林和王瑞芳（2009b）研究发现，知识产权保护对FDI的影响具有显著的行业特征，发展中国家加强知识产权保护将会吸引更多的研发密集型FDI的流入，而资本和劳动密集型行业较少受到知识产权保护的影响。

---

① 孙赫：《发展中国家知识产权保护的经济效应研究——以外商直接投资为技术溢出途径》，《世界经济研究》2007年第2期。

第三，知识产权保护与技术许可引致的技术转移。Sherwood（1990）研究发现，国外的高技术企业由于担心转让的合约无法得到实施，并不愿意把最新技术转让给知识产权保护不充分的国家。

Lai（1998）的研究也表明，强的知识产权保护激励了发达国家把技术许可转让给发展中国家的动机，因为弱的知识产权保护影响了企业的预期利润。

Markusen（1999）认为，加强知识产权保护通过增加对被许可方叛逃的惩罚，使得许可渠道对于许可方具有较大的吸引力。

Yang 和 Maskus（2000）研究发现，知识产权保护通过降低监测和诉讼成本大大提高了许可交易。

Yang 和 Maskus（2001）研究发现，知识产权保护解决了技术交易过程中出现的难题，因为技术信息被披露后，解决了交易双方的信息不对称，从而有利于达成交易，但也不必担心被模仿。但是，由于知识产权保护固有的“市场回报效应”和“市场势力效应”，过强的知识产权保护力度是否仍是适宜的，目前并没有达成共识。

Guifang Yang 和 Maskus（2001）构建了一个产品周期模型，探讨了知识产权保护与创新之间的关系。模型假设技术以许可的方式从北方国家向南方国家转移，研究发现，强知识产权保护增加了技术转让租金，当更多的资源用于 R&D 投资时，技术转让和创新的回报均将上升。

Arora 和 Ceccagnoli（2004）研究发现，如果发明者自身缺乏互补性资产，知识产权保护的加强可以促进技术许可的交易，而如果发明者自身拥有制造和营销能力等互补性资源，那么当知识产权保护薄弱时，发明者可以自行从事商业开发。

Wakasugi 和 Ito（2005）运用日本跨国公司的内部资料，发现在知识产权保护逐渐加强的国家，支付给母公司的专利费也在迅速增加，说明技术许可随着知识产权保护的加强而在不断提高。

国内学者余长林和王瑞芳（2009b）认为，强知识产权保护促进了研发密集型企业的许可活动，但由于资本密集型行业具有较高的资金壁垒，使得知识产权保护对它的意义不大。

四、知识产权保护对 R&D 投入影响的研究

知识产权保护是否促进了技术创新这一命题至今没有得到一致的结论。例如，Mansfield（1980，1986）指出，未明确发现模仿的可能性降低了研究开发意愿的证据，而且各产业在模仿成本的测算中存在较大的差异。专利制度这一专利化手段的定位，除了化学、医药产业外，其他产业并不很高，并且产业间的分散程度较高。

Levin（1986）等人对美国 130 个行业 650 个 R&D 管理人员的问卷调查表明，专利对创新的激励效应在不同的行业大相径庭，在化学工业（包括制药业），专利保护非常有效；而在半导体、飞机制造等行业，专利保护的创新激励效应不尽如人意。

Katz 和 Shapiro（1987）发现，企业研发投入力度会受到知识产权保护水平的影响，保护水平较高时，有利于企业增加创新投入。

中国 1990 年的一项调查表明，若不实行专利制度，有一半以上的工矿企业和科研单位的 R&D 动力受到影响。

Arundel（2001）利用欧洲专利局（EPO）的数据分析发现，商业秘密总是比专利更重要，但是药品行业是个例外，专利对其的重要性超过其他手段，这是因为新药品的开发需要高昂的费用，而化学分子式却很容易传播，如果没有知识产权保护，“免费搭车”行为会使制药企业缺乏从事新产品的研发激励。

经济合作与发展组织在 2003 年召开的知识产权、创新和经济发展大会的讨论认为，在各类产业和技术领域之间，专利的有效性似乎差别很大。例如，大多数与会者均认同专利促进了制药业的创新，但是对于软件业，与会者的观点存在分歧。

Anton et al.（2006）的研究表明，在专利保护较弱的情况下，技术模仿的可能性极大地降低了企业创新投入的积极性。

Licht 和 Zoz（1998）研究发现，对于 R&D 密集型行业来说，知识产权保护对创新活动具有很大的激励作用。Pazderka（1999）通过考察加拿大的专利制度改革对医药企业 R&D 活动的影响，发现专利保护的增强有

利于促进 R&D 投资。

吴欣望、陶世隆和刘京军（2006）对强化专利保护影响技术创新进行的实证研究发现，中国加入 WTO（世界贸易组织）前后强化知识产权保护，虽然显著促进了专利申请倾向，另一方面却降低了中国的研发投入倾向，原因在于中国整体创新能力较弱，以仿制性研发为主，加强知识产权保护增加了研发风险，降低了研发预期收益①。

董雪兵、史晋川（2006）以及吴延兵（2008）进一步证实了知识产权保护强度对创新活动的积极影响。

文豪（2008）构建了一个成本降低型的创新模型，发现市场规模越大，消费需求弹性越小，达到预期的创新激励效果所需要的知识产权保护水平就越低。如生活必需品行业，由于研发投入小、市场规模大、市场风险小，很容易收回研发投资，从而对知识产权保护的敏感性较小。上述结论与 Boldrin 和 Levine（2005）等人的结论一致。按照 Boldrin 和 Levine（2005）的观点，只要企业的预期回报大于其机会成本，企业就会进行创新活动。

庄子银（2009）认为，国内企业的研发动力不足，很大程度上与中国的知识产权保护不完善有关。

吴超鹏（2009）率先将知识产权保护的执法力度问题引入公司金融的研究中。他发现，知识产权保护通过解决“信息不对称”问题而有助于高科技企业获得外部融资，知识产权保护通过解决中外合资企业的内部“代理问题”而提高了研发投入。

从现实的情况来看，中国之所以出现自主研发积极性不高的现象（史宇鹏、丁彦超，2010），与知识产权保护不充分有关（史宇鹏、顾全林，2013）。

张杰、芦哲（2012）利用 1999—2007 年的中国工业企业数据，发现知识产权保护与企业 R&D 投入之间是倒 U 型关系。国有企业的研发投入

---

① 吴欣望、陶世隆、刘京军：《强化专利保护影响技术创新的实证分析》，《经济评论》2006 年第 5 期。

随着知识产权保护水平的提高而提高，而民营企业则相反。知识产权保护水平的提高增加了外资企业的盈利，却减弱了本土企业的盈利，但竞争力强的本土企业可以获得更高的利润。

李诗、洪涛和吴超鹏（2012）研究发现，高科技公司的专利对公司价值的影响是传统行业的4倍，而知识产权保护水平越高，专利对公司价值的影响就越大①。

史宇鹏、顾全林（2013）利用2001—2007年的中国工业企业数据，发现知识产权的侵权对企业的研发具有强烈的抑制作用，非国有企业的研发投入受到知识产权保护的影响远远大于国有企业，竞争越激烈的行业，企业的研发投入也就更容易受到知识产权保护水平的影响。

吴超鹏和唐菂（2016）研究发现，知识产权保护是企业创新的外部环境条件，通过缓解融资约束、降低交易成本、弱化道德风险，可以为技术创新提供激励机制。

第三节　本章小结

从国内外关于知识产权的经济分析文献中可以发现，关于知识产权制度引入的必要性并无多大争议。然而，关于知识产权制度的合理设计以及实施问题，理论研究和实证研究都没有得出一致的结论。

在理论研究方面，由于所采取的假设条件不同，研究结论也存在较大差异。例如，Nordhaus（1969，1972）和Scherer（1972）认为，社会最优的专利期限应该是有界的，并且固定专利期限不是最优的。但Kamien、Schwartz（1974）和De Brock（1985）基于不同的竞争条件的假设，认为最优专利长度的变化方向是反向的。但多数研究支持这样一个原则：专利的期限与专利保护的覆盖面应该是互补的，专利制度的设计应该在创新激励和社会福利之间取得平衡。此外，在有关创新的研究中，虽然相关文献

① 李诗、洪涛、吴超鹏：《上市公司专利对公司价值的影响——基于知识产权保护视角》，《南开管理评论》2012年第6期。

主要围绕以降低生产成本为目的的工艺革新和以提高产品质量或开发新产品为目的的产品创新而展开，但对于发展中国家提高知识产权保护水平是否有利于本国技术革新，并没有得出一致的结论（Helpman，1993；Branstetter 等，2007）。

在实证研究方面，现有文献根据知识产权的不同行使方式和行使国的不同社会经济条件（比如，东道国的模仿能力、市场规模、劳动力成本、社会稳定等）展开了丰富的研究，并且注意到了知识产权保护对国际技术转移的影响具有显著的行业差异。但已有研究主要集中在宏观领域，微观领域研究甚少，且宏观领域的研究主要集中在知识产权保护如何影响国际技术扩散的贸易、FDI 渠道方面，有关许可渠道的研究甚少。此外，有关知识产权保护对国际技术转移与溢出影响的研究结论并不一致，已有文献忽视了两者之间可能存在某种非线性关系，鲜有文献从知识产权保护的门槛效应视角展开研究，而且针对知识产权制度对发展中国家自主创新能力及技术水平的影响关注不够。最后，学者们设计的知识产权保护评价指标体系也多被用来比较不同国家对知识产权的保护差异，很少被运用于研究发展中国家的实际问题，其中学者对中国各省知识产权执法差异的关注尤为不足，而且未能系统总结出知识产权保护通过国际技术转移和自主创新两条渠道作用于技术创新绩效的内在机理。

综观目前国内外学者对知识产权保护和激励的研究成果，在解释和指导发展中国家知识产权政策制定方面具有一定的意义。但在中国转型期的背景下，针对中国知识产权保护通过国际技术转移和自主创新两条渠道作用于技术创新绩效的机制仍然缺乏统一、系统的理论分析框架。此外，对异质性视角的关注不够。实际上，不同规模、不同所有制以及不同行业的企业，虽然都有可能受到知识产权保护的影响，但无论形成机理，还是表现形式都有可能不同，这也是以往实证研究所忽略的。因此，基于以上研究的不足，本书将进一步进行理论创新和实证检验，为国家制定知识产权战略提供理论上的指导和经验研究的决策依据。

第三章　基础性理论及分析框架

第一节　技术创新与技术转移

一、技术创新相关理论

（一）创新的概念

“创新”（Innovation）的概念由著名的经济学家 Schumpeter（1912）提出，他认为“创新是经济组织内在要求的结果，经济发展是这种来自内部的一种变革”。因此他将技术创新作为一个新的独立变量引入生产函数，重新考虑这种前所未有的生产要素的“新组合”对生产体系的作用，进而考察其对经济增长和社会发展的影响。Schumpeter（1934）列举了创新的 5 种具体形式，包括开发新产品、开辟新市场、获得新的供应来源、运用新的生产方法以及设立新的组织形式。Schumpeter 构造的创新概念涵盖了所有生产要素的新组合，属于泛化的概念。Schumpeter（1939）进一步完善了创新理论，他认为诸如成本的降低、经济周期本身、经济均衡的打破以及残酷的竞争都应该归因于创新。

Friedman（1982）认为，创新是新产品、新系统和新服务的商业性转化。20 世纪 80 年代中期，廖尔赛通过深入的分析，认为“技术创新通过新颖性构思实现了一系列意义重大的非连续事件”。Christensen（2000）认为，技术创新是对一系列经济要素（资本、劳动、信息以及原材料等）进行重新组合，从而使其产生更大价值的过程。

（二）创新的类型

从内容来看，创新分为工艺创新、产品创新和服务创新；从方式来看，创新分为构架创新和元件创新；从影响力来看，创新分为持续性创新和突破性创新；从能力来看，创新分为自主创新、模仿创新和合作创新；从程度来看，创新分为根本性创新、渐进性创新；从来源来看，创新分为供应商创新、制造商创新和用户创新。

（三）创新的驱动因素

从创新的驱动因素来看，创新的驱动因素经历了一个从单因素到双因素再到系统性因素的不断深入的过程（张宗庆，2000）。

多数学者认为，创新依赖于科学的进展，创新总是单向的从科学知识出发到技术应用再到商业应用的线性模式。这类创新往往能够引致新兴产业的崛起。而 Schmookler（1966）通过对美国的铁路、制造业和农业等发明活动的考察，认为是需求驱动了创新。他认为需求是创新的决定因素，需求通过驱动研发而最终促进了商业发展。Rosenberg（1982）综合上述学者的观点，提出了科学和市场并重的创新模式，并认为创新是科学发展和市场需求相互驱动的结果，很难判断哪个因素起主导作用。

Nelson 和 Winter（1982）首次提出了“经济演化理论”，把创新的过程比喻为生物的进化，认为创新是一个不断累积的开放式过程，并且演化过程存在明显的路径依赖。在静态环境中，干中学是发现创新机会的主要方式；在动态环境中，主动搜寻是实现创新的主要手段。同时，只有那些符合经济环境要求的创新才能得到市场的确认，并最终不断延续和发展，从而创新可以被看作内在要求和外部环境相互作用的结果。

自 20 世纪 80 年代以来，学者们通过考察发现，创新是多种因素相互作用的结果，并逐步形成了国家创新系统、区域创新系统以及产业创新系统等概念，这里不再赘述。

二、技术转移相关理论

（一）技术转移选择理论

Hymer（1960）[1] 首次使用“垄断优势理论”解释美国跨国公司的对外直接投资行为，其核心观点是跨国公司的垄断优势是其垄断势力存在的根源，也是其对外直接投资的重要决定因素。然而，随着研究的进展，一些学者发现具有垄断优势的公司并不一定进行大量的对外直接投资。因为对外直接投资仅仅是一种国际化的经营方式，技术许可或出口也可以满足海外市场的需求。这就涉及对外直接投资、技术许可和出口等经营方式之间的选择问题及其制约因素。Hirsch 和 Root 是这个方面的代表人物，其中 Hirsch（1976）通过跨国公司的经营决策模型，分析了对外直接投资和出口的成本收益，其理论比较接近厂商理论，因而较好地解释了跨国公司经营方式的选择，但该模型的缺陷是仅仅考虑单一产品的组织方式的决策，对于两种及以上产品在对外直接投资和出口间的选择问题还有待深入探讨。Root（1978）则考察了跨国公司在直接投资和许可间的决策问题，他认为，跨国公司的知识资产大致可以分成两类：第一类，能够通过技术许可进行转让的知识资产，如专利、商标等。第二类，难以通过技术许可转让的无形资产，如管理能力、创新能力和市场营销能力等。Root 认为，如果一揽子的要素流动在中长期能够获得比技术许可更多的经济利益时，跨国公司的对外直接投资往往就发生了。反之，技术许可是跨国公司获取经济租金的首要选择。总体来说，跨国公司在贸易、对外投资、许可 3 种方式之间进行选择时，往往会通过比较各种方案的成本收益，最终选择利润最大化的经营手段。但值得注意的是，Knickerbocker（1973）通过考察美国和西欧的跨国公司发现一种“寡占反应”现象，即某行业的一寡头率先进行对外直接投资，其他寡头由于担心其在该海外市场的市场份额和出口地位受到威胁，通常也追随竞争对手采取对外直接投资的方式，尽管这种

---

① Hymer S.，The international operations of national firms：A study of direct foreign investment，Ph. D. Thesis，MIT，1960.

“寡占反应”现象从财务角度来看并不合算。

20世纪60年代以来，以Hymer（1960）等为代表的产业组织理论，以Aliber（1970）和Rugman（1977）等为代表的金融理论，以及以Buckley、Casson（1976）等为代表的厂商理论，都从某个角度对跨国公司的直接投资行为进行解释。Dunning（1981）① 在这些理论的基础上，进一步引入FDI的区位选择问题，他认为区位优势主要包括贸易壁垒、要素成本、政府政策、市场特征以及投资环境等，从而构建了涵盖所有权优势（ownership）、区位优势（localization）以及内部化优势（internalization）的三优势理论，即国际生产折中理论（OLI Paradigm Theory），构成了跨国公司国际生产经营最主要也是最基本的理论范式（如图3-1所示）。为了较好地解释跨国公司的海外经营行为，Dunning（1995）把跨国公司的战略联盟行为引入分析框架中，他认为跨国公司对外直接投资的动因可能来自于在全球市场上寻求战略联盟，比如寻求资源型联盟、寻求资产型联盟、寻求效率型联盟以及寻求市场型联盟。这些寻求战略联盟的动因（Strategic Alliance）与国际生产折中理论中的所有权优势、区位优势以及内部化优势通过进行整合，构成了跨国公司不断积累竞争优势的手段。此外，Dunning的国际生产选择模型将外商直接投资、国际贸易与技术转移有机地结合在一起，并就何种情况选择何种方式做出了解释。例如，Dunning指出，企业拥有海外区位优势的同时，若还能对技术专利权具有所有权优势和内部化优势，那么对外直接投资是最优的经营方式。当企业区位因素吸引力不明显时，应选择出口贸易；当企业内部交易市场不具备一定规模，而区位优势又不显著时，则应选择技术转移。同时，由于不需要在国外放置大量固定资产，因此技术转移对规避政治风险也具有一定作用。但技术转移也存在弊端，例如技术泄露风险增加、交易成本过高等。

然而，该理论关注于跨国公司的初次投资，而对于二次直接投资以及其他组织行为（如外包）却缺乏解释力。

---

① Dunning J. H., *International Production and the Multinational Enterprise*, London; Boston: Allen&Unwin, 1981.

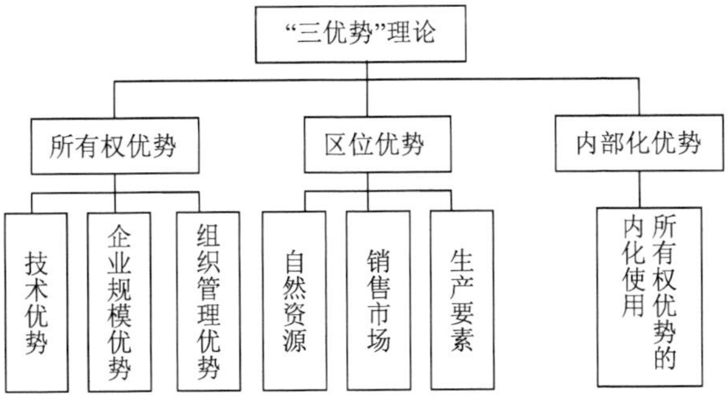

图 3-1　国际生产折中理论

（二）产品生命周期理论

Vernon（1966）在《产品周期中的国际贸易和国际投资》中详细阐述了产品生命周期理论。该理论认为，区位因素的重要性受到产品生命周期的影响，即产品生命周期对跨国公司的经营方式有重要影响。产品生命周期是指某种产品从被开发出来到被淘汰的过程，Vernon（1966）认为产品的生命周期大致分为 3 个阶段，分别是创新阶段、成熟阶段以及标准化阶段。Vernon 将世界上的国家按照经济发展程度分为 3 类，第一类是经济最发达的国家，也是新技术和新产品的创新国，如美国；第二类是经济较为发达的国家，如西欧各国和日本等；第三类是广大的发展中国家，如中国等。随着新产品、成熟产品到标准化产品 3 个阶段的演进，其主要产地也会经历从发达国家到较发达国家再到发展中国家的转移。在产品生命周期理论的视角下，产业转移是产品生命周期 3 个阶段依次演进的必然结果（如图 3-2 所示）。不同阶段的产品具有不同的市场特征，因此以利润最大化为目标的企业会制定不同的经营战略。本书将阐述处于不同生命周期阶段的产品特征，以及所带来的企业经营方式的变化。

Vernon 认为，新产品一般在母国进行生产，企业可以凭借垄断优势制定高价以快速回收投资成本，并主要通过出口来满足国外需求，因为出口较直接投资更不容易产生技术外溢。

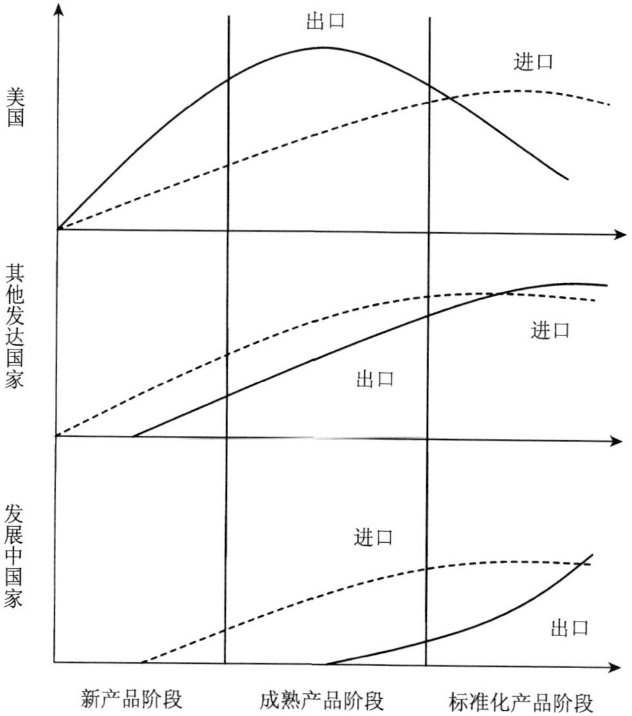

图 3-2 产品生命周期三阶段模型①

当产品过渡到成熟阶段，需求会急剧膨胀，差异化的产品战略仍然是企业获利的根源。但成熟的生产技术使得此时的产品价格远远低于创新阶段的垄断价格，因此成本因素不得不纳入企业的战略决策。为了规避国内昂贵的要素成本，Vernon 认为，那些需要大量生产要素和需求价格弹性较高的产品，将最先以对外直接投资的方式转移到经济较发达的国家。与此同时，发展中国家也开始获得对新产品的消费能力和生产能力，并开始以较低的劳动力成本吸引国外的产业转移。

在标准化产品阶段，产品的生产流程和工艺技术已经完全标准化了，此时产品的需求弹性达到最大，价格方面的竞争压力越来越大，成本的降低已经成为增强产品竞争力的首要诉求。这一时期只有广大的发展中国家

① 资料来源：Vernon R.，International investment and international trade in the product cycle, *The Quarterly Journal of Economics*, 1966, 80 (2), pp. 190-207.

具有全球最廉价的劳动力和资源优势，因此跨国公司便主要通过对外直接投资的方式在发展中国家生产产品。这就导致发展中国家该产品的产量迅速增加，并大量向技术研发国出口。

该理论从产品生命周期的角度较好地解释了跨国公司的区位选择动因，但也存在一些不足。其过于强调产品技术特征在直接投资中的重要作用，但难以解释很多跨国公司直接在海外设立研发中心，并通过不断研发来加强这种技术优势的现象。

其他的一些学者也对技术转移进行了类似的研究，如 Frohman 和 Bitondo（1981）提出的技术寿命周期的概念，并将其定义为一个从生产、发展、衰退到消亡的过程。Frohman 和 Bitondo 认为，技术进步和技术创新应由产品的工业化生产和技术实施的经济效果体现。从技术输出国角度来看，具体过程为：新产品问世—产品出口—出口增长—出口竞争—出口衰退—产品进口，其中包含了新产品垄断、出口增长、出口竞争及出口衰退 4 个阶段。

（三）边际产业转移理论

20 世纪 70 年代，日本学者小岛清首次提出了该理论框架。该理论又被称为投资的比较优势理论。随着日本经济的高速发展，其对外直接投资业呈现明显的上升势头，并逐步比肩欧美。在这一背景下，日本一桥大学教授 Kiyoshi Kojima（小岛清）对日本的海外直接投资进行了深入的研究，并将其与欧美海外直接投资进行了比较，从而提出了基于日本经验的边际产业转移理论。该理论的 3 个主要命题分别是：①H-O 理论假设是合理的，生产要素的差异形成了比较成本的差异，②比较利润差异与比较成本差异有关，③美日产业转移方式有所区别，美国将经营资源作为一种特殊的生产要素，并在此基础上形成了寡头垄断性质的产业转移，而日本则根据国际分工原则，形成了基于比较优势的产业转移。该理论认为，一个国家的海外直接投资，应该从已经或者即将失去比较优势的边际产业开始依次进行，并认为这样的投资行为对于东道国和母国是双赢的。对于东道国而言，这些产业符合其比较优势，如果没有外来的技术、资本和经验，东道国的比较优势很难得到利用。而对于母国而言，将这些已经失去比较优势的产业转移出去，有利于更加专注于新的比较优势。

在图 3-3 所表示的边际产业转移模型中，曲线 I 表示产业转出国的产品成本曲线，曲线 II 指的是产业转入国的产品成本曲线。在初始状态下，产品转出国生产产品 *A*、*B* 和 *C* 的成本明显高于产品转入国，也就是说产品转出国生产 *A*、*B*、*C* 三种产品具有比较劣势，比较劣势的存在使得生产 *A*、*B* 和 *C* 三种产品的产业成为产业转出国的“边际产业”，并逐步向产业转入国转移。当边际产业转移发生以后，随着先进技术和管理的输入，产品转入国生产 *A*、*B* 和 *C* 三种产品的成本进一步下降，而产业转出国也能够以更低的成本从产业转入国进口这三种产品。这种转移也就是以日本为代表的顺贸易导向性产业转移。而在相反的情况下，如在国内生产 *X*、*Y* 和 *Z* 产品已经具有成本上的比较优势，则相关产业的产业转移就不会发生。

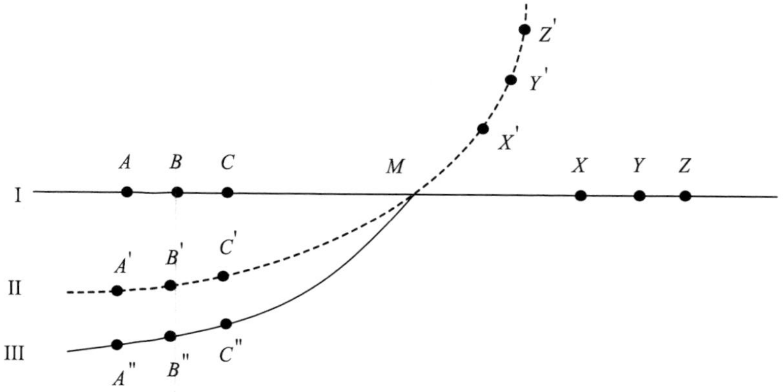

图 3-3　边际产业转移模型

与 Hymer 和 Vernon 分别以美国和英国为研究对象不同，该理论主要考察日本的产业转移特点。该理论不仅仅分析一个产业或一个产品的国际转移现象，而且是基于比较优势理论展开的，强调对外投资应该有利于东道国和母国比较优势的发挥，尤其是对外投资和贸易是互补的观点大大拓展了前人的研究思路。然而，Kojima 的理论仍然具有一定的局限性，对于日本投资于比其更发达国家的现象缺乏解释力。

第二节 制度与知识产权保护

一、制度相关理论

（一）制度质量与经济社会发展

制度，是社会组织博弈的规则，通过制定博弈规则减少交易中的不确定性，调节人们在社会交往中的选择集。

新古典经济学认为，在完全竞争的市场结构中，市场交易是无代价的，资源配置可以借助“看不见的手”，自动达到帕累托最优状态。然而，新制度经济学证明，不仅生产成本，而且包括交易成本（用张五常的话说，就是制度成本），都是经济运行的重要约束变量。交易成本越低，制度的生产效率就越高，制度决定着经济绩效。诺思认为，制度是技术变化的重要因素，制度通过为创新活动提供内在激励而决定了人们获取技术的方向。研究表明，制度质量高、宏观经济政策差的国家比制度质量差、宏观经济政策好的国家增长速度快 1 倍①。发展中国家并不是缺乏制度，而是缺乏高的制度质量。人们发现拉美各国的制度“特色”普遍存在腐败、司法体系效率不高等问题（菲利普·拉兰）。

鉴于制度的不可观测性，所以学者常用以下指标来衡量各国或地区制度质量的高低，如表 3-1 所示。

① 科斯、诺思等：《制度、契约与组织——从新制度经济学角度的透视》，经济科学出版社 2003 年版，第 111 页。

表 3-1　制度质量的代理指标①

	考夫曼（Kaufmann）指数	衡量政府治理水平
	经济自由度指数	衡量正式制度质量
	合约密集型货币比率	衡量产权和合约的保护水平
	经营环境指数	衡量商业环境
	腐败指数	衡量腐败程度
正式制度指标	法治指数	衡量法治水平
	国家风险指数	衡量经济、金融和政治风险
	盖斯泰尔指数	衡量政治自由度
非正式制度指标	信任指数	衡量社会信任程度

自从亚当·斯密创立现代经济学以来，经济发展始终是经济学家探讨的重要问题。新经济增长理论认为，技术进步不仅能推动生产的发展，而且是推动社会进步的基本力量。从历史上的几次技术革命来看，每一次技术的突破都带来了经济的快速发展。而新制度经济学家们却认为，技术进步和经济增长是同一回事，最根本性的因素是制度，正是有效率的经济组织以及恰当的激励制度安排，才导致了西方世界的兴起和工业革命的爆发。1971 年，西蒙·库兹涅茨在接受诺贝尔经济学奖时，发表演讲指出，先进技术只是实现经济增长的潜在和必要的条件，而不是充分条件。制度和意识形态的调整是先进技术充分发挥作用的保障。

（二）技术变迁与制度变迁

技术决定论认为，技术是经济社会发展的关键力量，制度只是被动地调整。正如马克思所言，生产力决定生产关系——技术属于生产力的范畴，制度属于生产关系的范畴，因此，技术创新决定制度创新。而凡勃仑的“技术决定论”主要包括两个方面：第一，物质环境（技术）决定制度。第二，物质环境（技术）是不断变化的，制度是以往过程的产物，具有保守的倾向，除非出于环境（技术）的压迫而不得不改变。技术决定论强调在生产力（技术）与生产关系（制度）之间的辩证关系中，前者是社

① 卢现祥、朱巧玲：《新制度经济学》（第二版），北京大学出版社 2012 年版，第 418 页。

会组织变迁更为动态的力量，后者影响了前者变动的速度和方向。但技术决定论也存在一定的局限性，其无法解释在人类社会发展的不少时期，并没有出现大的技术进步，却仍然伴随着成本下降和生产率提高等现象。

制度决定论认为，制度在经济社会发展中至关重要，其决定了技术的增长速度，是经济增长的决定力量。正是产权和市场因素为技术创新提供了激励，并最终带来技术进步、社会变迁和经济发展，这就是新制度经济学的“制度决定论”。诺思和托马斯反复强调了制度变迁比技术变迁更为优先且更为根本的观点，强调了市场经济的扩张即便在没有发生技术变迁时，通过制度创新也能为经济增长做出贡献。然而，制度决定论亦存在一定的局限性：由于制度对经济绩效的影响难以量化，制度决定论的分析还主要局限于逻辑及假设。

总之，技术创新推动了生产力的发展，但制度创新是技术创新的诱导机制。正如李克强总理 2015 年 1 月 4 日在深圳考察时说：“没有制度创新，科技创新就无从依附。”

二、知识产权相关理论

新制度经济学是知识产权保护的理论基础。由于知识资产也会涉及交易费用的问题，正如张五常所言：“知识资产的保障费用和其他交易费用，与保障的方式和程度有很大的关系。”① 由于知识资产的私有化通过保障人们对知识资产的独占权而激励了创新活动，因此私有产权制度可以降低交易费用。中国的知识产权制度出现较晚，直接影响了近代科技和经济的发展，导致出现了“李约瑟之谜”。

（一）知识产权保护与经济增长

经济学家从经济增长的角度解释知识产权保护的作用。新古典经济学认为知识产权保护是资源有效配置的手段（见图 3-4）。

---

① 张五常：《卖桔者言》，四川人民出版社 1998 年版，第 173 页。

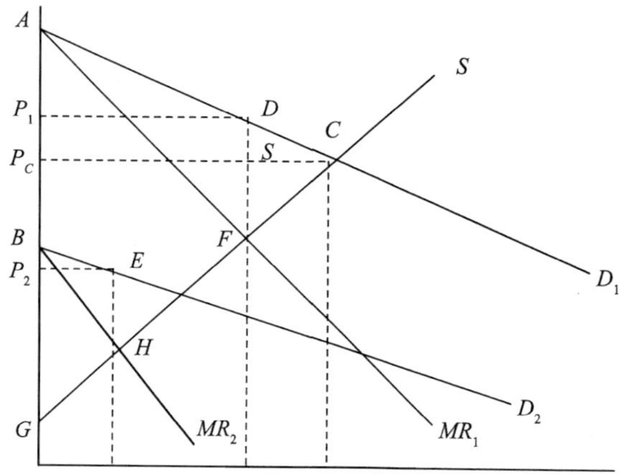

图 3-4　三种市场的社会福利比较

图 3-4 表示完全竞争的市场（假定不存在市场失灵和产权保护）、存在产权保护的市场、不存在产权保护的失灵市场。假设除价格外的其他要素均不变，首先考察生产者剩余的情况：面积 GP_1DF >面积 GP_CC >面积 GP_2EH ，所以生产者在产权被充分保护的知识市场能够获得更大的剩余，其在该市场里生产和投资的积极性也更高。其次从消费者角度来看：面积 AP_CC >面积 AP_1D >面积 BP_2E ，从而消费者更偏好完全竞争的知识市场。然而，由于知识的公共产品性质，缺乏知识产权保护将导致市场失灵，完全竞争的知识市场是不存在的，因此无论生产者还是消费者，都偏好产权被充分保护的知识市场，因为产权的充分保护提高了资源配置效率。

（二）知识产权保护与自主创新

1. 知识产权对技术创新的保障功能

由于知识具有公共产品的性质，使得其一旦公开，排他成本是巨大的，因此“搭便车”问题和外部性问题便伴随着技术创新而存在。“搭便车”问题与外部性问题是紧密相连的，外部性是“搭便车”的前提，“搭便车”是外部性的结果。“搭便车”现象使得创新者难以补偿研发成本和实现投资收益，造成创新欲望的抑制和创新能力的衰竭，最终导致经济发展的停滞。因此，通过知识产权保护对知识产品的私有产权进行界定，并补偿其创新成本，能够激发私人进行创新的积极性。正如诺思所言：“未能在创新方面建立一个系统的产权，那么创新的积极性只能依赖于零星的自发投资，此乃技术进步迟缓的根源。”①

熊彼特有关创新的基本模型是“发明—创新—扩散”。其中发明是科学研究行为，其目的是产生具有一定实用性的新技术或新方法。创新则是使新技术和新方法市场化、产业化的过程。扩散则有利于技术开发者的个人利益转化为社会利益。此时，便需要设计一种兼顾创新者和社会利益的平衡机制。过快的技术扩散不利于研发投资的回收和预期利润的获得，进而阻碍创新的良性循环。然而，如果创新者过度限制技术的扩散将阻碍技术进步。简而言之，“没有合法的垄断就不会有足够的信息被生产出来，但是有了合法的垄断又不会有太多的信息被使用”。②

技术创新是一个复杂的工程，需要企业投入大量的资源，如果没有知识产权制度的保驾护航，就没有企业愿意主动冒风险进行创新。知识产权制度通过授予创新主体在一定时期的独占权和垄断地位，保障创新者获取高额利润、规避市场风险、收回投资成本。同时，对各种侵犯知识产权行为的制裁能够有效减少不道德行为对创新的威胁，保障了创新的良性循环。

2. 知识产权对创新资源的配置功能

创新资源包括技术、资金以及科研人员等，创新资源的配置效率直接决定着创新的成败。知识产权保护使得技术创新资源以入市交易和作价入股等方式在市场中的流动和传播成为现实，奠定了创新资源有效配置的基础保障。

市场机制在一定条件下存在失灵问题，这种失灵表现在两个方面：一是由于知识资产的公共属性，市场机制会导致重复投资和恶性竞争，造成资源的极大浪费。二是市场参与者的利益导向行为导致基础性和公益性研究严重匮乏，最终致使创新平台的短缺和创新后劲的不足。因此，创新过程中的市场失灵必须借助人为的干预和制度的约束来解决。

---

① ［美］诺思著，陈郁等译：《经济史中的结构与变迁》，上海：三联书店1991年版。

② ［美］考特、尤伦著，史晋川、董雪兵等译：《法和经济学》，上海：格致出版社2010年版。

知识产权保护既可以充分发挥市场机制的激励功能，又可以避免市场失灵导致的恶性竞争等不良影响。知识产权保护使得绝大部分的技术成果处于公开状态。以专利为例，通过专利文献系统，能够详尽地检索到最新的技术成果。世界知识产权组织的研究表明，通过专利文献可以查询到全世界90%以上的新发明。充分利用专利文献，不仅能提高研究的起点，而且能节约40%的科研经费和60%的研究时间。企业合理有效地利用专利文献，有利于对创新资源的合理配置，从而把有限的资源投入到更合理的方向。

如果没有知识产权保护，由于竞争的需要，知识资产都处于严格的保密状态，不利于技术成果的传播和知识的及时应用。而知识产权保护促进了知识和技术在世界范围的交流和传播，使知识资产投资入股成为可能，使得技术资源得到最充分有效的利用。知识产权保护使得出售、抵押、转让等技术贸易补偿创新者在创新过程中所付出的智力劳动和物质消耗，并转化为新一轮创新的资源。

3. 知识产权对技术创新的激励功能

波斯纳用一个农民和谷物的例子说明了产权安排的激励功能：如果每块土地都归私人所有，农民将尽自己的努力来实现谷物产出的最大化。同样，如果知识产权得不到充分的保护，别人可以无偿地仿制和使用，创新投入得不到补偿，企业将失去创新的动力。据美国经济学家曼斯菲尔德的调查分析，如果没有专利保护，有60%的药品发明研究不出来，有65%不会被利用。所以，“知识产权保护产生了有效利用各种资源的激励”①。

经济学领域对于知识产权的研究通常都是假定知识作为一种公共产品开始的。Arrow（1962）探讨了知识的公共品属性，他认为信息的生产可能需要花费很大的费用，但信息的复制成本很低，常常会变成他人免费或者低成本获得的公共产品。在自由的市场经济环境下，如果创新者预期到其创新成果很容易被其他厂商或个人模仿，那他就不再有从事创新活动的任何激励，最终社会无法获得创新或者无法获得最优数量的创新。因此，

① 波斯纳：《法律的经济分析》，北京：中国大百科全书出版社1997年版。

社会理应采取必要的措施，对创新予以补偿，使创新者所获得的收益和创新的社会贡献相对称。对创新者补偿的最有效的方法就是授予其一定时间内对创新成果的垄断权，也就是知识产权。阿罗等人的研究为知识产权制度的产生以及知识产权制度对创新的激励作用方面提供了理论依据。

知识产权保护使创新者获得了一定期限内独占创新收益的权利，这便是创新者从事创新活动的首要激励。正如诺思所言："一套鼓励技术进步，提高技术创新的私人收益率使之接近社会收益率的激励机制，只有随着专利制度的建立才被确立起来。"① 在这一点上，知识产权保护的作用是保障和激励功能的重叠。

激发企业进行更高起点的发明创造。面对别人的发明，企业只有两条路可走，要么付出高额费用来谋求这一知识产权的转让或许可使用，要么在已有成果的基础上搞出更好的发明创造。这种站在别人肩膀上不断前进的循环往复，有力地推动着技术进步。

科技的飞速发展和产品更新换代的加快，使得企业不得不加快创新的步伐。知识产权在先申请原则激励企业提高创新效率，率先取得创新成果，从而在源头上推动了技术创新的步伐。

知识产权利益的实现是以推广应用为前提，否则不但得不到任何报酬，还会面临被国家实施强制许可的风险，这便加快了创新技术的市场化过程，形成了对创新成果转化的反向激励。

4. 知识产权对技术创新系统的整合功能

创新系统效率的提高，不但要求提高创新主体内部的运行效率，而且要求提高创新主体之间的合作效率。知识产权保护为创新资源在创新主体之间合理高效的流动提供了平台和保障。如在合作开发新技术中，合作各方可以采取技术入股等方式，多种合作方式的共存对创新的促进作用是显而易见的。从世界各国的情况来看，知识产权保护是技术合作开发过程中利益机制的核心，使创新系统的各个要素得以像有形资产一样在产权清晰的前提下订立技术合作与交易合同，明确合作各方的利益归属，并且问责

---

① ［美］诺思著，陈郁等译：《经济史中的结构与变迁》，上海：三联书店 1991 年版。

合作过程中的侵权行为。知识产权保护通过规范各创新主体的行为，使创新机制得以协调运行，充分发挥其在创新系统中的整合功能。

（三）知识产权保护与国际技术扩散

在经济全球化的背景下，技术创新在经济发展中的重要地位日益凸显，充分利用外部技术资源能够在很大程度上节约人力和物力的投入，避免自主研发和探索的弯路，通过技术引进和技术溢出迅速提升本国的创新水平。不得不指出的是，在引进和利用外部技术资源的过程中，知识产权保护发挥着极其重要的作用。其通过保障技术输出方的潜在收益，避免非法模仿者掠夺技术供给者的经济利益，激励着技术需求者与技术供给者进行大规模的技术交易活动。完善的知识产权保护能够减少机会主义行为，提高行为结果的可预见性（孙少勤，等，2014）。

1. 知识产权保护与进口贸易技术溢出

Maskus 和 Penubarti（1995）运用 Helpman-Kruagman 的垄断竞争框架分析了知识产权保护对国际贸易的经济效应发现：发展中国家加强知识产权保护有利于中间品的进口。当发展中国家加强知识产权保护时，发达国家的出口产品具有更强的市场竞争力，即“市场竞争效应”。发展中国家因知识产权保护的加强而丧失了模仿机会，这又使得发达国家在发展中国家所拥有的市场份额进一步提高，即“市场扩张效应”。发展中国家加强知识产权保护有助于降低外商的保密成本，即“成本降低效应”。上述 3 种效应的共同作用，有利于促进发达国家对发展中国家中间品的出口。

研究表明，高技术产品的进口有利于发展中国家的技术进步（Lee，1993；Connolly，1998）。进口的中间产品所包含的工艺技术可直接提高东道国的生产率，国外出口方经常转移有关生产的关键信息以确保新设备功能的正常发挥。如果发展中国家进口的是最终产品，则逆向工程有利于挖掘其蕴含的新技术，本地企业通过逆向工程积累的丰富研发经验奠定了企业进行自主创新的基础。毫无疑问，发展中国家通过进口和技术贸易可以直接提高生产率、降低生产成本。而受益的大小跟进口商品的技术含量有直接的关系。例如，Coe、Helpman 和 Hoffmaister（2009）研究发现，发展中国家加强与创新率高的发达国家的贸易往来可以快速地提高劳动生产率。具体而言，发展中国家从 OECD 国家进口的新设备每增加 1%，其劳动生产率就会提高 0.3%左右。

需要注意的是，外商往往会根据发展中国家知识产权保护水平来决定是选择出口产成品、直接投资、还是进行技术许可。Ferrantino（1993）认为，发展中国家加强知识产权保护，发达国家可能选择技术许可或对外直接投资而不是出口新产品。这种替代效应可能减弱知识产权保护原本对贸易的促进作用。因此，从理论上讲，加强知识产权保护对贸易的经济效应是不确定的，其大小取决于替代效应。但良好的知识产权保护制度为中间品和技术贸易提供了保障，加大了发达国家向发展中国家新产品出口和技术贸易的力度，尤其是具有不可替代作用的新技术设备和产品。

2. 知识产权保护与 FDI 技术溢出

在微观层面上，FDI 以何种方式、在多大程度上提高了东道国企业的技术效率，始终没有定论。一部分学者认为 FDI 只是利用东道国廉价的物质资源，其对东道国的企业并不存在技术溢出效应。然而另一部分学者则认为，FDI 不存在技术溢出效应源于东道国知识产权保护不充分，完善的产权保护可以提高跨国公司海外中心将先进技术转移到跨国子公司的意愿（张津，2013），并通过以下 4 种方式对东道国产生技术溢出：一是竞争效应，FDI 进入东道国市场使得当地企业面临更大的竞争压力，更加有效地利用现有资源，更加积极地投资学习过程，从而更有动力进行技术升级（Bayoumi 等，1999；张公嵬等，2013）。二是示范效应，即当地企业与 FDI 之间存在一定的技术差距，其通过模仿和学习 FDI 所使用的生产流程和新技术而提升自身生产效率的现象。FDI 不仅带来了新方法、新产品和新设备，同时将先进的商业模式、管理理念及营销策略等非物化的技术传入东道国。当地企业在模仿和学习 FDI 带来的新方法、新理念和新策略的过程中，通过不断的探索、消化和学习，本地企业的技术水平会得到一定程度的提高（张方华、李守芹，2013）。三是人力资本流动效应，即 FDI 为了保证其在东道国的项目顺利运转，不但要雇佣大量的当地人力资源，而且会投入大量的资源对雇员进行系统全面的培训，培训对象不但涉及技术人员，而且包括基层操作人员和中高层管理人员。当各类人员流入当地企业后，势必带来先进的技术、前沿的管理理念和营销技能（Kinoshita，2006）。四是关联效应，即FDI企业通过与当地企业建立一种价值链、供应链或产业链上的前后向联系的表现。FDI为了保障自身利益，会对上游的当地供应商在交货及时率和中间产品的质量等方面提出较高的要求，促使当地企业提高自身的技术水平和管理能力，同时FDI还会向当地供应商提供相关的信息服务和技术支持，帮助它们进行质量控制。同样，当FDI将高质量的产品出售时，会对当地客户进行信息服务和技术培训，以使他们有效地使用新产品，通过跨国公司的垂直技术溢出效应，当地企业的技术水平便不断得到提升，尤其是发达区域向欠发达区域、发达国家向发展中国家这种垂直技术溢出的效应会更为显著（Thompson，2002）。

3. 知识产权保护与许可技术溢出

技术许可是国际技术转移的方式之一（Anand、Khanna，2000），来自被许可方的被仿制风险是许可方面临的最大风险，健全的知识产权保护制度能够通过建立有效的合同保护机制，促进许可活动的实施。通过以下3个方面使得被许可方受益：其一，避免自主研发的风险，节省了大量重复性的研发费用，节约自主研发所需要的时间，从而可以快速地占领技术产品市场。其二，技术许可方配套的技术培训、技术支持、研发模式等非物化的技术溢出更为直接，能够迅速提升被许可方的研发能力。其三，被许可方通过技术许可可以获取关键技术，从而打破技术壁垒，该现象对半导体、电子等技术具有累积性特点的行业较为常见（岳贤平等，2007）。

知识产权保护不但提升了许可方进行技术许可的意愿，而且也保障了被许可方的经济利益。被许可方通过高额的费用获得技术的使用权后，国内完善的知识产权保护能够降低其拥有的先进技术被“搭便车”的风险，有利于回收技术许可费用，也有助于消化吸收后进行新一轮的创新投入，为被许可方的自主创新奠定基础。当其他需求者无法通过“搭便车”获得先进技术时，便会转向许可渠道或通过自主创新获取所需要的技术。

（四）知识产权保护与全球两极分化

总之，知识产权保护为新产品和新技术的供给方提供了保障，诱发了国际技术的持续转移和扩散。但同时我们也应该看到，发展中国家知识产权保护力度的加强加大了自身利用国外技术的成本。发达国家往往利用知识产权保护实施技术垄断，使得模仿能力强的发展中国家在技术引进和二次创新时不得不付出高昂的技术费用。例如，McCallum（2001）研究发现，巴拿马、南非、印度、韩国和巴西等国家每年需为所引用的专利升值多支付高达24亿美元的费用。此外，发达国家利用知识产权保护以最大限度地垄断技术并占领发展中国家的市场，使得发展中国家利用国际技术引进再创新的空间不断缩小（Zigic 和 Kresimir，2000）。

发展中国家长期处于世界经济格局的外围状态，知识产权保护进一步强化了发达国家的垄断优势，使得两极分化的格局更加明显。首先，知识产权由于其价值隐蔽的特点，使得发达国家往往通过不等价交换获取暴利，而发展中国家的产品由于是劳动密集型或是资源型的，技术含量低而价格疲软，剪刀差进一步加剧了不等价交换。知识产品的实用性以及稀缺性使得发展中国家在贸易中处于附属地位，且由于其具有“公共产品”的性质，在贸易中只转让使用权，多次交易的特点使其攫取了高额的垄断利润，进一步加剧了世界经济的不平等格局。其次，在高科技领域，知识产权不可避免地与技术标准结合起来，通过控制产业链条而成为遏制竞争对手的有力武器，而国际贸易中的标准壁垒也成为发达国家遏制发展中国家的贸易品进入其市场的工具，从而掌控了更大的市场主动权，进一步成为经济利益重新分配的工具，两极分化的格局进一步加剧。

第三节　本章小结

本章主要回顾了相关的理论，包括技术创新与技术转移理论以及制度与知识产权保护理论。具体概括如下：一是在技术创新与技术转移理论部分，主要回顾了与技术创新理论相关的创新概念、创新类型、创新驱动因素。梳理了与技术转移理论相关的技术转移选择理论、产品生命周期理论、边际产业转移理论。二是在制度与知识产权保护理论部分，主要涉及与制度理论相关的制度质量与经济社会发展理论、技术变迁和制度变迁理论。回顾了与知识产权保护理论相关的知识产权保护与经济增长理论、知识产权保护与自主创新理论、知识产权保护与国际技术扩散理论、知识产权保护与全球两极分化理论。这些理论成为深入研究本课题的重要理论基础，本书希望对现有理论进行借鉴的基础上，进行整合创新，从而形成一套系统而有解释力的理论依据。

第四章　知识产权保护的制度背景分析及度量

第一节　中国知识产权保护的制度背景分析

一、知识产权概述

（一）知识产权的内涵

20世纪60年代以后，知识产权（Intellectual Property Rights，IPR）的概念逐渐被国际社会所熟知，特指对一切智力成果的产权。然而，由于不同学科的涵盖范围和研究视角存在差异，经济学、管理学和法学对知识产权的解释也不尽相同，但大多并未给出知识产权的确切定义，只是介绍其所涵盖的内容和范围。

国际保护工业产权协会（AIPPI）1992年东京大会将知识产权分为两类："创作性成果权利"与"识别性标记权利"。其中前者包括版权、发明专利权、工业品外观设计权等7项。后者包括商标权、商号权等3项。

吴汉东（2009）基于知识产权客体的非物质形态，将知识产权分为3类："文学产权""工业产权"与"知识财产专有权"。其中，文学产权包括著作权以及邻接权等；工业产权包括专利权、商标权等；知识财产专有权包括植物新品种权、商业秘密权等。

学术界对知识产权的界定有广义和狭义之分，前者包括著作权及邻接权、专利权、商标权、商号权、地理标识权、集成电路布图设计权、植物新品种权以及商业秘密权。后者即为传统意义上的知识产权，包括著作权

(含邻接权)、商标权和专利权。随着知识产权在经济学和管理学中的广泛应用，狭义的知识产权的概念进一步涵盖了商业秘密、非专利技术和技术标准等智力成果（Day、Schoemaker 和 Gunther，2002；汪海粟、方中秀，2012)。

基于此，笔者认为应该着重从 3 个方面把握知识产权的内涵。知识产权实质上体现的是智力成果作为资源的归属问题，是一种结合了激励与调节作用的利益机制。知识产权这一无形资产具有最终转化为生产力的价值形态，作为生产要素的重要组成部分，在知识经济时代发挥着越来越重要的作用。

（二）知识产权的特征

知识产权的特征包括无形性、专有性、地域性、时间性等特点。

第一，知识产权具有无形性特征。与有形资产不同，知识产权需要依附于一定的载体，从而使得其所有权和使用权可以分别独立存在。一般的有形资产被处置后，便同时失去了所有权和使用权，而知识产权则不同，它可以同时出售给多个买主，而自己仍然可能拥有所有权，而买主获得的仅仅是使用权。

第二，知识产权具有专有性特征。与其他有形资产的产权类似，在保护期内，知识产权的权利人具有占有、使用、收益和处分的权利，任何人不得随意侵犯他人的知识产权，否则将受到法律的制裁。

第三，知识产权具有地域性特征。地域性是指，除国际条约另有规定外，权利人所享有的知识产权只在授予其权利的国家范围受到保护，任何国家一般不承认其他国家授予的知识产权。

第四，知识产权具有时间性特征。时间性是指知识产权具有时效性，超过保护期限后，除非权利人申请延展，否则专有技术便进入公共领域，任何人都可以采用①。同时，技术创新速度的加快促使专利技术提早过时，使得实际有效期低于法定保护期。但值得注意的是，如果权利人以商业秘密的形式持有某项智力成果，则这种知识产权既不会受到法律的保护，也

① 在我国，发明专利的保护期限是 20 年，实用新型和外观设计的保护期限均为 10 年。

不会因为法律保护的时效性届满而自动进入公共领域。

（三）知识产权的职能

第一，提供创新激励。知识具有非竞争性和非排他性等正外部性特征，模仿者的“搭便车”行为使得知识的生产低于社会的最优水平，而知识产权制度便是创新激励机制之一。图4-1描述了产品创新中知识产权的激励原理，假设需求曲线和边际收益曲线都是线性的，产品生产的边际成本保持不变，在完全竞争的市场中，所有产品都以等于边际成本的价格 P_C 销售，此时将产生 AP_CC 的消费者剩余，而创新者的研发费用却得不到任何补偿。因此创新者会预见性地放弃研发投资，从而消费者剩余便不复存在了。因此，知识产权保护使得权利人在一定时间内以垄断价格 P_M 出售新产品，从而获得一定的创新激励以补偿研发投资成本是必要的。在图4-1中，拥有以垄断价格 P_M 出售产品的权利使得创新者获得 P_MP_CBM 的垄断收益。与完全竞争市场相比，部分消费者剩余转化为发明者的垄断利润，同时产生了 MBC 的福利损失。但与没有新发明的情况相比，社会净福利等于剩下的消费者剩余 AP_MM 加上创新者的垄断利润 P_MP_CBM 减去 R&D 投资支出。因此，知识产权通过赋予创新者一定的垄断权利，以激励创新

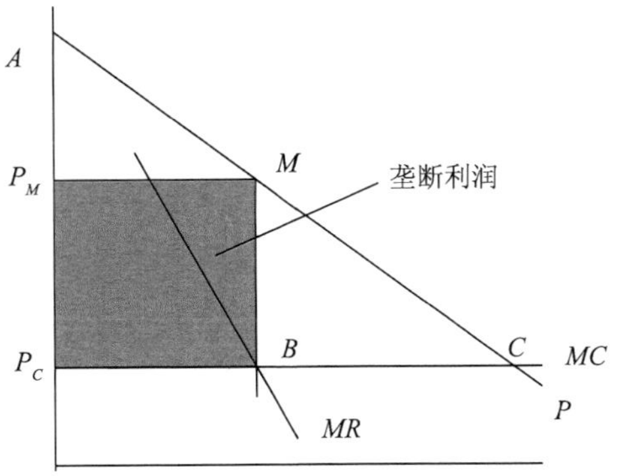

图4-1　知识产权保护的垄断利润①

① 王晓春：《知识产权、企业竞争与发展中国家的经济增长》，复旦大学博士学位论文，2004年，第12页。

是必要的。正如 Schumpeter（1943）在市场结构与创新激励的开创性研究中所论述的："要引导创新就必须接受垄断这种必不可少的‘罪恶’"。

第二，促进技术扩散。知识产权的另外一项重要职能是促进技术的传播和扩散。最早有关知识产权的记录是 14 世纪英国通过向手工艺者发放专利，从而诱使其把技术传播到英国并培训学徒（David，1994）。如果没有知识产权保护，有些发明只能以商业秘密的形式存在，使知识的传播范围受到限制，进而导致社会福利受到损失。因此，借助法律手段防范知识的潜在"悖德行为"所造成的经济损失，从而能够保障创新者的收益，加速知识的流动与传播。从另一个角度来看，虽然未经专利权人许可，他人不得使用专利技术，但专利信息的披露制度仍然向社会传达了丰富的技术信息（Ordover，1991），对其他研究者的后续发明和创新有重要启示，因此最终提升了整个社会的研发水平。这种发明过程中的知识溢出和扩散是经济增长的重要刺激因素。

（四）知识产权的缺陷

知识产权试图通过制度安排来解决市场失灵，但其只是一种"次优"的制度安排，仍然存在一些固有的缺陷。

第一，知识产权只是一项法定权利，其实施所需付出的司法成本较高。信息不对称使得知识资产价值的确认、合同的拟订、侵权的举证等方面成本过高。因此从这个意义上说，知识资产只能缓解市场失灵，而不能提供完全的创新激励。

第二，理论上的最优知识产权保护水平在现实中很难实现。由于不同知识的排他性不同，有些知识具有的技术特征能够有效地防范被盗用，但有些智力成果即使得到有效的保护也易扩散。另外，不同的行业对知识产权的敏感性也存在较大的差异。

第三，知识产权的所有权人往往滥用垄断权利来攫取高额利润，从而恶化企业的生产环境、扭曲市场的资源配置，最终损失了整个社会的福利水平。因此，知识产权制度建设需要以完善的反垄断法为保障。

二、知识产权保护的国际经验及中国的现状

20 世纪 80 年代以来，随着国际经济一体化的加速发展，为了独占技术创新收益，技术领先国纷纷推出了适合自身经济技术发展的知识产权保护战略。TRIPs 协议更是标志着世界贸易组织把知识产权保护推向了新的高度，其标准不但高于巴黎公约和伯尔尼公约，而且引入了 WTO 国际争端解决机制。这些外部约束使得发展中国家的知识产权制度表现出一种强制性变迁的特点，而发达国家知识产权制度的变迁是由其内部自发的诱因推动的（代中强和张二震，2011）。

（一）知识产权保护的国际经验

1. 英国

英国是较早推行知识产权保护政策的国家之一。早在 1710 年，英国便颁布了第一部版权法《安妮法令》，其明确规定“在一定期限内保护作者的著作权”。英国专利局（UKPO）的设立可以追溯到 1852 年，而 1886 年颁布的《保护文学艺术作品伯尔尼公约》，也成为世界上有关著作权的第一个国际公约。

英国领先的技术优势和知识产权保护先例，有力地推动了世界经济技术的发展和繁荣，然而其领先的技术优势多被德国和日本引进，其科技能力并未转化为自身的生产力。英国政府为了扭转这一局面，于 1993 年通过了《科学技术白皮书：实现我们的潜力》，将重点从支持自主研发战略转向支持扩散吸收战略，帮助中小企业实现技术升级。

英国首先从高校着手，促进高校与企业融合，将高校的实验室技术转化为现实的生产力。政府出台措施并结合高校自身情况促进这一战略的实施。第一，消减政府资助，促使高校与产业界融合。由于政府资助是高校科研经费的主要来源，政府消减高校经费使得高校主动与产业界结合以便获得科研资金。第二，成立科研管理机构，促使科学技术产业化。该机构主要负责政策制定、科技咨询、项目资助、多方协调等工作，全面促进科研成果的转化。第三，鼓励高校进行工业应用项目的研究，奖励合作绩效

突出的单位和个人。在这些激励措施下，很多高校教师开始走向企业调研，有效利用学校的人力资源解决了企业的现实问题，促进了产学研的有效融合，并有力地推动了科技成果的商业性开发。

英国重视知识产权保护还体现在加大了对知识产权犯罪的惩治力度。首先，2007 年开始公布《知识产权犯罪年度报告》，并明确提出知识产权犯罪的危害，对违法犯罪行为绝不姑息。其次，中央和地方政府合作，切实做好知识产权犯罪的预防、调查和打击工作。

此外，英国同时也特别注重中小企业的知识产权保护问题。2004 年，英国知识产权局专门针对中小企业研究了其知识产权保护的可行性。同时，发起各种宣传活动，使中小企业逐步认识知识产权的价值，并以较低的成本获取知识产权。2012 年，英国专利法院（PCC）还专门针对中小企业保护自身的知识产权问题推出了小额案件跟踪系统，该系统通过无法律代表的非正式听证会，加速知识产权纠纷案件的处理程序，大大降低了诉讼难度和诉讼成本。该系统成为英国政府改革司法流程的重要组成部分。

2. 美国

美国也是世界上较早对知识产权实施保护的国家之一。早在 1790 年，便颁布了《版权法》和《专利法》。

美国知识产权的保护大致经历了 3 个阶段。第一阶段，当其科研能力难以与欧洲发达国家抗衡时，其知识产权制度呈现严重的自我保护主义色彩，明确规定外国专利申请人的非国民待遇。第二阶段，20 世纪中期，随着美国创新能力的逐渐增强，开始产生了对知识产权保护的需求——考虑为权利人提供创新激励的同时，也开始关注权利人的绝对垄断对社会福利造成的影响。为了平衡社会主体之间的关系，最高法院对知识产权的保护范围进行了严格的限定，以促进技术的扩散。第三阶段，20 世纪 80 年代以来，美国为了维护本国的利益，开始采取进攻性的知识产权战略，并不断干预国际知识产权法律法规的制定，在双边协议上更是要求对方执行比 WTO 的 TRIPs 协议更加严格的知识产权保护标准，对侵犯其利益的主体进行严厉的打压和制裁。其知识产权保护的特点如下。

第一，条文法与判例法同时存在，知识产权制度非常灵活。美国的专利法属于联邦法，由国会制定，其实施细则由专利商标局制定。实施细则根据美国科技发展的需要并广泛征求市场主体的意见，较为详细地规定了知识产权的保护范围，使得其知识产权制度具有很大的可操作性和灵活性特点。

第二，保护范围不断扩大，知识产权制度体现公平原则。美国率先提出对基因技术、计算机软件、遗传信息、商业方法等的保护，其健全的司法制度和法律体系有效地保护了权利人的商业利益。美国把知识产权授予最早的发明人，而不是最早的申请人，体现了司法体系的公平、公正原则。

第三，通过制定国际技术标准，独占国际市场先机。美国利用其领先的技术优势，霸占了国际技术标准的制定权利，从而在国际市场中处于主动地位，并利用国际技术标准设置贸易壁垒。

第四，大力发展知识产权贸易，攫取巨额垄断利润。美国是知识产权的净输出国，其知识产权贸易额巨大，通过知识产权贸易能够攫取巨额垄断利润。

3. 德国

自 1870 年普鲁士统一德国以后，有关知识产权保护的工作开始全面展开，并呈现如下的制度特点。

第一，知识产权保护的相关法律法规。德国的知识产权主要包括工业产权和著作权。其对工业产权的保护主要体现在两个方面：智力成果（包括专利、外观设计和实用新型等）和商标。如 1874 年颁发的《商标保护法》，1876 年通过的《外观设计法》，1894 年出台的《商标法》取代了《商标保护法》，1896 年引入了《帝国反不正当竞争法》，并于 1903 年加入《保护工业产权巴黎公约》，这些法律法规是其知识产权保护的根基。

第二，知识产权保护的相关法律部门。相关部门主要包括联邦司法部、联邦经济和劳动部、专利和商标局。其主要特点是以司法审判为主，并辅以行政执法。

第三，知识产权保护的相关协会。像其他国家一样，德国也存在许多非官方组织和机构处理知识产权保护的事宜。如专利律师协会依法对律师行业进行监督和管理。商标联合会是较早的行业协会组织之一，德国重要的行业协会都是其组织成员。工业产权保护和著作权联合会下设8个专业委员会，对德国立法产生重要的影响。由知识产权领域的专业人士组成的工业产权保护专业联合会。这些协会和组织对德国知识产权保护制度的形成和发展产生了重要的影响。

4. 日本

日本的知识产权保护历程与英国、美国和德国不同，其起初并不具备创新优势。“二战”结束后，日本通过引进先进技术并消化吸收和再创新的方式实现了经济的腾飞。然而，单单依靠引进和再创造的方式已经很难适应经济的发展，日本经济在20世纪末便开始陷入低谷。因此，日本政府开始意识到自主知识产权对经济发展的作用，并着手实施知识产权战略。

首先，改革知识产权制度。1997年，日本便开始对知识产权制度进行深入的改革，如压缩诉讼时间、向原告倾斜、授予法院对知识产权案件的司法管辖权、拓展保护范围、鼓励大学和研究机构与企业合作、提高“休眠专利”的利用效率、普及知识产权知识、促使侵权严重的地区提高知识产权保护力度等（徐明华，2003）。

其次，确立知识产权战略。2002年，由首相牵头召开的知识产权战略会议，通过了《知识产权战略大纲》，首次确立了知识产权是立国和强国的基本国策。

最后，颁布知识产权法律。2003年，国会颁布了《知识产权基本法》。同年，颁布了《有关知识产权创造、保护及其利用的推进计划》，为知识产权保护提供了法律依据，稳步推进知识产权战略。

（二）中国知识产权保护的现状

知识产权保护本应由本国的经济和技术水平所驱动，然而，处于技术前沿的发达国家一直左右着发展中国家知识产权保护制度的制定，而与贸易相关的知识产权协议（TRIPs协议）正是发达国家对发展中国家施压的政策工具。其与传统的国际公约或知识产权组织的重要区别是：它由世界贸易组织统一管理，并规定了明确的强制执行条款，效力堪称史上空前。

从这个意义上说，各国的知识产权政策已经不能完全体现本国的立法和执法意志，在知识产权大国的监督和国际条约的多重约束下，知识产权保护水平开始呈现国际趋同趋势。

中国的知识产权保护起步较晚，而发展却非常迅速。现代意义上的知识产权保护制度始于1982年《商标法》的建立，经过30年的发展，中国已经建立起比较完善的知识产权保护体系，获得了很多国家几十年甚至上百年才能完成的司法实践。下面将简要介绍中国知识产权保护的实践和现状。

自20世纪80年代以来，中国初步形成了知识产权保护的法律体系。1982年8月23日，通过了《中华人民共和国商标法》。该法于1983年3月1日起施行，这标志着我国现代意义上的知识产权保护体系已经开始逐步完善。1984年3月12日，通过了《中华人民共和国专利法》，该法于1985年4月1日起施行。1990年9月7日，通过了《中华人民共和国著作权法》，并于1991年6月1日起施行。自此，知识产权保护体系的三大核心法律已经全部建立，标志着中国已经初步确立知识产权保护的基本框架。同时，中国开始积极参与国际知识产权组织和相关协定，1980年，中国正式成为世界知识产权组织的第90个成员国。中国于1984年12月19日向世界知识产权组织提交了加入《巴黎公约》的申请书，并于1985年3月19日，成为《巴黎公约》的正式成员国。

1993年2月22日，对《中华人民共和国商标法》进行第一次修订。1992年9月4日，对《中华人民共和国专利法》进行第一次修订。1993年9月2日，通过了《中华人民共和国反不正当竞争法》，并于1993年12月1日起施行。自1997年10月1日起，《植物新品种保护条例》开始施行。自此，中国知识产权的立法水平已经得到大幅度的提高。1992年7月10日，中国向世界知识产权组织提交了加入《伯尔尼公约》的申请书，并于同年10月15日成为《伯尔尼公约》的正式成员国。1992年7月30日，中国向联合国教育、科学、文化组织提交了加入《世界版权公约》的申请书，并于同年10月30日成为《世界版权公约》的正式成员国。1993年9月15日，中国向世界知识产权组织提交了加入《专利合作条约》的申请书，并于1994年1月1日成为《专利合作条约》的正式成员国。1999年3月23日，中国加入《保护植物新品种国际公约》。

加入WTO前后，为了达到《与贸易有关的知识产权协议（TRIPs）》的要求，中国加快了对知识产权相关法律的修订，逐步完成了与国际相关协定的接轨，使得中国知识产权保护制度的改革达到了高潮。2001年10月27日，对《中华人民共和国商标法》进行第二次修订；2000年8月25日，对《中华人民共和国专利法》进行第二次修订；2001年10月27日，对《中华人民共和国著作权法》进行第一次修订；2008年12月27日，对《中华人民共和国专利法》做出第三次重大修订；2010年2月26日，对《中华人民共和国著作权法》进行第二次修订；2013年8月30日，对《中华人民共和国商标法》进行第三次修订。

中国在建立健全知识产权立法体系的同时，也强调知识产权执法体系的建设。在知识产权保护的实践中，中国形成了司法保护和行政保护并行运作的保护模式。在中国，多个部门共同履行知识产权保护的职能，主要包括知识产权局、文化部、海关总署、最高人民法院、最高人民检察院。为加强知识产权保护水平，中国于2004年正式启动了以国务院副总理为组长的工作组，负责全面统筹协调我国的知识产权保护事项。随着知识产权立法体系趋于完善，知识产权保护的重心开始由立法转向执法，通过执法进一步提高知识产权保护水平。

针对审理知识产权案件专业性强、技术含量高的特点，法院成立了知识产权审判庭。在行政保护方面，设立了专门的知识产权行政管理机关。各司其职，逐步完善知识产权保护的执法体系。

总的来看，中国的知识产权法律法规较为完善，但各省的知识产权执法力度存在很大的差异，执法效率也参差不齐。而本书主要关注的是：知识产权保护对企业技术创新的作用机制，加强知识产权保护对于现阶段中国企业的创新和经济增长是否适宜，中国如何在TRIPs协议的有限政策空间中发展适合本土经济的知识产权政策，知识产权制度的有效实施还需要什么样的辅助和配套设施等。

第二节 中国各省知识产权保护水平的度量与测算

一、知识产权保护水平的一般测算方法

Rapp 和 Rozek（1990）[①] 是最早尝试量化知识产权保护强度的学者，他们以美国商务部 1987 年版《专利法》作为最低标准来衡量 159 个国家和地区的专利法，从而率先提出了知识产权保护强度的 RR 指数[②]。由于专利是企业中最核心的技术，在某种程度上反映了知识产权保护的整体水平。RR 指数的具体测量方法是：共分为“0”至“5”六个等级，其中“0”表示该国没有专利法对专利进行保护；“1”表示该国专利法不完善，欠缺禁止盗版的法律……“5”表示该国相关法律与执行已达到美国专利法的要求。RR 指数选择了最具代表性的专利作为测算依据，能够较好地反映一国知识产权保护的水平，因此得到了广泛的运用。但是该指数仍然存在两点缺陷：一是其出发点在于一国知识产权保护法律得到完全的执行，这对于司法体系比较健全的发达国家是适宜的，但对于立法相对完善而执法相对薄弱的发展中国家可能会有较大的出入。二是其采用整数计分法，测算结果相对粗糙，不能准确区分立法水平相近国家的真实差异。

Ginarte 和 Park（1997）[③] 对 RR 指数进行了修正与细化，形成了知识产权保护强度的 GP 指数[④]。将专利保护水平指标分为两个层次：第一层次包括保护的覆盖范围、国际专利条约的成员资格等 5 个一级指标。第二层次为一级指标下面细分的二级指标，分别对应保护的具体内容。每个一级

① Rapp R. T., Rozek R. P., Benefits and costs of intellectual property protection in developing countries, *Journal of World Trade*, 1990, 75, pp. 75-102.

② RR 指数的具体测算方法，请参见第二章的第二节。

③ Ginarte J. C., Park W. G., Determinants of patent rights: A cross-national study, *Research Policy*, 1997, 26 (3), pp. 283-301.

④ GP 指数的具体测算方法，请参见第二章的第二节。

指标设为1分，再根据相应的二级指标数目进行均分，每当满足一项二级指标的要求，该一级指标便累加该二级指标的得分，最后各个一级指标的得分值加总后便是该国的知识产权保护水平的得分值。因此GP指数也在0~5分，数值越高，代表知识产权保护越强。GP指数有效克服了RR指数的第二条不足，但是第一条不足仍然存在。

对于司法体系比较健全的发达国家，直接采用立法指标来衡量知识产权保护水平不会出现太大的问题，但对于转型国家来说，执法和立法尚未同步。因此，针对RR指数和GP指数都没有提及的执法问题，中国学者韩玉雄和李怀祖（2005）① 率先提出需要在知识产权保护的立法强度之外再另外设立一个执法力度的评价指标，以便更全面地衡量我国的知识产权保护水平。具体测算方法，请参见第二章的第二节。至此，韩玉雄和李怀祖（2005）在GP指数的基础上进一步克服了RR指数的第一条不足。这种方法后来得到广泛的应用（许春明、陈敏，2008；沈国兵、刘佳，2009；孙旭玉，2010）。

基于我国的知识产权立法主要由国家统一执行，那么可以认为各地区的立法强度为统一标准。但由于中国各地区的发展极其不平衡，导致执法状况也存在很大的差异。所以许春明和单晓光（2008）② 认为，各地区的知识产权保护水平理所当然地由各地区的知识产权执法力度来决定。并且他认为，知识产权执法强度的决定因素应该包括司法保护水平、经济发展水平、社会公众意识等5个方面。于是，他以2004年为例，计算了中国各省的知识产权保护强度。

综上，有关知识产权保护指数的构建主要是基于国家水平，跨省知识产权保护指数的构建尚不多见（吴超鹏，2009）。由于同一国度内的立法和司法都是统一和通用的，因此，基于各省的知识产权保护指数的构建需要从各省的执法力度入手，各省的知识产权执法力度差异很大，因此从执

① 韩玉雄、李怀祖：《关于中国知识产权保护水平的定量分析》，《科学学研究》2005年第3期。

② 许春明、单晓光：《中国知识产权保护强度指标体系的构建及验证》，《科学学研究》2008年第4期。

法力度入手构建各省的知识产权保护指数具有一定的可行性。中国各省知识产权保护水平的差异主要体现在执法力度的差异上，而不是立法水平的不同。

二、中国知识产权保护水平的测算

知识产权保护指标体系应是立法强度与执法强度的综合，具体构成如图 4-2 所示。

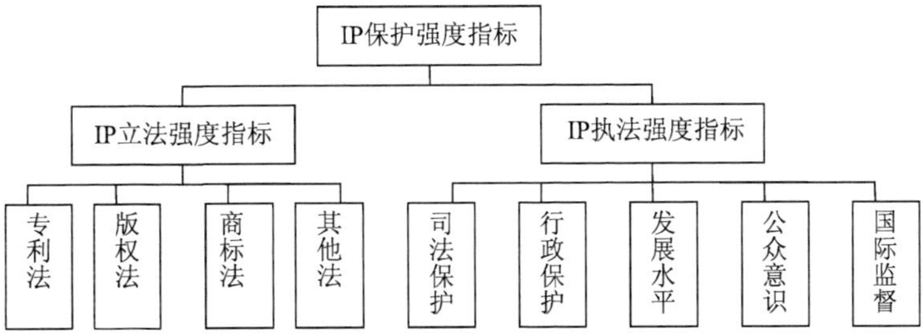

图 4-2　知识产权保护强度指标体系

针对中国知识产权执法能力不足带来的执法效果薄弱问题，有学者建议需要在知识产权立法强度之外再另外设立一个执法力度评价指标，以更全面地反映我国知识产权保护的水平（韩玉雄、李怀祖，2005；许春明、单晓光，2008）。所谓执法力度，是指知识产权被执行的实际效果，其大小介于 0 和 1 之间，0 指法律完全没有被执行，1 指法律完全得到了执行（韩玉雄、李怀祖，2005）。

因此，针对中国的实际情况，知识产权保护强度等于立法强度与执法强度的乘积，表示为：

$$P(t) = L(t) \cdot E(t) \tag{4.1}$$

其中，$P(t)$ 指知识产权保护水平，$L(t)$ 指知识产权立法水平，$E(t)$ 指知识产权执法水平。

（一）中国知识产权立法强度（GP 指数）的测算

理论上，知识产权立法强度的度量指标应该包括专利法、商标法、版权法等知识产权法律。但鉴于知识产权对经济发展的主要作用在于专利，尤其是中国专利法的修改与完善同其他单行法的立法与修改基本是同步的①，因此笔者采用专利法立法强度代表整个知识产权立法强度，并借鉴Ginarte-Park 的方法对知识产权的立法强度进行测算。

自 1984 年 3 月 12 日中国通过《中华人民共和国专利法》以来，分别于 1992 年 9 月 4 日、2000 年 8 月 25 日和 2008 年 12 月 27 日对《专利法》做出 3 次重大修改，并分别于通过的次年起施行。

从保护的覆盖范围来看，1984 年首部《专利法》覆盖了对医疗器械、微生物和实用新型的保护。1992 年第一次对《专利法》进行修订后，进一步覆盖了对医药产品、化学产品以及食品的保护。2008 年第三次对《专利法》进行全面修订后，一直沿用至今，其第二十五条明确规定对动植物品种不授予专利权。因此我国《专利法》尚未覆盖到对动植物品种的保护，但动植物品种的非生物学生产方法可以授予专利权。值得提及的是，动植物品种可以通过专利法以外的其他法律法规予以保护，例如，1997 年 10 月 1 日，中国开始实施《植物新品种保护条例》，大大扩展了中国知识产权的保护范围。

从国际条约的成员资格来看，1980 年中国正式成为世界知识产权组织的第 90 个成员国。1984 年 12 月 19 日，中国提交了加入《巴黎公约》的申请书，并于 1985 年 3 月 19 日起，成为《巴黎公约》的正式成员国。1993 年 9 月 15 日，中国提交了加入《专利合作条约》的申请书，并于 1994 年 1 月 1 日起，成为《专利合作条约》的正式成员国。1999 年 3 月 23 日加入《保护植物新品种国际公约》。

从权利丧失的保护来看，1984 年以来的《专利法》，一直保留这样的规定“授予专利权的发明和实用新型，应当具备新颖性、创造性和实用性”，可以看出其满足了实用性的要求。1992 年第一次对《专利法》进行

① 例如，1992 年第一次修订《专利法》的同一年，中国加入《伯尔尼公约》和《世界版权公约》，1991 年首次实施了《著作权法》，1993 年第一次修订《商标法》、颁布《反不正当竞争法》。2000 年第二次修订《专利法》的第二年，修订《商标法》《著作权法》，并实施《集成电路布图设计保护条例》。

修订后，增加了对专利实施强制许可的规定，并以授权后的撤销程序取代了授权前的异议制度，对 1984 年的《专利法》没有“撤销程序”的空白进行了补充。但由于“撤销程序”和“无效宣告程序”的性质基本相同，为了简化司法程序，避免重复带来的负面影响，2000 年修订的《专利法》取消了对撤销程序的规定，并沿用至今。

从法律执行机制来看，中国 2000 年第二次修订的《专利法》，新增了侵权的诉前禁令：“专利权人有证据证明他人正在实施的行为侵犯了其专利权，可以在起诉前向人民法院申请采取责令停止有关行为的措施”。然而，目前《专利法》尚未对专利侵权的连带责任出台相关规定，但最高人民法院在《关于贯彻执行民法通则若干问题的意见》第 148 条中规定：“教唆、帮助他人实施侵权行为的人，应当承担连带民事责任”①。虽然该规定在一定程度上弥补了有关侵权连带责任的空白，但其对专利的侵权连带责任并没有具体规定。就专利侵权的举证责任而言，虽然 1984 年的首部《专利法》这样规定：“在发生侵权纠纷的时候，如果发明专利是一项产品的制造方法，制造同样产品的单位或者个人应当提供其制造方法的证明”。但其并没有规定前后两种方法必须不同，因此从某种意义上来说这并不是侵权举证。直到 2000 年第二次对《专利法》进行修订后，明确规定由制造同样产品的单位或个人提供其产品制造方法不同于专利方法的证明。

从专利保护期限来看，1992 年首次修订的《专利法》，将发明专利的保护期限从 15 年延长为 20 年，将实用新型和外观设计的保护期限从 5 年延长为 10 年②。

本书对中国知识产权立法强度（Ginarte-Park 指数）指标的设定见表 4-1，对 2001—2015 年中国知识产权立法强度（Ginarte-Park 指数）的计算结果见表 4-2。

---

① 侵权责任法：《侵权责任法解读第九条：教唆、帮助他人实施侵权行为》，http://www.qinquan.info/787v.html.

② 知识产权：《中华人民共和国专利法（1992）》，http://blog.sina.com.cn/s/blog_5dad70850100vlja.html.

表 4-1　中国知识产权立法强度（GP 指数）指标设定

一级指标		二级指标	满足	不满足
1	保护范围	1.1 药品专利	1/7	0
		1.2 化学制品专利	1/7	0
		1.3 食品专利	1/7	0
		1.4 动植物品种专利	1/7	0
		1.5 医疗器械专利	1/7	0
		1.6 微生物专利	1/7	0
		1.7 实用新型专利	1/7	0
2	国际条约的成员资格	2.1 巴黎公约	1/3	0
		2.2 专利合作条约（PCT）	1/3	0
		2.3 国际植物新品种保护公约（UPOV）	1/3	0
3	权利丧失的保护	3.1 专利的实用性条件	1/3	0
		3.2 专利的强制许可	1/3	0
		3.3 专利撤销规定	1/3	0
4	执行机制	4.1 专利侵权的诉前禁令	1/3	0
		4.2 专利侵权的连带责任	1/3	0
		4.3 专利侵权的举证责任	1/3	0
5	保护期限	5.1 专利保护期在 20 年以上 5.2 专利保护期低于 20 年	1x/20	/ /

表 4-2　2001—2015 年中国知识产权立法强度（GP 指数）统计

年份 项目	2001	2002	2003	2004	2005	2006	2007	2008	2009	2010	2011	2012	2013	2014	2015
1.1	√	√	√	√	√	√	√	√	√	√	√	√	√	√	√
1.2	√	√	√	√	√	√	√	√	√	√	√	√	√	√	√
1.3	√	√	√	√	√	√	√	√	√	√	√	√	√	√	√
1.4	×	×	×	×	×	×	×	×	×	×	×	×	×	×	×
1.5	√	√	√	√	√	√	√	√	√	√	√	√	√	√	√

续表

年份 项目	2001	2002	2003	2004	2005	2006	2007	2008	2009	2010	2011	2012	2013	2014	2015
1.6	√	√	√	√	√	√	√	√	√	√	√	√	√	√	√
1.7	√	√	√	√	√	√	√	√	√	√	√	√	√	√	√
合计1	6/7	6/7	6/7	6/7	6/7	6/7	6/7	6/7	6/7	6/7	6/7	6/7	6/7	6/7	6/7
2.1	√	√	√	√	√	√	√	√	√	√	√	√	√	√	√
2.2	√	√	√	√	√	√	√	√	√	√	√	√	√	√	√
2.3	√	√	√	√	√	√	√	√	√	√	√	√	√	√	√
合计2	1	1	1	1	1	1	1	1	1	1	1	1	1	1	1
3.1	×	×	×	×	×	×	×	×	×	×	×	×	×	×	×
3.2	√	√	√	√	√	√	√	√	√	√	√	√	√	√	√
3.3	×	×	×	×	×	×	×	×	×	×	×	×	×	×	×
合计3	1/3	1/3	1/3	1/3	1/3	1/3	1/3	1/3	1/3	1/3	1/3	1/3	1/3	1/3	1/3
4.1	√	√	√	√	√	√	√	√	√	√	√	√	√	√	√
4.2	×	×	×	×	×	×	×	×	×	×	×	×	×	×	×
4.3	√	√	√	√	√	√	√	√	√	√	√	√	√	√	√
合计4	2/3	2/3	2/3	2/3	2/3	2/3	2/3	2/3	2/3	2/3	2/3	2/3	2/3	2/3	2/3
合计5	1	1	1	1	1	1	1	1	1	1	1	1	1	1	1
GP 指数	3.857	3.857	3.857	3.857	3.857	3.857	3.857	3.857	3.857	3.857	3.857	3.857	3.857	3.857	3.857

从表4-2可以看出，自2000年第二次对《专利法》进行修订后，中国知识产权立法强度（GP指数）指标分值已经达到3.857，立法要求已经超过多数发达国家1990年的水平（见表4-3）。然而，我们应该清醒地认识到，Ginarte-Park指数只是对一国知识产权立法强度的度量，但由于中国的立法与司法不同步以及民众的知识产权保护意识比较淡薄，从而导致中国知识产权保护的实际情况与司法制度健全的发达国家存在较大的差距，因此笔者在下文中将同时考虑知识产权立法和执法两个方面，以便得到更合理的知识产权保护水平的度量标准。

表 4-3 欧美及亚洲部分国家知识产权保护水平（Ginarte-Park 指数）

国家 \ 年份	1960	1965	1970	1975	1980	1985	1990	1995	2000	2005
美国	3.86	3.86	3.86	3.86	4.19	4.52	4.52	4.88	4.88	4.88
德国	2.33	2.66	3.09	3.09	3.86	3.71	3.71	4.17	4.50	4.50
法国	2.76	3.10	3.24	3.24	3.90	3.90	3.90	4.54	4.67	4.67
意大利	2.99	3.32	3.32	3.46	3.71	4.05	4.05	4.33	4.67	4.67
加拿大	2.76	2.76	2.76	2.76	2.76	2.76	2.76	4.34	4.67	4.67
日本	2.85	3.18	3.32	3.61	3.94	3.94	3.94	4.42	4.67	4.67
韩国	2.80	2.80	2.94	2.94	3.28	3.61	3.94	3.89	4.13	4.33
新加坡	2.37	2.37	2.37	2.37	2.37	2.57	2.57	3.88	4.01	4.21
印度	1.85	1.85	1.42	1.62	1.62	1.62	1.48	1.23	2.27	3.76
马来西亚	2.37	2.37	2.37	2.37	2.57	2.90	2.37	2.70	3.03	3.48

资料来源：①Ginarte J. C., Park W. G., Determinants of patent rights: A cross-national study, *Research Policy*, 1997, 26 (3), pp. 283-301. ②Park, W. G., International Patent Protection: 1960-2005, *Research Policy*, 2008, 37, pp. 761-766.

（二）中国知识产权执法强度的测算

1. 指标选取与说明

笔者综合借鉴韩玉雄、李怀祖（2005），许春明、单晓光（2008），沈国兵、刘佳（2009）的方法，选取司法保护水平、行政保护水平、经济发展水平、社会公众意识和国际监督制衡 5 项二级指标作为评价知识产权执法力度的因子，并假定上述 5 项指标对执法力度的贡献相同，因此执法力度取值为此 5 项指标取值的算术平均值，表 4-4 列示了本书设定的中国知识产权执法强度的指标体系。

表 4-4 中国知识产权执法强度指标设定

指标	指标说明	取值方法
司法保护水平	律师数量占总人口比例	比例大于或等于万分之五时，取值为 1； 比例小于万分之五时，取值为实际比例除以万分之五
行政保护水平	立法时间	时间达到或超过 100 年时，取值为 1； 时间小于 100 年时，取值为实际立法时间除以 100

续表

指标	指标说明	取值方法
经济发展水平	人均 GDP	人均 GDP 达到或超过中低收入水平 GDP 上限值时，取值为 1； 人均 GDP 小于中低收入水平 GDP 上限值时，取值为实际人均 GDP 除以中低收入水平 GDP 上限值
社会公众意识	成人识字率	成人识字率达到或超过 99%时，取值为 1； 成人识字率小于 99%时，取值为实际成人识字率除以 99%
国际监督制衡	是否 WTO 成员国	从“入世”谈判至加入 WTO，按照时间顺序依次从 0 分变化到 1 分

（1）司法保护水平。司法保护水平能够反映一国的法制化程度，也是解决知识产权纠纷的重要途径之一，高素质的执法人员和完善的司法体系是知识产权制度良好有序运行的重要保障。发达国家的司法保护水平往往较高，其中律师人数占总人口数量的比例便是衡量司法保护水平的重要指标之一。在欧美等发达国家，律师人数占总人口数量的比例都在千分之一以上，而国际上通常认为，当律师人数超过总人口的万分之五时，即认为该国的司法保护水平较高。本书将采用各省份律师人数占各省市总人口的比重来衡量各省份的司法保护水平①。通常以律师比例是否超过万分之五作为判断司法保护水平的依据（韩玉雄、李怀祖，2005；许春明、单晓光，2008）。具体取值标准为，当某省份的律师比例大于或等于万分之五时，取值为 1；否则取值为实际比例除以万分之五。

（2）行政保护水平。行政保护水平与管理水平是切实保障知识产权不受侵害的关键。法律越完善，行政管理职责越明晰，监督制约机制越有效，从而执法不力的现象就越少。

任何国家的法律都是经过长期的实践才趋于完善的。一般来说，立法时间越长，法律体系越完备，行政保护与行政管理水平也越高。参照各国的立法史，通常以立法时间是否满 100 年作为判断行政保护水平的依据（韩玉雄、李怀祖，2005；许春明、单晓光，2008）。具体来说，当一国立

① 2001—2011 年各省份律师人数数据来自《中国律师年鉴》，2012、2013、2014、2015 年各省份律师人数的数据向《中国律师年鉴》赵伟主编索取。而各省总人口的数量来自中国统计局网站。相关数据见附录 1—附录 4。

法时间达到或超过 100 年时，取值为 1，否则取值为实际立法时间除以 100。而中国的立法始于 1954 年第一部宪法的实施①。

（3）经济发展水平。一个国家的经济发展水平与知识产权保护之间存在着紧密的联系（Rapp、Rozek，1990）。发展中国家由于自身创新能力不足，更倾向于实施较低的知识产权保护力度，以鼓励本国企业模仿和吸收来自发达国家的先进技术和管理经验，进而在较短的时间内实现经济的快速发展。但随着经济实力的进一步提升，发展中国家加强知识产权保护的驱动因素会逐步增强。通常采用“人均 GDP”作为衡量一个国家经济发展状况的指标（韩玉雄、李怀祖，2005；许春明、单晓光，2008）。韩玉雄和李怀祖（2005）认为，小康水平的公认标准是人均 GDP 达到 1000 美元；而许春明和单晓光（2008）则认为，中等收入水平国家的人均 GDP 在 2000 美元左右。而笔者认为，近年来，各国的经济都在持续高速地发展，如果还以 1000 美元或 2000 美元作为中等收入水平的基准，显然不太符合现实。因此，笔者借鉴沈国兵、刘佳（2009）的做法，以 World Bank（世界银行）公布的中低收入水平（Lower middle income，LMI）GNI 上限（当期美元）为基准，并以 World Bank 公布的中国人均 GNI（当期美元）和中国统计局公布的中国人均 GDP（当期元）为参照，求出中低收入水平 GDP 上限值（当期元）②。具体取值标准为，当某省份的人均 GDP（当期元）达到或超过中低收入水平 GDP 上限值（当期元）时，取值为 1，当某省份的人均 GDP 小于中低收入水平 GDP 上限值时，取值为该省份的实际人均 GDP 除以中低收入水平 GDP 上限值。

---

① 比如，2001 年各省份的立法行政保护水平是（2001－1954）÷100＝0.47，2015 年各省的立法行政保护水平是（2015－1954）÷100＝0.61。

② 笔者原打算使用各省份的人均 GNI 数据与 World Bank 公布的中低收入水平 GNI 上限数据作比较，但中国各省份的 GNI 数据不可得。笔者也转向寻找中低收入水平 GDP 上限数据，但仍不可得。由于地区 GDP 一般比地区 GNI 大，因此无法拿各省份 GDP 与 World Bank 公布的中低收入水平 GNI 上限数据作比较，因此笔者假定中国人均 GNI 占中低收入水平 GNI 上限的比例与中国人均 GDP 占中低收入水平 GDP 上限的比例相同，并根据 World Bank 公布的中低收入水平 GNI 上限数据和中国人均 GNI 数据，以及中国统计局公布的中国人均 GDP 数据，求得中低收入水平 GDP 上限值。相关数据见附录 5 和附录 6。中低收入水平 GNI 上限值来源，http://siteresources.worldbank.org/DATASTATISTICS/Resources/OGHIST.xls；中国人均 GNI 数据来源，http://data.worldbank.org/indicator/NY.GNP.PCAP.CD。

（4）社会公众意识。许春明和单晓光（2008）认为，社会公众的知识产权意识是保证知识产权立法和执法效果的重要基础。如果公众的知识产权保护意识淡薄，即便制定了高度完善的司法体系并配合良好的行政保护，知识产权保护的执法效果也将大打折扣，势必导致侵权事情高发、盗版行为泛滥现象，只有知识产权保护意识深入人心，才能使知识产权保护落到实处。

一般认为，知识产权意识随着社会公众的受教育程度而不断提高。许春明和单晓光（2008）以成人识字率是否超过95%作为判断社会公众意识的依据。而笔者认为，近年来，义务教育得到了极大的普及，沿海和发达地区的成人识字率基本都在99%以上，如果还以95%的成人识字率作为衡量社会公众意识的标准不太符合现实。因此本书以成人识字率是否超过99%作为判断社会公众意识的依据。具体取值标准如下，当某省份的成人识字率达到或超过99%时，该省份的社会公众意识取值为1。当某省份的成人识字率小于99%时，取值为该省份的实际成人识字率除以99%[①]。

（5）国际监督制衡。在经济社会全球化和一体化发展的今天，知识产权保护状况不但受到上述国内因素的影响，来自国际社会的监督与制衡机制也会在很大程度上影响一国的知识产权保护情况。知识产权保护是WTO的三大支柱之一，作为WTO成员方，也必须严格遵守WTO框架下的知识产权保护标准和争端解决机制，以美国为代表的发达国家自身拥有较高的知识产权保护水平，为了维护其自身的经济利益，其正在积极地运用WTO争端解决机制，要求以中国为代表的发展中国家不断提高知识产权保护水平。

所有加入WTO的国家必须遵守WTO专设的TRIPs协议。该协议就知识产权保护的范围、最低保护标准和争端解决机制进行了规定，因此可以将是否是WTO成员方作为一国或地区是否受到国际社会的监督与制衡的

① 成人识字率，就业人员受教育程度在小学及以上的人口所占的比例。数据来源于2002—2016年的《中国劳动统计年鉴》。需要说明的是，2001年《中国劳动统计年鉴》没有提供相关数据。相关数据见附录7和附录8。

度量指标。同时，加入 WTO 需要进行较长时间的准备与谈判，此间申请国或地区需要对其国内或地区内的司法体系与执法机制进行渐进式的调整与改革以便与 WTO 相关要求接轨。本书借鉴韩玉雄和李怀祖（2005）的方法，假设从“复关”谈判的 1986 年开始至“入世”的 2001 年止，国际监督制衡指标的取值从 1986 年的 0 分均匀地变化到 2001 年的 1 分，此后保持 1 分不变。

2. 执法强度的测算结果

表 4-5　2001—2015 年中国各省份知识产权执法强度测算结果

地区＼年份	2001	2002	2003	2004	2005	2006	2007	2008	2009	2010	2011	2012	2013	2014	2015
北京	0.893	0.896	0.898	0.900	0.902	0.903	0.906	0.908	0.910	0.912	0.914	0.916	0.918	0.920	0.922
天津	0.725	0.752	0.789	0.795	0.797	0.805	0.783	0.707	0.795	0.809	0.822	0.833	0.844	0.851	0.853
河北	0.579	0.592	0.603	0.621	0.633	0.649	0.661	0.659	0.722	0.754	0.761	0.766	0.769	0.776	0.778
山西	0.577	0.596	0.604	0.614	0.632	0.650	0.659	0.649	0.701	0.739	0.765	0.773	0.779	0.790	0.791
内蒙古	0.566	0.578	0.599	0.622	0.641	0.676	0.712	0.738	0.746	0.760	0.771	0.779	0.786	0.795	0.795
辽宁	0.636	0.651	0.665	0.675	0.697	0.715	0.724	0.762	0.767	0.773	0.782	0.788	0.796	0.802	0.805
吉林	0.593	0.603	0.614	0.622	0.625	0.643	0.666	0.699	0.736	0.754	0.760	0.765	0.770	0.774	0.775
黑龙江	0.592	0.611	0.624	0.631	0.642	0.655	0.663	0.652	0.705	0.744	0.763	0.761	0.762	0.762	0.772
上海	0.841	0.858	0.872	0.880	0.900	0.903	0.884	0.898	0.902	0.912	0.914	0.916	0.918	0.920	0.922
江苏	0.620	0.640	0.663	0.685	0.712	0.745	0.741	0.701	0.756	0.770	0.778	0.785	0.794	0.802	0.804
浙江	0.646	0.675	0.702	0.727	0.746	0.762	0.747	0.751	0.764	0.775	0.790	0.799	0.808	0.821	0.821
安徽	0.539	0.549	0.561	0.569	0.565	0.578	0.586	0.612	0.608	0.680	0.719	0.750	0.750	0.757	0.753
福建	0.611	0.625	0.643	0.651	0.668	0.690	0.711	0.746	0.757	0.772	0.781	0.788	0.796	0.804	0.803
江西	0.550	0.558	0.565	0.575	0.583	0.598	0.608	0.608	0.630	0.690	0.723	0.746	0.750	0.752	0.754
山东	0.595	0.614	0.630	0.651	0.672	0.701	0.718	0.740	0.748	0.759	0.772	0.778	0.786	0.793	0.793
河南	0.557	0.568	0.577	0.592	0.603	0.617	0.630	0.658	0.684	0.720	0.752	0.761	0.769	0.776	0.776
湖北	0.567	0.568	0.582	0.596	0.606	0.621	0.637	0.632	0.664	0.750	0.764	0.771	0.777	0.782	0.782
湖南	0.565	0.574	0.581	0.594	0.605	0.618	0.634	0.624	0.692	0.729	0.761	0.766	0.769	0.781	0.780
广东	0.649	0.674	0.696	0.719	0.743	0.769	0.768	0.774	0.782	0.790	0.796	0.804	0.812	0.820	0.819
广西	0.548	0.554	0.562	0.576	0.584	0.598	0.609	0.630	0.652	0.688	0.729	0.759	0.763	0.771	0.771
海南	0.589	0.591	0.598	0.611	0.615	0.626	0.636	0.617	0.681	0.729	0.769	0.779	0.784	0.780	0.789

续表

地区\年份	2001	2002	2003	2004	2005	2006	2007	2008	2009	2010	2011	2012	2013	2014	2015
重庆	0.595	0.607	0.620	0.628	0.641	0.664	0.664	0.693	0.726	0.769	0.786	0.791	0.800	0.809	0.808
四川	0.545	0.560	0.573	0.582	0.581	0.600	0.613	0.632	0.663	0.700	0.741	0.769	0.778	0.786	0.784
贵州	0.495	0.507	0.513	0.523	0.520	0.535	0.549	0.569	0.568	0.611	0.642	0.684	0.716	0.748	0.746
云南	0.528	0.532	0.544	0.567	0.564	0.576	0.581	0.572	0.621	0.652	0.683	0.720	0.753	0.778	0.773
西藏	0.456	0.464	0.443	0.483	0.482	0.499	0.529	0.531	0.543	0.581	0.667	0.692	0.719	0.722	0.692
陕西	0.552	0.562	0.580	0.595	0.604	0.624	0.629	0.665	0.698	0.746	0.765	0.773	0.781	0.789	0.788
甘肃	0.514	0.526	0.534	0.547	0.547	0.556	0.565	0.559	0.605	0.642	0.678	0.702	0.723	0.738	0.753
青海	0.517	0.536	0.550	0.562	0.566	0.588	0.599	0.633	0.669	0.691	0.739	0.744	0.752	0.760	0.757
宁夏	0.564	0.572	0.586	0.594	0.595	0.614	0.628	0.669	0.702	0.751	0.775	0.784	0.797	0.801	0.807
新疆	0.588	0.597	0.621	0.627	0.634	0.645	0.657	0.636	0.695	0.741	0.769	0.777	0.784	0.791	0.789

中国各省份知识产权执法强度的测算结果如表4-5所示，可以看出不同省份的知识产权执法强度存在很大的差异，多数省份的知识产权立法强度只得到了2/3的执行，而北京和上海等发达地区的执法力度却达到90%左右。总的来说，各省份知识产权立法得到执行的比例都在不断地提高，在一定程度上反映了我国知识产权保护的实际状况以及近年来我国在知识产权执法方面的不懈努力。

（三）中国知识产权保护强度的测算

1992年前后和2001年前后中国大规模地进行知识产权法的修订，从而使得中国知识产权立法水平接近发达国家的立法水平。由于我国知识产权法的颁布和执行主要由国家统一进行，因此可以认为各省份的知识产权立法水平为统一值。由于各省份的经济环境状况差异悬殊，使得各省份的知识产权执法力度存在很大的不同，其基本趋势是“东高西低”，以及整体执法水平随着时间的推移不断提升。因此各省份知识产权保护强度主要由各省份知识产权法的执法力度来决定。从表4-2可以看出，2001—2015年中国知识产权立法强度（Ginarte-Park指数）的值为统一值3.857，结合表4-5中国各省份知识产权执法强度的测算结果，得到2001—2015年中国各省份知识产权保护强度的测算结果如表4-6所示。从总体上看，我国知识产权保护强度不断提高，基本反映了我国近年来知识产权保护的现状。

而各地区知识产权保护的差异又在一定程度上影响了国外技术的转移和国内自主创新能力，对此，本书将在下文进一步分析和探讨。

表 4-6　2001—2015 年中国各省份知识产权保护强度测算结果

地区\年份	2001	2002	2003	2004	2005	2006	2007	2008	2009	2010	2011	2012	2013	2014	2015
北京	3.445	3.455	3.464	3.471	3.479	3.483	3.494	3.502	3.509	3.518	3.525	3.533	3.541	3.548	3.556
天津	2.795	2.900	3.044	3.065	3.075	3.106	3.020	2.728	3.067	3.118	3.169	3.214	3.255	3.282	3.289
河北	2.233	2.284	2.326	2.394	2.442	2.504	2.551	2.540	2.783	2.907	2.934	2.955	2.966	2.993	3.000
山西	2.225	2.298	2.331	2.367	2.439	2.507	2.542	2.502	2.702	2.849	2.949	2.982	3.005	3.047	3.052
内蒙古	2.184	2.230	2.309	2.400	2.474	2.607	2.747	2.847	2.879	2.930	2.972	3.003	3.032	3.066	3.066
辽宁	2.454	2.510	2.564	2.603	2.690	2.756	2.792	2.939	2.960	2.981	3.015	3.040	3.070	3.093	3.106
吉林	2.286	2.327	2.369	2.399	2.412	2.480	2.568	2.696	2.839	2.909	2.931	2.951	2.970	2.985	2.990
黑龙江	2.284	2.357	2.405	2.434	2.476	2.528	2.556	2.514	2.719	2.871	2.942	2.934	2.939	2.939	2.979
上海	3.243	3.309	3.363	3.393	3.471	3.484	3.409	3.464	3.480	3.518	3.525	3.533	3.541	3.548	3.556
江苏	2.392	2.468	2.556	2.643	2.748	2.874	2.859	2.703	2.916	2.969	3.001	3.029	3.062	3.093	3.100
浙江	2.492	2.603	2.707	2.802	2.877	2.938	2.880	2.898	2.947	2.990	3.047	3.080	3.116	3.167	3.166
安徽	2.079	2.117	2.162	2.196	2.178	2.231	2.261	2.360	2.345	2.621	2.775	2.891	2.893	2.920	2.904
福建	2.357	2.410	2.480	2.509	2.577	2.663	2.743	2.877	2.920	2.977	3.011	3.038	3.070	3.101	3.096
江西	2.121	2.151	2.181	2.218	2.251	2.306	2.345	2.345	2.431	2.661	2.790	2.876	2.893	2.900	2.908
山东	2.295	2.368	2.429	2.509	2.592	2.705	2.770	2.856	2.885	2.929	2.977	3.000	3.032	3.059	3.060
河南	2.148	2.190	2.226	2.282	2.325	2.381	2.431	2.536	2.639	2.777	2.899	2.934	2.966	2.993	2.995
湖北	2.187	2.192	2.246	2.299	2.336	2.396	2.456	2.436	2.559	2.894	2.946	2.972	2.997	3.016	3.016
湖南	2.177	2.213	2.241	2.292	2.334	2.382	2.446	2.406	2.670	2.813	2.935	2.955	2.966	3.012	3.008
广东	2.504	2.599	2.685	2.773	2.864	2.966	2.962	2.987	3.017	3.045	3.070	3.100	3.132	3.163	3.160
广西	2.113	2.138	2.169	2.222	2.254	2.306	2.349	2.430	2.514	2.655	2.813	2.927	2.943	2.974	2.973
海南	2.272	2.280	2.306	2.358	2.371	2.415	2.453	2.379	2.625	2.813	2.966	3.005	3.024	3.008	3.045
重庆	2.296	2.340	2.391	2.423	2.471	2.562	2.561	2.671	2.802	2.966	3.033	3.050	3.086	3.120	3.118
四川	2.104	2.158	2.209	2.244	2.242	2.312	2.363	2.436	2.557	2.699	2.859	2.968	3.001	3.032	3.023
贵州	1.910	1.956	1.977	2.016	2.007	2.065	2.118	2.194	2.190	2.355	2.478	2.637	2.762	2.885	2.878
云南	2.038	2.050	2.099	2.186	2.175	2.221	2.240	2.206	2.395	2.513	2.633	2.775	2.904	3.001	2.981
西藏	1.757	1.788	1.709	1.862	1.860	1.925	2.040	2.046	2.093	2.241	2.572	2.670	2.773	2.785	2.669
陕西	2.130	2.167	2.235	2.294	2.329	2.407	2.426	2.564	2.692	2.877	2.951	2.982	3.012	3.043	3.039
甘肃	1.984	2.028	2.061	2.110	2.110	2.143	2.179	2.156	2.335	2.478	2.614	2.706	2.789	2.846	2.904
青海	1.995	2.066	2.121	2.166	2.182	2.270	2.312	2.442	2.581	2.666	2.852	2.870	2.900	2.931	2.921
宁夏	2.176	2.205	2.261	2.290	2.297	2.367	2.423	2.581	2.706	2.896	2.988	3.023	3.074	3.089	3.114
新疆	2.266	2.301	2.394	2.418	2.445	2.488	2.533	2.452	2.682	2.858	2.966	2.996	3.024	3.051	3.043

三、中国知识产权保护制度存在的缺陷

经济全球化的趋势愈演愈烈，科技竞争成为各国争夺经济制高点的重要手段。在知识产权日益成为企业核心资源的背景下，如何对企业的知识产权进行保护也出现了新的形势和要求。尽管我国知识产权制度在逐步地改进和完善，但仍然存在一些问题。

第一，未充分考虑中国经济的转型特征。虽然中国经济在持续高速地发展，但是自主创新能力仍然十分有限。针对中国的产业发展阶段和技术创新特征，为了鼓励本土企业的技术学习和后续创新，应该建立研究学习例外制度，并允许逆向工程等技术学习和模仿活动，完善"实用新型"等"二级专利体系"，通过降低专利高度，鼓励本土企业围绕发明专利的外围进行创新。

第二，未充分考虑不同企业的实际需求。知识产权保护的测算一般建立在 Ginarte-Park 指数基础之上，韩玉雄、李怀祖（2005）以及许春明、单晓光（2008）等在 Ginarte-Park 指数的基础上考虑了中国知识产权的执法因素，从而得到国家层面统一实施的知识产权保护强度。但不同类型的企业对知识产权保护的需求存在极大的差异，因此在国家层面实施统一的知识产权保护制度对创新产出的促进效果也将是间接的、有限的，从而使得知识产权保护的度量存在一定的局限性。虽然笔者拓展了韩玉雄、李怀祖（2005）以及许春明、单晓光（2008）等的方法，得到了不同省份的知识产权保护力度，但仍然不能充分反映不同产业、不同企业对知识产权保护的异质性需求。

第三，未充分覆盖知识产权的不同类型。对知识产权保护的测度最为流行的方法是韩玉雄、李怀祖（2005）以及许春明、单晓光（2008）在 Ginarte-Park 指数的基础上引入了执法因素。但是该指标的缺陷是把知识产权保护的重心放在了专利的保护上，但对企业的经营绩效影响最为显著的非专利技术和技术标准考虑甚少，甚至由于这些非专利技术和技术标准的计量存在困难，而完全忽略了对这些重要的知识产权的考虑。这种只考虑专利产出的知识产权保护制度，使得大量的非专利技术和技术标准远离

预算约束，从而解释了中国 R&D 支出全球第二位，而 R&D 效率却极其低下的实际状况。

第四，未充分揭示知识产权的形态、时态和状态。知识产权具有结构性、动态性和复杂性等特征。形态反映了知识产权的结构性，包括与技术相关的专利、与市场相关的商标以及著作权等权利类型。时态反映了知识产权的动态性，包括研发、转化和使用等生命周期阶段。状态反映了知识产权的复杂性，包括研发效率、转化效率和维护效率等运营效果。不同形态、不同时态和不同状态的知识产权对企业绩效和经济发展的作用效果将迥然不同，但这些特征并未得到知识产权制度的充分考虑。

第三节　本章小结

本章主要从中国知识产权保护的制度背景和中国各省份知识产权保护水平的度量和测算两个方面入手。从中国知识产权保护的制度背景方面来说，具体探讨了知识产权的内涵、特征、职能和缺陷，以及知识产权保护的国际经验和中国知识产权保护的现状。从中国各省份知识产权保护水平的度量和测算方面来说，本章首先介绍了知识产权保护水平的常用度量方法，在借鉴 Ginarte-Park 方法测算中国知识产权立法强度的基础上，加入了各省份知识产权执法强度指标。具体来说，本章从司法保护水平、行政保护水平、经济发展水平、社会公众意识、国际监督制衡 5 个方面度量各省份的执法力度。最后指出了中国知识产权制度虽然整体上不断完善，但仍然存在一些缺陷，通过克服其不足，以期对中国的技术进步和经济增长有所贡献。

第五章　知识产权保护、国际技术扩散与企业创新绩效

在开放的经济中，任何国家仅仅依靠国内 R&D 投入来实现技术进步是远远不够的。一些文献表明，国际 R&D 溢出对本国创新能力的促进作用远远超过国内的 R&D 投入（Barro、Sala-i-Martin，1997）。Keller（2009）研究表明，国外技术的获取解释了发展中国家生产率增长的 90% 以上。因此，普遍认为发达国家的 R&D 溢出是发展中国家技术进步的重要渠道，在开放经济中，国际 R&D 溢出的渠道主要包括国际贸易、FDI 以及技术许可（文豪等，2014）。然而，中国是一个模仿大国，使得发达国家向中国输出高技术产品时会"心存顾虑"。中国加强知识产权保护可以在某种程度上打消发达国家的顾虑，因此，知识产权保护对国际 R&D 溢出的影响是间接的，其主要通过影响国际贸易、外商直接投资以及技术许可而发挥作用。

第一节　知识产权保护、贸易技术溢出与企业创新绩效

一、引言

20 世纪 90 年代以来，高技术产品逐渐成为国际商品贸易的重要组成部分，1999 年我国实施"科教兴贸"战略的重大举措使得我国高技术产品的进口规模呈现迸发式增长，进口额从 1999 年的 376 亿美元迅速攀升到 2011 年的 4632 亿美元，占工业制成品的比重也由 1999 年的 21%稳步上升到 2011 年的 40.7%（张源媛、兰宜生，2013）。这种转变客观上说明了我

国技术创新能力的不断提高，增加了对国外高技术配套产品的需求（柒江艺、许和连、赖明勇，2011）。随着此类贸易品的技术含量与日俱增，近年来，进口贸易中遇到的知识产权摩擦日益凸显，知识产权纠纷成为外贸摩擦中的重中之重。由此，理论文献通常认为，进口国的知识产权保护状况对知识密集型产品的进口贸易将产生重要影响。然而，知识产权保护是否提升了进口贸易的技术溢出效应，学者对此莫衷一是。

梳理有关知识产权保护对进口贸易及技术溢出的研究，大致可以分为以下两类：

第一类研究考察知识产权保护对进口贸易的影响。一些学者认为知识产权保护对进口贸易的影响不确定或不显著。Maskus 和 Penubarti（1995）首次使用市场扩张效应和市场垄断效应来诠释进口国知识产权保护水平对进口贸易的影响。知识产权保护因强调知识资产的归属而使本地企业的模仿下降，导致进口需求增加而形成需求扩张效应。另一方面，知识产权保护使得出口国企业减少出口量而形成市场垄断效应。从而，知识产权保护对进口贸易的影响取决于该综合效应。具体而言，在更强模仿能力和更大市场规模的国家，知识产权保护对进口贸易影响的市场扩张效应占主导地位。而在更弱模仿能力和更小市场规模的国家，知识产权保护对进口贸易影响的市场势力效应占主导地位。这就意味着，在模仿能力较强和市场规模较大的国家，知识产权保护水平的提高对进口贸易有积极的促进作用。Co（2004）运用 71 个国家的样本数据研究发现，知识产权保护对贸易的影响与模仿能力有关，只有模仿能力高于一定水平的情况下，加强知识产权保护才对进口贸易产生积极的影响。Fink 和 Primo Braga（2005）认为，加强知识产权保护有利于促进非燃料行业贸易的发展，而知识产权保护对高技术产业却产生了不显著的负面影响。此后，Liu 和 Lin（2005）以 1989—2000 年台湾三大高技术产业（信息、通信设备和半导体）的出口贸易数据为研究样本，发现进口方的知识产权保护引致的市场扩张效应和市场垄断效应同时存在，其净效应与产品性质有关。Falvey、Foster 和 Greenaway（2006）也强调发展中国家加强知识产权保护对贸易的影响是不确定的，其净效应取决于市场扩张效应和市场垄断效应谁占主导。Yang 和 Woo

（2006）证实，一国知识产权保护水平与其从美国植物种子的进口贸易之间不存在显著的相关关系。Doanh 和 Heo（2007）通过考察知识产权保护对东南亚国家联盟（简称为 ASEAN）进口贸易的影响，他们认为，这些国家的国内市场已为国外厂商所控制，加强知识产权保护会进一步提高国外厂商的市场垄断力，从而弱化了对其他国家产品的进口需求。沈国兵、姚白羽（2010）运用固定效应常系数模型发现，中国知识产权保护水平的提高并没有显著促进高技术产品的进口，诸如中国的市场规模、人力资本质量等是影响中国高技术产品进口的重要因素。许陈生、高琳（2012）基于2000—2007 年中国省级进口贸易数据研究发现，加强知识产权保护对我国高技术产品进口贸易的影响以市场扩张效应为主导，但统计上并不显著。进一步分地区的研究发现，在东部，由于模仿能力强、模仿威胁大，从而以市场扩张效应为主导，而西部模仿威胁低的地区以市场势力效应为主导。刘娟、曹杰（2013）从贸易总量层面考察了知识产权保护对高技术产品进口贸易的影响，发现加强知识产权保护降低了高技术产品的进口贸易额，说明市场垄断效应占主导地位。为了进一步探讨这种负面影响的传导路径，作者分别从高技术产品的进口种类、数量、价格 3 个维度深入探究知识产权保护对高技术产品进口贸易的作用机理。

但另一些学者认为加强知识产权保护对进口贸易有正向影响。Rafiquzzaman（2002）考察了知识产权保护对加拿大制造业出口的影响，研究发现，加拿大通常选择知识产权保护较强的国家作为贸易伙伴国。万君康、李华威（2005）利用中国 1992—2003 年的数据，发现专利授权量与进出口贸易额成正比。Pradhan（2007）通过对印度医药制造业的研究表明，由于研发与专利活动是该行业的重要策略，因此其出口对进口国的知识产权保护比较敏感。Coe 等（2009）基于面板协整法检验了产权制度和法律环境对进口贸易技术溢出的影响，研究发现完善的产权保护有利于进口贸易技术溢出效应的发挥。Awokuse 和 Yin（2010a）利用 20 种进口贸易品按 SITC（国际贸易标准分类）二位编码分类的数据，研究发现，知识产权保护对某些贸易品特别是知识密集型产品的进口贸易具有强烈的市场扩张效应，并且佐证了知识产权保护的进口贸易效应在不同产品间差别很大，其中化学品约是机器设备的

2倍。Ivus（2010）的研究表明，发展中国家的知识产权保护对发达国家的医药、科学设备等高技术产品的出口贸易额影响尤为显著。柒江艺、许和连（2011b）在综合考虑了双边与多边贸易阻力的引力模型的基础上，利用SITC五位编码分类的进口贸易数据，研究发现，知识产权保护作为一种制度安排，在一定程度上促进了知识密集型产品的进口贸易。余长林（2011b）通过对Anderson和Van Wincoop（2003）的双边贸易引力模型进行扩展，运用中国1991—2005年总体及细分行业的进口贸易数据，采用系统GMM（高斯混合模型）和工具变量法研究了中国知识产权保护水平的提高对进口贸易的影响，发现中国加强知识产权保护显著促进了技术密集型产品的进口，进一步细分国别的进口贸易发现，来自高收入国家技术密集型产品的进口贸易受知识产权保护的影响更显著。这是由于高收入国家出口的产品技术含量更高，对知识产权保护也更为敏感。Foster（2012）将OECD国家的出口贸易分解为集约边际（出口产品数量）和扩展边际（出口产品种类），实证结果表明进口国的知识产权保护水平促进了OECD国家的总体出口贸易，进一步研究发现，知识产权保护与贸易的集约边际之间呈负相关，与贸易的扩展边际之间呈正相关，且扩展边际效应占主导地位。Ivus（2012）基于美国1990—2006年的出口贸易数据研究发现，知识产权保护显著促进了专利敏感行业的出口，其中产品种类扩张解释了出口增长的75%以上。同时，加强知识产权保护提高了出口产品的价格，降低了出口产品的数量。张源媛、兰宜生（2013）基于中国省级高新技术产品进口贸易数据，发现加强知识产权保护对高技术产品进口贸易的影响以市场扩张效应为主，进一步分地区研究发现，东部地区以市场扩张效应为主，西部地区以市场垄断效应为主，而中部地区市场扩张效应并不显著。马凌远（2014）通过对Bergstrand（1989）的双边贸易引力模型进行扩展，并运用中国2000—2011年的服务业总体和细分行业的进口贸易数据，发现中国加强知识产权保护引致的市场扩张效应超过市场势力效应，其中高技术服务业的进口贸易对知识产权保护的敏感性最高。

第二类研究关注进口贸易是否存在技术溢出效应。部分学者认为进口贸易促进了技术进步。如Coe和Helpman（1995）研究发现，一国的进口贸易技术溢出是技术创新的重要来源。Robinson 等（2002）基于 CGE（可计算的一般均衡）模型的研究表明，发展中国家从发达国家的进口服务贸易自由化通过投入产出联系，促进了发展中国家全要素生产率的增长。Rajan 等（2002）研究了韩国、菲律宾等“亚洲五国”的贸易对新加坡和中国香港所产生的影响，发现电信产品和金融产品的进口提升了进口方的全要素生产率，这对于进口国产业结构的转型升级以及技术进步都具有重要的意义。方希桦等（2004）基于协整分析的研究表明，贸易伙伴国的 R&D 投入以进口贸易为传导机制显著促进了我国的技术进步。Francois 等（2007）研究表明，服务品贸易显著提升了电子设备、化工等技术密集型行业的生产率和竞争力，可见进口贸易有助于东道国的技术进步和产业发展。Almeida 和 Fernandes（2008）发现，贸易伙伴国的创新投入会产生技术溢出效应，进口国外的高技术产品能够提升本国的创新能力。毛其淋（2010）基于 GMM 的方法研究发现，进口贸易显著地促进了我国的技术创新。Meng（2010）考察了生产者服务品的进口对技术进步的影响，研究发现生产者服务品的进口贸易是技术密集型产品和资本密集型产品技术进步的重要推动力量。Arnold 等（2011）基于捷克的企业数据研究发现，服务贸易进口自由化是推动下游制造业企业技术进步的重要力量。

然而，也有学者对进口贸易总能带来正的技术溢出效应持有不同的观点。他们认为进口贸易的技术溢出效应可能受到吸收能力、技术差距、经济发展水平、行业特征等因素的影响而表现一定的差异。如孙文杰、沈坤荣（2007）认为，我国的创新能力与国外的较大差距限制了对引进技术的消化吸收，导致了进口贸易与创新之间的关系并不显著。谢建国、周露昭（2009）认为吸收能力是进口贸易技术溢出的基本条件，中国东、中、西部地区由于具有不同的吸收能力，进口贸易的技术溢出效应差异较大。随着大数据时代的到来，研究者们开始借助企业层面的大数据研究进口贸易对企业技术进步和全要素生产率的影响。如 Lee（2009）基于 17 个 OECD 国家 1981—2000 年的面板数据，运用面板协整法检验了信息技术进口贸易的技术溢出效应，研究发现，信息技术产品的进口技术溢出效应非常显著，而非信息技术产品的进口反而阻碍了进口国生产率的提高。Parameswaran（2011）基于印度制造业企业的调查数据研究发现，进口贸易的技术溢出与企业自身的吸收能力密切相关，企业的研发投入越多，吸收能力越强，进口贸易的技术溢出效应越大。陈昊、赵春明（2012）基于状态空间模型研究了进口贸易对技术进步的影响，发现进口贸易对技术创新具有显著的阻碍作用。唐保庆等（2014）运用中国和 OECD 国家的数据研究发现，无论对于中国还是 OECD 国家而言，技术密集型进口贸易显著促进了生产率的提高，资本密集型和劳动密集型的进口贸易均未能推动生产率的增长，而且知识产权保护与技术密集型产品进口贸易的协同效应在1%显著性水平上促进了生产率的增长。

综合以上文献可以看出，存在以下两点不足：第一，虽然我国实施的是统一的法律制度，但各地区的执法力度和执法效率存在较大的差异，法制环境的巨大差异导致知识产权保护水平很不平衡（樊纲，等，2011）。但前期文献均将我国视为一个整体，忽视不同区域在知识产权保护上的差异性。第二，有关进口贸易技术溢出的研究结论并不一致，忽视了两者之间可能存在某种非线性关系，鲜有文献从知识产权保护的门槛效应视角展开研究。鉴于此，本书将从以下两个方面进行探究：第一，在对门槛变量知识产权保护水平的衡量上，本书充分考虑到各省份知识产权执法水平的不平衡，尝试探究不同省级单位的知识产权保护水平对进口贸易技术溢出的影响。第二，基于已有文献中争议较大的研究结论，笔者认为进口贸易的技术溢出可能存在门槛效应，在构建静态局部均衡框架分析知识产权保护对进口贸易技术溢出的作用机理的基础上，基于 2001—2015 年中国省级面板数据，采用 Hansen（1999）提出的内生门槛技术，以知识产权保护水平为门槛变量，实证检验了进口贸易的技术溢出效应。

二、理论分析与研究假设

（一）理论模型的建立

在 Naghavi（2007）[①] 等“成本节约型”创新南北分析框架下，本书构

---

① Naghavi A., Strategic intellectual property rights policy and North-South technology transfer, *Review of World Economics*, 2007, 143（1）, pp. 55-78.

建了一个两阶段的双寡头垄断模型。假设世界上只有北方（表示发达国家）和南方（表示发展中国家）两个国家。其中，北方企业进行创新，并把生产的新产品出口到南方市场，在此过程中将产生技术溢出效应，技术溢出的大小取决于知识产权保护程度和技术溢出途径，本节主要研究贸易技术溢出。

运用古诺双寡头模型，假设开放经济中的反需求函数①为：P = A-Q，其中：P 表示价格；A 表示南方市场的规模，为常数；Q 表示南方企业和北方企业的产品总量，即 $Q = q_{nm} + q_{sm}$，其中：q_{nm} 为北方企业生产并出口到南方市场的产品数量；q_{sm} 为该情况下南方企业的产量②。

北方企业的生产成本是：$C_{nm} = [\omega_n - (Rx_{nm})^{\frac{1}{2}}]q_{nm}$ （5.1）

南方企业的生产成本是：$C_{sm} = [\omega_s - \beta\varphi_m (Rx_{nm})^{\frac{1}{2}}]q_{sm}$ （5.2）

其中，$(Rx_{nm})^{\frac{1}{2}}$ 表示北方企业进行创新所导致的自身单位生产成本的降低量，可以看作北方企业的创新成果。其中 x_{nm} 为北方企业为取得 $(Rx_{nm})^{\frac{1}{2}}$ 的单位成本降低量所进行的研发投入③。R 表示北方企业的研发效率。ω_n 和 ω_s 分别表示北方企业和南方企业的原始单位成本。β 表示南方的知识产权保护水平，其值越小表示知识产权保护程度越高。φ_m 表示技术溢出途径指数④（其下角标 m 表示以出口为技术溢出途径，通常 $0 \leqslant \varphi_m < 1$）。$\beta\varphi_m$ 为北方产品出口到南方市场时的技术溢出指数。

（二）双寡头垄断框架下的均衡分析

采用两阶段非合作博弈模型：第一阶段，北方企业决定其创新投入；第二阶段，各企业同时决定自己的产量。本书使用逆向归纳法求均衡解。

---

① 与 Naghavi（2007）不同，本书将研究的重点放在南方市场中，而不是将世界看成统一的大市场。

② 下文中如果不做特殊说明，下角标 n 表示北方，s 表示南方，m 表示以北方产品出口到南方市场为技术溢出途径。

③ 假设北方企业取得的创新成果与投入的函数关系具有 Naghavi（2007）的研发生产函数的形式。

④ 借鉴 Naghavi（2007）的方法，其使用 b 代表南方的模仿成本，本书把南方的模仿效率参数具体化为技术溢出途径指数。

（1）第二阶段博弈的均衡分析。给定北方企业的创新投入，南方企业和北方企业同时决定自己的产量以使自身利润最大化：

北方企业的利润①为：$\pi_{nm}=[A-(q_{nm}+q_{sm})]q_{nm}-C_{nm}-tq_{nm}-x_{nm}$

$$=[A-(q_{nm}+q_{sm})]q_{nm}-[\omega_n-(Rx_{nm})^{\frac{1}{2}}]q_{nm}-tq_{nm}-x_{nm} \quad (5.3)$$

南方企业的利润为：$\pi_{sm}=[A-(q_{nm}+q_{sm})]q_{sm}-C_{sm}$

$$=[A-(q_{nm}+q_{sm})]q_{sm}-[\omega_s-\beta\varphi_m(Rx_{nm})^{\frac{1}{2}}]q_{sm} \quad (5.4)$$

北方企业和南方企业同时选择产量最大化各自的利润（5.3）和（5.4）②，可得它们的最优产量分别为：

$$q_{nm}^*=[A+\omega_s-2\omega_n-2t+(2-\beta\varphi_m)(Rx_{nm})^{\frac{1}{2}}]/3 \quad (5.5)$$

$$q_{sm}^*=[A+\omega_n-2\omega_s+t+(2\beta\varphi_m-1)(Rx_{nm})^{\frac{1}{2}}]/3 \quad (5.6)$$

（2）第一阶段博弈的均衡分析。北方企业在第二阶段均衡的基础上决定其研发投入。

将（5.5）和（5.6）代入（5.3），可得北方企业的利润为：

$$\pi_{nm}^*=\frac{[A+\omega_s-2\omega_n-2t+(2-\beta\varphi_m)(Rx_{nm})^{\frac{1}{2}}]^2}{9}-x_{nm} \quad (5.7)$$

将（5.5）和（5.6）代入（5.4），可得南方企业的利润为：

$$\pi_{sm}^*=\frac{[A+\omega_n-2\omega_s+t+(2\beta\varphi_m-1)(Rx_{nm})^{\frac{1}{2}}]^2}{9} \quad (5.8)$$

根据（5.7），当北方企业在本国进行生产并将产品出口到南方市场时，由其最大化的一阶条件可得北方企业的最优创新研发投入为③：

$$x_{nm}^*=\frac{R(2-\beta\varphi_m)^2(A+\omega_s-2\omega_n-2t)^2}{[9-R(2-\beta\varphi_m)^2]^2} \quad (5.9)$$

---

① 假设单位产品的关税税率为 t。

② 由 $\frac{\partial\pi_{nm}}{\partial q_{nm}}=0$ 和 $\frac{\partial\pi_{sm}}{\partial q_{sm}}=0$ 联立即可求得 q_{nm}^* 和 q_{sm}^* 的表达式。

③ 由 $\frac{d\pi_{nm}^*}{dx_{nm}}=0$ 整理可得 x_{nm}^* 的表达式。

从而南方企业的模仿创新成果可表示为①：

$$\beta\varphi_m\left(Rx_{nm}^*\right)^{\frac{1}{2}}=\frac{R\beta\varphi_m(2-\beta\varphi_m)(A+\omega_s-2\omega_n-2t)}{9-R(2-\beta\varphi_m)^2} \tag{5.10}$$

（三）知识产权保护对企业模仿创新影响的比较静态分析

令南方企业的模仿成果为 $g_m=\beta\varphi_m\left(Rx_{nm}^*\right)^{\frac{1}{2}}$，则：

$$\frac{\mathrm{d}g_m[\beta,\ x_{nm}(\beta)]}{\mathrm{d}\beta}=\frac{\mathrm{d}g_m[\beta]}{\mathrm{d}\beta}+\frac{\mathrm{d}g_m[x_{nm}(\beta)]}{\mathrm{d}x_{nm}}\frac{\mathrm{d}x_{nm}(\beta)}{\mathrm{d}\beta}$$

$$=\frac{2R\varphi_m(A+\omega_s-2\omega_n-2t)[9(1-\beta\varphi_m)-R(2-\beta\varphi_m)^2]}{[9-R(2-\beta\varphi_m)^2]^2} \tag{5.11}$$

令 $R_0=\frac{9(1-\beta\varphi_m)}{(2-\beta\varphi_m)^2}$，当 $R<R_0$ 时，$\frac{\mathrm{d}g_m[\beta,\ x_{nm}(\beta)]}{d\beta}>0$；当 $R=R_0$ 时，$\frac{\mathrm{d}g_m[\beta,\ x_{nm}(\beta)]}{\mathrm{d}\beta}=0$；当 $R>R_0$ 时，$\frac{\mathrm{d}g_m[\beta,\ x_{nm}(\beta)]}{\mathrm{d}\beta}<0$。比较静态分析结果表明，南方国家的知识产权保护水平对南方企业模仿创新的影响取决于北方企业的创新研发效率。从（5.11）可以看出南方知识产权保护将通过两种机制对南方国家的模仿创新产生影响：第一种机制是直接影响，南方放松知识产权保护降低了模仿成本将直接促进南方企业的模仿创新。第二种机制是间接影响，南方加强知识产权保护通过促进北方的创新投入而间接提高了对南方企业的技术溢出效率。当北方企业的创新研发效率较高时（$R>R_0$），第二种机制（间接影响）占主导地位，即北方企业的研发效率与其出口贸易对南方国家的技术溢出成正比，南方国家加强知识产权保护通过提高北方国家的研发积极性和贸易品的技术含量而间接地促进了南方国家的技术进步。相反，当北方企业的创新研发效率较低时（$R<R_0$），第一种机制即直接影响占主导地位，放松知识产权保护通过营造轻松的盗版环境而有利于模仿。通过分析，我们得到以下命题。

命题：当北方研发效率较低，溢出能力较弱时，南方放松知识产权保

① 南方企业的模仿成果是指通过技术溢出效应使得自身单位生产成本的降低量。

护可能促进贸易技术溢出；当北方研发效率较高，溢出能力较强时，南方加强知识产权保护可能有利于贸易技术溢出。

三、数据与模型

（一）模型设定

Coe 和 Helpman（1995）认为，产品进口会引起技术扩散，同时在其他条件相同的情况下，从高技术国家进口产品比从低技术国家进口产品能产生更大的技术扩散效应，为了实证贸易技术溢出对企业创新绩效的影响，构造的函数形式如下：

$$newsale_{it} = f(x_{it},\ S_{it}^{m}) \tag{5.12}$$

其中，i 表示省份，t 表示年份，$newsale_{it}$ 表示被解释变量（创新绩效），S_{it}^{m} 表示各省通过进口贸易获得的国外 R&D 资本存量，是本书的解释变量。x_{it} 表示理论上除解释变量 S_{it}^{m} 以外可能影响企业创新绩效的控制变量，我们借鉴 Coe 和 Helpman（1995）、余长林（2011）、李梅和柳士昌（2012）等学者的方法，引入的控制变量包括：知识产权保护水平、国内 R&D 资本存量、人力资本存量、经济发展水平。

由于 Hansen 的面板门限模型较交叉项或分组检验法有其固有的优势，本书首先假设存在单个门槛，并依据 Hansen 的方法设定如下的单门限模型：

$$newsale_{it} = \mu_i + \theta x_{it} + \beta_1 S_{it}^{m} I(ipr_{it} \leqslant \gamma) + \beta_2 S_{it}^{m} I(ipr_{it} > \gamma) + \varepsilon_{it} \tag{5.13}$$

其中，ipr_{it} 为门槛变量，本书的门槛变量为知识产权保护水平。γ 为特定的门槛值，$I(\bullet)$ 为指标函数，它的取值是 0 和 1（若括号里的条件成立，则 I 取 1，否则取 0），ε_{it} 为随机干扰项，其他符号同模型（5.12）。

门槛模型的估计分为两步：首先，通过最小化假定门槛值 γ 下的 OLS（最小二乘法）残差平方和 $S(\gamma)$ 得到门槛估计值 $\hat{\gamma}$、各个参数的估计值 $\hat{\beta}$ 以及残差的方差 $\hat{\sigma}^2$。

其次，检验门槛效应的显著性以及门槛估计值的真实性。门槛效应显著性检验的原假设为 $H_0: \beta_1 = \beta_2$，检验的统计量为：$F = \frac{S_0 - S(\hat{\gamma})}{\hat{\sigma}^2}$，其中 S_0 和 $S(\hat{\gamma})$ 分别为原假设 H_0（无门槛）和备择假设 H_1 下的 OLS 残差平方和。但由于在 H_0 下，门槛值 γ 是无法识别的，导致 F 统计量的分布是非标准的，因此 Hansen 建议采用“自抽样”（Bootstrap）获得其渐进分布，并构造其 P 值。门槛估计值真实性检验的原假设是 $H_0: \hat{\gamma} = \gamma^*$，对应的似然比检验统计量为：$LR(\gamma) = \frac{S(\gamma) - S(\hat{\gamma})}{\hat{\sigma}^2}$，该统计量的分布也是非标准的，但 Hansen 提出一个计算其非拒绝域的公式，即当 $LR(\gamma^*) \leqslant c(\alpha)$ 时，不能拒绝原假设。其中 $c(\alpha) = -2\ln(1 - \sqrt{1-\alpha})$，$\alpha$ 表示显著性水平；在 95%的置信水平下，$c(\alpha) = 7.35$。

为了确定是否存在两个或两个以上的门槛，先假设单门槛模型估计出来的 $\hat{\gamma}_1$ 为已知，再检验下个门槛效应的显著性以及门槛估计值的真实性。若未通过检验，则接受单门槛假设，否则继续三门槛效应的检验，依此类推。

（二）数据来源及变量处理

（1）创新绩效 $newsale_{it}$：通过使用 2001 年为基期的工业生产者出厂价格指数进行平减，折算成 2001 年为基期的数据，单位为万元。当年新产品销售收入数据来自 2002—2016 年《高技术产业统计年鉴》，价格指数数据来自 2016 年《中国统计年鉴》。

（2）知识产权保护 ipr_{it}①：各国对知识产权保护指标的测量主要采取 Ginarte 和 Park（1997）的方法，然而正处于转型期的中国在立法和执法方面并没有完全同步，用立法指标测量的保护强度与实际并不一致，因此国内学者韩玉雄和李怀祖（2005）在 GP 指数的基础上引入了“执法效果”，但其忽视了中国各地区执法效率的巨大差异。本书在韩玉雄和李怀祖（2005）的

① 通过计算各省份的立法和执法水平测算出知识产权保护强度，具体计算过程和计算结果请参见第四章第二节。

基础上构建了各省知识产权保护的执法力度，重新测算了中国各省份的知识产权保护强度。具体计算过程及计算结果请参见第四章第二节。

（3）国内各省 R&D 资本存量 S_{it}^{d}：笔者借鉴张军（2004）和吴延兵（2006）对资本存量测度的永续盘存法，即 $S_t^d = RD_{t-1}^d + (1-\delta)S_{t-1}^d$。此式一共涉及 4 个变量，分别是（1）选取当期 R&D 支出；（2）构建 R&D 价格指数，以便折算到不变价格；（3）确定 R&D 资本存量的折旧率 δ；（4）确定基期 R&D 资本存量 S_0^d。下面一一加以说明，首先，R&D 资本支出数据来自 2002—2016 年《中国科技统计年鉴》，单位为万元。其次，R&D 价格指数的构造根据朱平芳、徐伟民（2003）以及郑玉（2014）的方法将其设定为以 2001 年为基期的消费物价指数和固定资产投资价格指数的加权平均值，其中前者的权重为 0.55，后者的权重为 0.45。第三，一般来说，R&D 资本比物质资本有更快的折旧速度，Hu、Jefferson 和 Qian（2005）及许培源、章燕宝（2014）等许多学者认为可以根据经验把 R&D 资本存量的折旧率直接设为 15%，本书也采用 15%的折旧率来计算 R&D 资本存量的折旧速度。最后，基期 R&D 资本存量的确定参考 Coe 和 Helpman（1995）等的方法，假定 R&D 资本存量的增长率等于 R&D 投资支出的增长率 g，即 $(S_t^d - S_{t-1}^d)/S_{t-1}^d = (RD_t^d - RD_{t-1}^d)/RD_{t-1}^d = g$，因此当 $t=1$ 时，$S_1^d = (1+g)S_0^d$。又由于 $S_t^d = RD_{t-1}^d + (1-\delta)S_{t-1}^d$，因此当 $t=1$ 时，$S_1^d = RD_0^d + (1-\delta)S_0^d$。通过对上述两式进行整理，可得基期的 R&D 资本存量为：$S_0^d = RD_0^d/(g+\delta)$ ①。

（4）各省份通过进口贸易获得的国外 R&D 资本存量 S_{it}^{m}：计算 S_{it}^{m} 的步骤如下，首先，根据 Lichtenberg 和 Potterie（1996）、Potterie 和 Lichtenberg（2001）、余长林（2011）等学者的方法，计算中国每年在国家层面通过进口贸易获得的国外 R&D 资本存量 $S_t^m = \sum_{j=1}^{\infty} \frac{m_{jt}}{GDP_{jt}} S_{jt}^d$，其中，$S_{jt}^d$ 表示我国在 t 时期的进口贸易来源国 j 的 R&D 资本存量。m_{jt} 表示我国在时

① R&D 资本存量的平均增长率 g 的计算如下：首先通过构建的 R&D 支出价格指数把 R&D 投资支出折算成以 2001 年为基期的不变价格；然后再分别计算各省份 2001—2015 年 R&D 实际支出的平均增长率。

间 t 内从国家 j 的进口总额，GDP_{jt} 代表国家 j 在 t 时期的 GDP。$\frac{m_{jt}}{GDP_{jt}}$ 表示我国在 t 时期的进口渗透率，我国从国家 j 的进口贸易额占国家 j 的 GDP 越高，我国通过进口贸易渠道获得的体现在进口贸易品中的国家 j 的 R&D 知识溢出就越多。其次，为了衡量各个省份通过进口贸易渠道获得的 R&D 溢出效应，笔者借鉴李梅和柳士昌（2012）的方法，加入各个省份的进口贸易额在总进口贸易额中的权重。从而各个省份从进口贸易中获得的国外 R&D 知识溢出 $S_{it}^{m} = S_{t}^{m} \cdot \frac{m_{it}}{\sum_{i} m_{it}}$，其中 m_{it} 为 i 地区 t 时期的进口贸易额。

数据来源说明如下：①进口贸易来源国的 R&D 支出数据来自 OECD Factbook 2016，结合与中国经贸往来的密切程度①以及数据的可得性，并借鉴余长林（2011）以及李梅、柳士昌（2012）的研究，本书选择美国、日本、德国、英国、韩国、法国、加拿大和意大利共 8 个国家。进口贸易来源国的 R&D 资本存量 S_{jt}^{d} 的计算方法类似于国内各省份 R&D 资本存量 S_{it}^{d} 的估算方法，单位为万元。②我国每年从国家 j 的进口总额 m_{jt} 来源于中国国家统计局网站②，单位为万美元。③国家 j 每年的 GDP 数据来自世界银行 WDI 数据库③，单位为万美元。④各省份每年的进口贸易额 m_{it} 数据来源于 2002—2016 年《中国统计年鉴》④，单位为万美元。

（5）人力资本存量 H_{it}：Barro 和 Lee（1993）提出的平均受教育年限法是测算人力资本存量的常用方法，其通常计算劳动年龄人口的平均受教育年限。对于劳动年龄，不同的学者亦有不同的定义，如闫淑敏等（2002）认为劳动年龄应该在 15 岁以上，而 Jones（1995）则认为劳动年龄是 25 岁及以上。本书的就业人口受教育程度数据直接来自 2002—2016 年《中国劳动统计年鉴》，本书借鉴李梅和柳士昌（2012）的方法，把小

---

① 柒江艺等（2011）和张源媛、兰宜生（2013）认为，中国高技术产品的进口市场主要集中于美国、德国、法国、日本等发达国家和地区。

② http://data.stats.gov.cn/workspace/index?m=hgnd，数据的具体路径为：对外经济贸易—同各国（地区）海关货物进出口总额—进口总额。

③ http://databank.worldbank.org/data/views/reports/tableview.aspx?isshared=true。

④ 各省份的进口贸易额是按照经营单位所在地划分的。

学、初中、高中、大专及以上的受教育年限分别记为 6 年、9 年、12 年、16 年，则各省份人力资本存量 H 的计算如下：小学比重×6+初中比重×9+高中比重×12+大专及以上学历比重×16。

（6）经济发展水平 $PGDP_{it}$：较高的经济发展水平是外资进入的前提条件，不但为大量而频繁的技术活动提供了经济支撑，而且对先进技术也具有较强的吸收能力。本书借鉴李梅和柳士昌（2012）的方法，采用各省份的人均 GDP 来测算地区经济发展水平，数据来自“EPS 全球统计数据/分析平台”提供的“中国宏观经济数据库”，单位为万元/人。

本书对创新绩效、国内 R&D 资本存量、进口贸易获得的 R&D 资本存量、人力资本存量分别进行了对数处理，表 5-1 提供了本节有关变量的定义和描述性统计。

表 5-1 相关变量的描述性统计（2001—2015 年）

变量名称	变量含义	mean	sd	min	max
ln *newsale*	创新绩效	13. 395	2. 117	4. 903	19. 616
ipr	保护的综合测算	2. 731	0. 393	1. 709	3. 556
$\ln S^d$	国内 R&D 资本存量	15. 483	1. 928	9. 803	17. 232
$\ln S^m$	进口贸易获得的 R&D 资本存量	12. 981	1. 924	8. 938	16. 775
$\ln H$	人力资本存量	2. 354	0. 191	1. 106	2. 692
PGDP	经济发展水平	2. 144	1. 377	0. 289	7. 246

四、结果

（一）知识产权保护对贸易技术溢出的门槛效应检验

表 5-2 门槛显著性检验和置信区间

门槛变量	门槛数	F 值	10%	5%	1%	门槛值	95%置信区间
知识产权保护	单一	19. 096***	7. 621	9. 642	14. 803	2. 257	(2. 051，2. 420)
	双重	24. 915***	7. 788	10. 189	16. 847	2. 454	(2. 453，2. 559)
	三重	3. 041*	5. 572	7. 319	13. 791		

注：F 值为采用“自抽样”（Bootstrap）反复抽样 500 次得到的结果；***、**、* 分别表示在 1%、5%和 10%的水平上显著，下同。

表 5-2 呈现了知识产权保护对贸易技术溢出的门槛效应检验、门槛的估计值以及 95%的置信区间。通过“自抽样”发现单一门槛和双重门槛都是显著的，而三重门槛并不显著，因此，根据门槛模型的选择标准，我们选择双重门槛进行分析。

门槛效应显著性检验完之后，接下来对门槛值的真实性进行检验。以知识产权保护作为门槛变量时，门槛 1 和门槛 2 的估计值分别为 2. 257 和 2. 454。同时，门槛 1 的估计值在（2. 051，2. 420）区间，门槛 2 的估计值在（2. 453，2. 559）区间。各个门槛估计值的 95%置信区间是所有 *LR* 值小于临界值 7. 35 的 γ 构成的区间，如图 5-1 和图 5-2 所示。因此不能拒绝门槛值等于真实值的原假设。

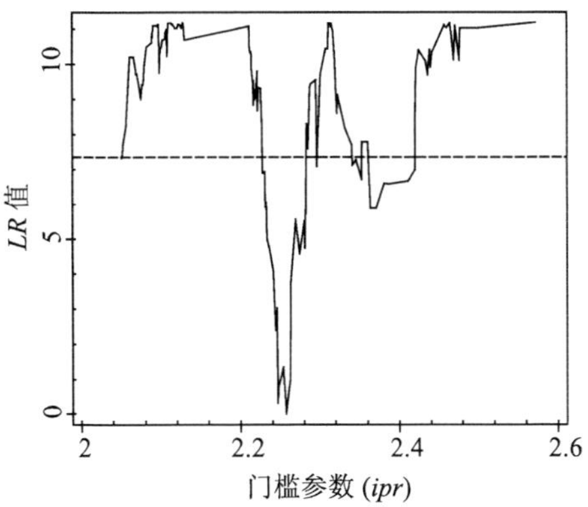

图 5-1　第一个门槛的估计值和置信区间

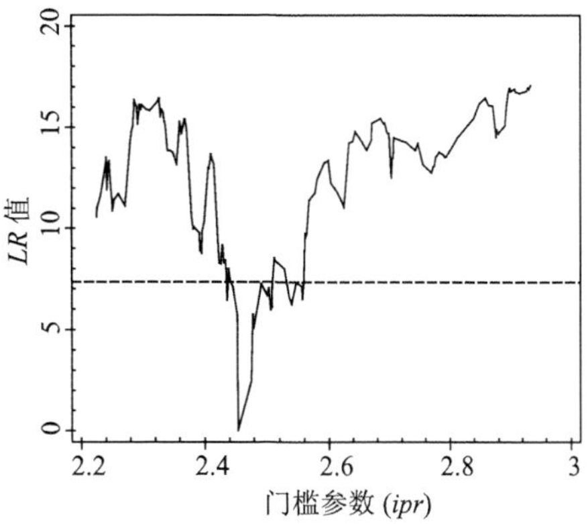

图 5-2　第二个门槛的估计值和置信区间

（二）实证结果

表 5-3　模型的参数估计结果

变量	估计值	*t-ols*	*t-white*
$\ln S^d$	0. 236	1. 12	0. 35
$\ln H$	1. 912	1. 41	1. 82 *
PGDP	0. 322	2. 08 ＊＊	1. 29
$\ln S^m(L)$	0. 5637	2. 98 ***	3. 16 ***
$\ln S^m M)$	0. 6124	3. 44 ***	1. 45
$\ln S^m(H)$	0. 6513	3. 84 ***	2. 19 **

注：$\ln S^m$（*L*）、$\ln S^m$（*M*）和$\ln S^m$（*H*）对于门槛变量知识产权保护来说，分别表示低、中、高知识产权保护强度下的$\ln S^m$ 参数估计值；*t-ols* 和 *t-white* 分别表示同方差假设下的 *t* 值和异方差假设下的 *t* 值；***、**、* 分别表示在 1%、5%和 10%的水平上显著。

模型的估计结果如表5-3所示，本节检验门槛变量知识产权保护对贸易技术溢出的门槛效应。变量国内R&D资本存量的系数为正，但不显著，表明现阶段其仍然没有发挥对创新绩效的推动作用。该结论与余长林(2011)、李梅和柳士昌(2012)等学者的研究结论一致。人力资本存量的系数为正，且在异方差假设下通过了10%水平上的显著性检验，人力资本是决定经济增长的关键生产要素，一国本土的人力资本水平越高，其接受国外先进技术的能力就越强，因此就越有可能在消化吸收外来技术的基础上实现技术创新。经济发展水平的系数为正，且在同方差假设下通过了5%水平上的显著性检验，说明经济发展水平高的地区在发展政策、经济基础、对外开放程度等方面具有巨大的优势，由此形成一套良性的自主创新体系和消化吸收系统，在创新需求的拉动和创新能力的推动下对该地区的技术进步和经济发展发挥着积极的推动作用。

本书重点检验知识产权保护对贸易技术溢出的门槛效应。我们发现，贸易对企业创新绩效存在非线性关系，即显著的“双门槛效应”。当知识产权保护水平位于区间［1.709，2.257］时，贸易的技术溢出效应为0.5637，在同方差假设和异方差假设下均通过了1%水平上的显著性检验；随着知识产权保护水平的进一步提高，当知识产权保护水平处于门槛值2.257和2.454之间时，贸易的技术溢出效应为0.6124，在同方差假设下通过了1%水平上的显著性检验；随着知识产权保护水平的进一步加强，当知识产权保护水平位于区间［2.454，3.556］时，贸易的技术溢出效应达到0.6513，在同方差假设下通过了1%水平上的显著性检验，在异方差假设下通过了5%水平上的显著性检验，此时贸易技术溢出效应达到最大。可以看出，贸易的技术溢出效果具有知识产权保护强度的阈值效应。当知识产权保护水平超过某一阈值时，贸易的技术溢出效果会跳跃式增大。加强知识产权保护的贸易技术溢出效应增大说明了知识产权保护对进口贸易的影响以市场扩张效应为主，这与中国是一个模仿能力较强、规模较大的发展中国家相符（Maskus、Penubarti，1995；Co，2004；余长林，2011b）。之所以出现这种情况，首先，发达国家具有较强的研发和创新能力，其出口的贸易品具有较高的技术含量，中国较强的模仿能力往往会对这些高技术产品构成威胁，而加强知识产权保护则降低了贸易品被模仿的威胁，势必激励了发达国家向我国出口更多的知识密集型产品①。其次，知识产权保护为高技术产品的产权界定和产权流转提供了公平有序的贸易保障，发达国家在占优情形下就会加大高技术产品的出口贸易（柒江艺，等，2011）。第三，当进口商对高科技产品产生需求时，必然也希望加强知识产权保护降低进口的高技术产品被非法模仿的风险，进而为技术升级提供了必要的知识积累，并通过产业链提升了上下游企业的生产率。如此一来，当其他高技术产品的需求者无法“搭便车”时，便“被迫”进口高技术产品获得技术溢出，这样加强知识产权保护便促成了对高技术产品进口贸易的激励机制（唐保庆，等，2012）。这为理论命题通过检验提供了直观的经验证据②。

目前，中国进口贸易的最优知识产权保护区间为［2.454，3.556］，长期位于此最优区间的省份包括北京、天津、上海、浙江和广东。以知识产权保护为门槛变量可以将我国31个省份划分为低知识产权保护区域、中知识产权保护区域和高知识产权保护区域。长期以来，贵州、西藏和甘肃处于低知识产权保护区域。不平衡的知识产权保护水平进一步引致了地区知识密集型产品进口的不平衡，强化了区域创新能力的不平衡现象。例如柒江艺等（2011）研究发现，我国中、西部地区知识密集型产品的进口规模仅占5%左右。同时，东、中、西部地区创新能力的不平衡现象也较为明显，如2000年东部地区的专利授权量为0.1973项/千人，而同期中部和西部地区的授权量分别为0.0387项/千人、0.0354项/千人，可以看出，东部地区人均专利授权量分别是中部地区和西部地区的5倍多。因此将知识产权保护制度与中、西部地区的传统资源禀赋优势结合起来，发挥知识产权保护对高技术产品进口贸易的促进作用，是协调区域经济可持续发展

① 本书选择的8个进口贸易来源国都是高收入国家，其出口产品的高技术含量对知识产权保护存在内在的需求，而低收入国家的出口产品，相对而言，技术含量较低，对知识产权保护一般也不敏感（余长林，2013）。

② 本书选择的8个进口贸易来源国研发能力较强，是中国高科技产品的主要进口国，符合理论命题中“研发效率较高，溢出能力较强”的标准。

的重要举措。此外，政府应该强化创新管理功能，改善进口贸易产品结构，提高可模仿的技术及质量，通过进口贸易技术溢出效应不断促进我国经济的健康可持续发展。

第二节 知识产权保护、FDI 技术溢出与企业创新绩效

一、引言

据统计，2012 年中国吸收 FDI 投资额达到 1211 亿美元，居全球第二位（仅次于美国）。大力吸收 FDI 一直是中国政府政策的方向，原因不仅在于 FDI 增加了就业和政府税收（张相文等，2014），更因为 FDI 能够通过跨国公司人力资本的培训与流动效应、示范效应以及竞争效应、产业关联效应等外溢效应提高本国企业的竞争力与创新能力，这就是中国政府乃至各个发展中国家和转型经济体长期钟爱 FDI 的原因（Gorg、Greenaway，2004）。那么，大量的外资流入是否提升了我国的创新能力？学术界对此展开大量的研究，但结论存在显著的差异。如汪春、杨晓优（2011）研究发现 FDI 对我国经济的贡献主要在数量方面，而外资的整体质量并不高。陈丰龙、徐康宁（2014）认为 FDI 溢出渠道发生作用不会自动产生，需要一定的前提条件，诸如作为供给方的 FDI 自身所含有的技术特征、需求方的东道国是否具有一定的吸收能力和良好的制度环境等。而中国的经济转型所反映的知识产权保护水平对 FDI 技术溢出效应的影响无疑是独特而至关重要的因素。

梳理有关知识产权保护对 FDI 技术溢出的研究，大致可以分为以下两类：

第一类研究关注 FDI 是否存在技术溢出效应。多数学者认为 FDI 能够带来正的溢出效应。如 Caves（1974）和 Globerman（1979）分别使用澳大利亚和加拿大制造业的数据，对 FDI 的技术溢出效应进行研究，发现 FDI 显著促进了东道国的技术进步。包群、赖明勇（2003）通过动态外溢模型

研究发现，FDI 具有正向的技术溢出效应。Javorcik（2004）以及 Kugler（2006）等证实了 FDI 主要通过后向关联产生行业间的溢出效应。Blalock 和 Gertler（2008）研究了跨国公司的技术转移对印度尼西亚制造业的影响，发现技术溢出效应比较显著，当地企业不但提升了生产率而且显著增强了市场竞争力。Motohashi 和 Yuan（2010）把国外 R&D 溢出分为水平和垂直两种类型，并探讨中国的电子和汽车行业是否能够从进口跨国公司的中间投入品中获得技术溢出效应，研究发现，电子行业能够获得水平型 R&D 溢出，而汽车行业能够同时获得水平型和垂直型的 R&D 溢出。Fernandes 和 Paunov（2012）以智利制造业企业为样本，运用工具变量法研究表明，前向联系的生产者服务业 FDI 促使当地制造业企业的全要素生产率提升了 7%。Fernandes 等（2012）研究发现，FDI 投入通过前向关联显著地促进了下游企业生产率的提高。张源媛、仇晋文（2013）基于中国 1985—2009 年的数据研究发现，进口贸易和 FDI 对国际 R&D 溢出都具有显著的促进作用，且吸收能力有助于技术溢出效益的加强。华广敏、荆林波（2013）实证表明，日本高技术服务业 FDI 对制造业效率的影响是通过提高创新能力和降低生产成本实现的。张方华、李守芹（2013）基于结构方程模型，使用问卷调查法，研究了 FDI 对本土企业创新能力影响的作用机理，他认为 FDI 的示范效应、竞争效应、流动效应以及关联效应共同促进了包括人力资本、结构资本以及关系资本在内的本地企业智力资本的提高，进而推动了本土企业的创新。李后建、张宗益（2014）认为外商直接投资不仅输入了先进的技术，而且引入了先进的管理经验和创新模式，并通过技术溢出提升了我国的创新效率。

然而，另一些学者对 FDI 总能带来正的技术溢出效应持有不同的观点。他们认为，FDI 的溢出效应之所以存在一定的差异，与本土企业的吸收能力、人力资本、技术水平、企业规模、金融发展水平、产权制度等有关。如 Cantwell（1989）基于 1955—1975 年的数据，考察了美国跨国公司对欧盟国家的技术溢出效应，发现 FDI 的技术溢出效应仅仅存在于技术差距较小的产业。Damijan（2003）基于 1994—1998 年 8 个国家的数据研究发现，企业研发投入的积累在一定程度上能够促进其对 FDI 技术溢出效应

二、理论分析与研究假设

（一）理论模型的建立

本节仍然在 Naghavi（2007）[①] 等“成本节约型”创新南北分析框架的基础上，构建了一个两阶段的双寡头垄断模型。假设世界上只有北方（表示发达国家）和南方（表示发展中国家）两个国家。其中，北方企业进行创新，并可以选择投资到南方进行产品生产，在此过程中将产生技术溢出效应，溢出的大小取决于知识产权保护程度和溢出的途径，本节主要研究 FDI 的技术溢出。

仍然运用古诺双寡头模型，假设开放经济中的反需求函数为：$P=A-Q$，其中：P 表示价格；A 表示南方市场的规模，为常数；Q 表示南方企业和北方企业的产品总量，即 $Q=q_{nf}+q_{sf}$，其中：q_{nf} 和 q_{sf} 分别表示北方企业和南方企业的产量[②]。

北方企业的生产成本是：$C_{nf}=[\omega_s-(Rx_{nf})^{\frac{1}{2}}]q_{nf}$ (5.14)

南方企业的生产成本是：$C_{sf}=[\omega_s-\beta\varphi_f(Rx_{nf})^{\frac{1}{2}}]q_{sf}$ (5.15)

其中，$(Rx_{nf})^{\frac{1}{2}}$ 表示北方企业进行创新所导致的自身单位生产成本的降低量，可以看作北方企业的创新成果。其中 x_{nf} 为北方企业到南方投资时，为取得 $(Rx_{nf})^{\frac{1}{2}}$ 的单位成本降低量所进行的研发投入；R 表示北方企业的研发效率。ω_s 为北方企业和南方企业在南方生产产品的原始单位成本[③]。β 反映南方知识产权保护的程度，β 值越小，表示知识产权保护程度越高。φ_f 表示技术溢出途径指数（其下角标 f 表示以直接投资为技术溢出途径，通常 $0\leqslant\varphi_f<1$）。$\beta\varphi_f$ 为北方企业直接到南方投资时的技术溢出指数。

---

① Naghavi A., Strategic intellectual property rights policy and North-South technology transfer, *Review of World Economics*, 2007, 143 (1), pp. 55-78.

② 下文中如果不做特殊说明，下角标 n 表示北方，s 表示南方，f 表示以北方企业到南方市场进行直接投资为技术溢出的途径。

③ 由于北方企业直接到南方进行投资，因此双方的原始生产成本是相同的。

(二) 双寡头垄断框架下的均衡分析

采用两阶段非合作博弈模型：第一阶段，北方企业决定其创新投入。第二阶段，各企业同时决定自己的产量。本节使用逆向归纳法求均衡解。

(1) 第二阶段博弈的均衡分析。给定北方企业的创新投入，南方企业和北方企业同时决定自己的产量以使自身利润最大化：

北方企业的利润：$\pi_{nf} = [A - (q_{nf} + q_{sf})]q_{nf} - C_{nf} - x_{nf}$

$$= [A - (q_{nf} + q_{sf})]q_{nf} - [\omega_s - (Rx_{nf})^{\frac{1}{2}}]q_{nf} - x_{nf} \quad (5.16)$$

南方企业的利润：$\pi_{sf} = [A - (q_{nf} + q_{sf})]q_{sf} - C_{sf}$

$$= [A - (q_{nf} + q_{sf})]q_{sf} - [\omega_s - \beta\varphi_f(Rx_{nf})^{\frac{1}{2}}]q_{sf} \quad (5.17)$$

北方企业和南方企业同时选择产量最大化各自的利润（5.16）和（5.17）[①]，得它们的最优产量分别为：

$$q_{nf}^* = [A - \omega_s + (2 - \beta\varphi_f)(Rx_{nf})^{\frac{1}{2}}]/3 \quad (5.18)$$

$$q_{sf}^* = [A - \omega_s + (2\beta\varphi_f - 1)(Rx_{nf})^{\frac{1}{2}}]/3 \quad (5.19)$$

(2) 第一阶段博弈的均衡分析。北方企业在第二阶段均衡的基础上决定其研发投入。

将（5.18）和（5.19）代入（5.16），可得北方企业的利润为：

$$\pi_{nf}^* = \frac{[A - \omega_s + (2 - \beta\varphi_f)(Rx_{nf})^{\frac{1}{2}}]^2}{9} - x_{nf} \quad (5.20)$$

将（5.18）和（5.19）代入（5.17），可得南方企业的利润为：

$$\pi_{sf}^* = \frac{[A - \omega_s + (2\beta\varphi_f - 1)(Rx_{nf})^{\frac{1}{2}}]^2}{9} \quad (5.21)$$

根据（5.20），当北方企业直接在南方进行投资时，由其最大化的一阶条件可得北方企业的最优创新研发投入为[②]：

---

① 由 $\frac{\partial\pi_{nf}}{\partial q_{nf}} = 0$ 和 $\frac{\partial\pi_{sf}}{\partial q_{sf}} = 0$ 联立即可求得 q_{nf}^* 和 q_{sf}^* 的表达式。

② 由 $\frac{d\pi_{nf}}{dx_{nf}} = 0$ 整理可得 x_{nf}^* 的表达式。

$$x_{nf}^{*}=\frac{R(2-\beta\varphi_f)^2(A-\omega_s)^2}{[9-R(2-\beta\varphi_f)^2]^2} \tag{5.22}$$

从而南方企业的模仿创新成果可表示为①：

$$\beta\varphi_f(Rx_{nf}^{*})^{\frac{1}{2}}=\frac{R\beta\varphi_f(2-\beta\varphi_f)(A-\omega_s)}{9-R(2-\beta\varphi_f)^2} \tag{5.23}$$

（三）知识产权保护对企业模仿创新影响的比较静态分析

令南方企业的模仿成果为 $g_f=\beta\varphi_f(Rx_{nf}^{*})^{\frac{1}{2}}$，则：

$$\frac{\mathrm{d}g_f[\beta,\ x_{nf}(\beta)]}{\mathrm{d}\beta}=\frac{\mathrm{d}g_f[\beta]}{\mathrm{d}\beta}+\frac{\mathrm{d}g_f[x_{nf}(\beta)]}{\mathrm{d}x_{nf}}\frac{\mathrm{d}x_{nf}(\beta)}{\mathrm{d}\beta}$$

$$=\frac{2R\varphi_f(A-\omega_s)[9(1-\beta\varphi_f)-R(2-\beta\varphi_f)^2]}{[9-R(2-\beta\varphi_f)^2]^2} \tag{5.24}$$

令 $R_0=\frac{9(1-\beta\varphi_f)}{(2-\beta\varphi_f)^2}$，当 $R<R_0$ 时，$\frac{\mathrm{d}g_f[\beta,\ x_{nf}(\beta)]}{\mathrm{d}\beta}>0$；当 $R=R_0$ 时，$\frac{\mathrm{d}g_f[\beta,\ x_{nf}(\beta)]}{\mathrm{d}\beta}=0$；当 $R>R_0$ 时，$\frac{\mathrm{d}g_f[\beta,\ x_{nf}(\beta)]}{\mathrm{d}\beta}<0$。比较静态分析结果表明，南方国家的知识产权保护水平对南方企业模仿创新的影响取决于北方企业的创新研发效率。从（5.24）可以看出南方知识产权保护将通过两种机制对南方国家的模仿创新产生影响：第一种机制是直接影响，南方放松知识产权保护降低了模仿成本将直接促进南方企业的模仿创新。第二种机制是间接影响，南方加强知识产权保护通过促进北方的创新投入而间接提高了对南方企业的技术溢出效率。当北方企业的创新研发效率较高时（$R>R_0$），第二种机制（间接影响）占主导地位，即北方企业的创新研发效率越高，技术溢出越大，其直接投资对南方国家的技术溢出贡献会越大，南方国家加强知识产权保护通过提高北方国家的研发积极性而间接地促进了南方国家的技术进步。相反，当北方企业的创新研发效率较低时（$R<R_0$），此时第一种机制即直接影响占主导地位，放松知识产权保护通过营造轻松的盗版环境而有利于模仿。通过分析，我们得到以下命题：

① 南方企业的模仿创新是指通过 FDI 的技术溢出效应使得自身单位生产成本的降低量。

命题：当北方企业研发效率较低、溢出能力较弱时，南方放松知识产权保护可能促进 FDI 技术溢出；当北方企业研发效率较高，溢出能力较强时，南方加强知识产权保护可能有利于 FDI 技术溢出。

三、数据与模型

（一）模型设定

Coe 和 Helpman（1995）认为，从高技术国家进口产品会促进进口国的技术进步，该理论已经成为贸易技术溢出的经典研究框架。Potterie 和 Lichtenberg（1996，2001）在此基础上，考察了 FDI 渠道的国际技术溢出对进口国技术进步的影响，发现 FDI 也显著促进了东道国技术水平的提高，为了实证 FDI 技术溢出对企业创新绩效的影响，构造的函数形式如下：

$$newsale_{it} = f(x_{it},\ S_{it}^{f}) \tag{5.25}$$

其中，i 表示省份，t 表示年份，$newsale_{it}$ 表示被解释变量（创新绩效），S_{it}^{f} 表示各省份通过 FDI 渠道获得的国外 R&D 资本存量，是本节的解释变量。x_{it} 表示理论上除解释变量 S_{it}^{f} 以外可能影响企业创新绩效的控制变量，我们借鉴 Potterie 和 Lichtenberg（1996，2001）、余长林（2011）、李梅和柳士昌（2012）等学者的方法，引入的控制变量包括：知识产权保护水平、国内 R&D 资本存量、人力资本存量、经济发展水平。

由于 Hansen 的面板门槛模型较交叉项或分组检验法有其固有的优势，本节首先假设存在单个门槛，并依据 Hansen 的方法设定如下的单门槛模型：

$$newsale_{it} = \mu_i + \theta x_{it} + \beta_1 S_{it}^{f} I(ipr_{it} \leqslant \gamma) + \beta_2 S_{it}^{f} I(ipr_{it} > \gamma) + \varepsilon_{it} \tag{5.26}$$

其中，ipr_{it} 为门槛变量，本书的门槛变量为知识产权保护水平。γ 为特定的门槛值，$I(\bullet)$ 为指标函数，它的取值是 0 和 1（若括号里的条件成立，则 I 取 1，否则取 0），ε_{it} 为随机干扰项，其他符号同模型（5.25）。

门槛模型的估计分为两步：首先，通过最小化假定门槛值 γ 下的 OLS 残差平方和 $S(\gamma)$ 得到门槛估计值 $\hat{\gamma}$、各个参数的估计值 $\hat{\beta}$、残差的方

差 $\hat{\sigma}^2$。

接着，检验门槛效应的显著性以及门槛估计值的真实性。门槛效应显著性检验的原假设为 $H_0: \beta_1 = \beta_2$，检验的统计量为：$F = \frac{S_0 - S(\hat{\gamma})}{\hat{\sigma}^2}$，其中 S_0 和 $S(\hat{\gamma})$ 分别为原假设 H_0（无门槛）和备择假设 H_1 下的 OLS 残差平方和。但由于在 H_0 下，门槛值 γ 是无法识别的，导致 F 统计量的分布是非标准的，因此 Hansen 建议采用"自抽样"（Bootstrap）获得其渐进分布，并构造其 P 值。门槛估计值真实性检验的原假设是 $H_0: \hat{\gamma} = \gamma^*$，对应的似然比检验统计量为：$LR(\gamma) = \frac{S(\gamma) - S(\hat{\gamma})}{\hat{\sigma}^2}$，该统计量的分布也是非标准的，但 Hansen 提出一个计算其非拒绝域的公式，即当 $LR(\gamma^*) \leqslant c(\alpha)$ 时，不能拒绝原假设。其中 $c(\alpha) = -2\ln(1 - \sqrt{1 - \alpha})$，$\alpha$ 表示显著性水平；在 95%的置信水平下，$c(\alpha) = 7.35$。

为了确定是否存在两个或两个以上的门槛，先假设单门槛模型估计出来的 $\hat{\gamma}_1$ 为已知，再检验下个门槛效应的显著性以及门槛估计值的真实性。若未通过检验，则接受单门槛假设。否则继续三门槛效应的检验，依此类推。

（二）数据来源及变量处理

（1）创新绩效 $newsale_{it}$、知识产权保护 ipr_{it}、国内各省 R&D 资本存量 S_{it}^d、人力资本存量 H_{it}、经济发展水平 $PGDP_{it}$：计算过程在第一节已经介绍过，这里不再赘述。

（2）各省份通过 FDI 渠道获得的国外 R&D 资本存量 S_{it}^f：计算 S_{it}^f 的步骤类似于 S_{it}^m。首先，根据 Potterie 和 Lichtenberg（2001）等学者的方法，计算中国每年在国家层面通过接受外商直接投资获得的国外 R&D 资本存量 $S_t^f = \sum_{j=1}^{\infty} \frac{FDI_{jt}}{K_{jt}} S_{jt}^d$，其中 S_{jt}^d 表示我国在 t 时期的投资来源国 j 的 R&D 资本

存量。FDI_{jt} 表示中国在时间 t 内接受国家 j 的直接投资额，K_{jt} 为 j 国 t 时期的资本形成总额。$\frac{FDI_{jt}}{K_{jt}}$ 表示我国在 t 时期的 FDI 渗透率，国家 j 对我国的直接投资占国家 j 的资本形成总额越高，我国通过 FDI 渠道获得的国家 j 的 R&D 知识溢出就越多。第二，为了衡量各个省份通过 FDI 渠道获得的 R&D 溢出效应，笔者借鉴李梅和柳士昌（2012）的方法，加入各省份吸引 FDI 数量占当年 FDI 总量的权重。从而各个省份从外商直接投资渠道中获得的国外 R&D 知识溢出 $S_{it}^{f} = S_{t}^{f} \cdot \frac{FDI_{it}}{\sum_{i} FDI_{it}}$，其中 FDI_{it} 为 i 地区 t 时期接受的外商直接投资额。

数据来源说明如下：①外商投资来源国的 R&D 资本存量 S_{jt}^{d} 的计算过程在上一节已经介绍过，这里不再赘述。②国家 j 对我国的直接投资数据 FDI_{jt} 来源于中国国家统计局网站①，单位为万美元。③国家 j 每年的资本形成总额数据来自世界银行 WDI 数据库②，单位为万美元。④各省份每年接受外商投资额 FDI_{it} 数据来源于“EPS 全球统计数据/分析平台”提供的“中国城市数据库”，单位为万美元。

本节对创新绩效、国内 R&D 资本存量、通过 FDI 渠道获得的 R&D 资本存量、人力资本存量分别进行了对数处理，表 5-4 提供了本节有关变量的定义和描述性统计。

表 5-4　相关变量的描述性统计（2001—2015）

变量名称	变量含义	mean	sd	min	max
ln*newsale*	创新绩效	13.395	2.117	4.903	19.616
ipr	保护的综合测算	2.731	0.393	1.709	3.556

① http://data.stats.gov.cn/workspace/index? m=hgnd，数据的具体路径为：“对外经济贸易”——“按国别（地区）分实际外商投资额”——“实际利用外商直接投资”。

② http://data.worldbank.org.cn/indicator/NE.GDI.TOTL.ZS 提供了 FDI 来源国资本形成总额占 GDP 的比重，该投资国当年的 GDP 数据来自 http://databank.worldbank.org/data/views/reports/tableview.aspx? isshared=true。

续表

变量名称	变量含义	mean	sd	min	max
$\ln S^d$	国内 R&D 资本存量	15. 483	1. 928	9. 803	17. 232
$\ln S^f$	FDI 渠道获得的 R&D 资本存量	11. 776	1. 881	6. 68	14. 986
$\ln H$	人力资本存量	2. 354	0. 191	1. 106	2. 692
PGDP	经济发展水平	2. 144	1. 377	0. 289	7. 246

四、结果

（一）知识产权保护对 FDI 技术溢出的门槛效应检验

表 5-5　门槛显著性检验和置信区间

门槛变量	门槛数	*F* 值	10%	5%	1%	门槛值	95%置信区间
知识产权保护	单一	10. 093**	7. 628	9. 646	14. 809	2. 169	(2. 158，2. 179)
	双重	13. 111**	6. 199	9. 051	13. 99	2. 45	(2. 446，2. 540)
	三重	2. 199*	4. 333	5. 829	10. 722		

注：*F* 值为采用“自抽样”（Bootstrap）反复抽样 500 次得到的结果；***、**、*分别表示在 1%、5%和 10%的水平上显著，下同。

表 5-5 呈现了知识产权保护对 FDI 技术溢出的门槛效应检验、门槛的估计值以及 95%的置信区间。通过“自抽样”发现单一门槛和双重门槛都是显著的，而三重门槛并不显著，因此，根据门槛模型的选择标准，我们选择双重门槛进行分析。

门槛效应显著性检验完之后，接下来对门槛值的真实性进行检验。以知识产权保护作为门槛变量时，门槛 1 和门槛 2 的估计值分别为 2. 169 和 2. 45。同时，门槛 1 的估计值在（2. 158，2. 179）区间，门槛 2 的估计值在（2. 446，2. 540）区间。各个门槛估计值的 95%置信区间是所有 *LR* 值小于临界值 7. 35 的 γ 构成的区间，如图 5-3 和图 5-4 所示。因此不能拒绝门槛值等于真实值的原假设。

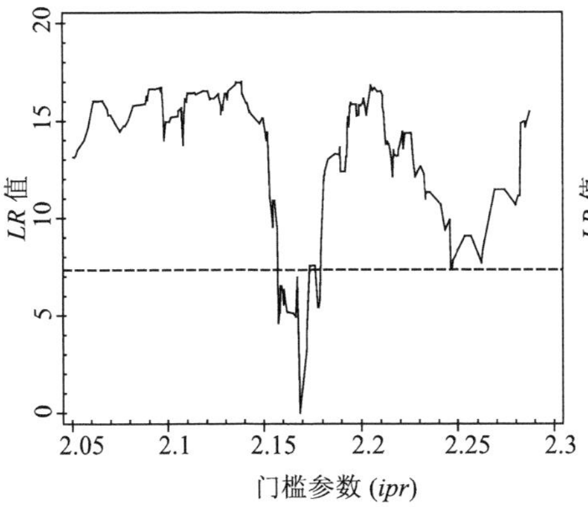

图 5-3 第一个门槛的估计值和置信区间

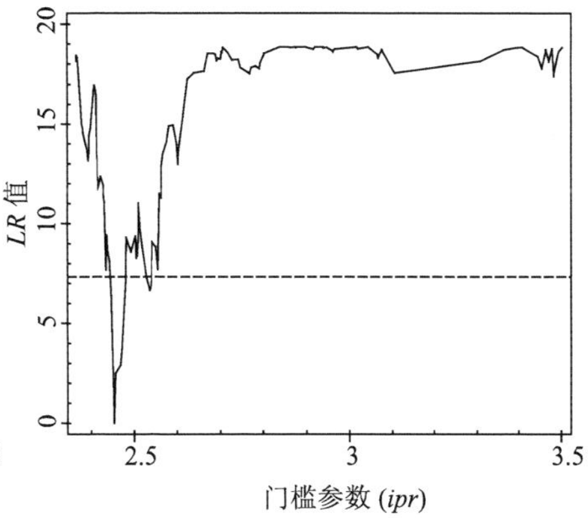

图 5-4 第二个门槛的估计值和置信区间

（二）实证结果

表 5-6 模型的参数估计结果

变量	估计值	*t-ols*	*t-white*
$\ln S^d$	0. 251	1. 38	0. 62
$\ln H$	2. 237	1. 55	1. 91 *
PGDP	0. 277	1. 79 *	0. 98
$\ln S^f$ (*L*)	-0. 0748	-3. 36 * * *	-2. 62 * *
$\ln S^f$ (*M*)	-0. 0223	-0. 25	-0. 24
$\ln S^f$ (*H*)	0. 0283	4. 22 * * *	2. 25 * *

注：$\ln S^f$（*L*）、$\ln S^f$（*M*）和$\ln S^f$（*H*）对于门槛变量知识产权保护来说，分别表示低、中、高知识产权保护强度下的$\ln S^f$ 参数估计值；*t-ols* 和 *t-white* 分别表示同方差假设下的 *t* 值和异方差假设下的 *t* 值。* * * 、* * 、* 分别表示在 1%、5%和 10%的水平上显著。

模型的估计结果如表 5-6 所示，本节检验门槛变量知识产权保护对 FDI 技术溢出的门槛效应。变量国内 R&D 资本存量的系数为正，但不显著。该结论与余长林（2011）、李梅和柳士昌（2012）等学者的研究结论一致，也与上一节得到的结论一致，表明国内研发对我国企业创新绩效的推动作用有限。人力资本存量在模型中的系数为正，且在异方差假设下通过了 10%水平上的显著性检验，人力资本是影响创新绩效的重要因素，低水平的人力资本难以保障创新项目的持续进行，因此企业应该发挥人力资本在技术创新中的源泉作用。经济发展水平的回归系数为正，且在同方差假设下通过了10%水平上的显著性检验，说明经济发展水平高的地区在发展政策、经济基础、对外开放程度等方面具有巨大的优势，由此形成一套良性的自主创新体系和消化吸收系统，在创新需求的拉动和创新能力的推动下对该地区的技术进步和经济发展发挥着积极的推动作用。

本书重点检验知识产权保护对FDI技术溢出的门槛效应。我们发现，FDI对企业创新绩效存在非线性关系，即显著的“双门槛效应”。当知识产权保护水平位于区间［1.709，2.169］时，FDI的技术溢出效应为-0.0748，在同方差假设下通过了1%水平上的显著性检验，在异方差假设下通过了5%水平上的显著性检验。随着知识产权保护水平的进一步提高，当知识产权保护水平处于门槛值2.169和2.45之间时，FDI的技术溢出效应为-0.0223，结果未通过10%水平上的显著性检验。当知识产权保护水平处于区间［2.45，3.556］时，FDI的技术溢出效应达到0.0283，在同方差假设下通过了1%水平上的显著性检验，在异方差假设下通过了5%水平上的显著性检验。即当知识产权保护较松时，FDI技术溢出对企业创新绩效具有抑制作用，当知识产权保护强度跨越门槛值2.45时，FDI技术溢出对企业创新绩效具有显著的促进作用。本书的研究支持Lee等（1996）的结论，而与黄晓波等（2012）的研究结论不同。本书认为，我国虽然处于转型阶段，但知识产权保护水平的增强也是有意义的，可以通过调节FDI形式影响技术溢出从而增强我国企业的创新绩效。理论上来讲，技术是跨国公司的重要竞争优势，因此技术转移受到母公司的严格控制，技术转移的数量和质量取决于母公司的发展战略和意愿，东道国加强知识产权保护可以提高跨国公司海外中心将先进技术转移到跨国子公司的意愿，进而对东道国产生更大的技术溢出效应（张津，2013）。我们发现了支持理论命题的经验证据①。

---

① 本书选择的8个FDI来源国研发能力较强，符合理论命题中“研发效率较高，溢出能力较强”的标准。

目前，中国FDI的最优知识产权保护区间为［2.45，3.556］，长期位于此最优区间的省份包括北京、天津、辽宁、上海、浙江和广东。以知识产权保护为门槛变量可以将我国31个省份划分为低知识产权保护区域、中知识产权保护区域和高知识产权保护区域。长期以来，贵州、西藏和甘肃处于低知识产权保护区域，从这些低知识产权保护区可以看出，它们自身的经济基础和创新能力都较弱，因此较完备的知识产权保护和地区经济发展之间存在一个良性的互动体系。即知识产权保护水平的提高有利于吸引具有先进技术的FDI的流入，也有助于促进地区经济的快速发展，而具有先进技术的FDI亦对知识产权保护水平的提高产生内在的需求。原因在于，跨国公司的对外投资动机主要源于其垄断优势，尤以技术优势最为重要。因此，东道国知识产权保护状况与跨国公司技术转移的质量密切相关。由于不同产业对知识产权保护有不同的内在需求，其中计算机软件、化学和医药等高技术产业更注重知识产权保护，所以，东道国加强知识产权保护促进了跨国公司对高技术产业的投资，提高了母公司对跨国子公司技术转移的水平，进而促进了地区产业结构的优化升级和经济的发展。而当东道国的经济发展水平较低时，跨国公司仅局限于对现有技术进行改造，只有较好的经济基础才能形成更具吸引力的投资环境，进而促进了跨国公司向东道国转移更先进技术的意愿，此时亦对知识产权保护产生了更高的要求（张津，2013）。

第三节　知识产权保护、许可技术溢出与企业创新绩效

一、引言

随着全球技术联盟的快速增长，技术许可日益盛行，逐渐成为创新企业获取收益和战略优势的重要工具（Arora和Fosfuri，2003；Gambardella等，2007）。在企业管理的理念中，一些知名企业逐渐将管理的重

点从金融资产和有形资产转移到知识资产，其中一个很重要的变化便是将知识资产许可给其他企业使用，IBM 每年数十亿美元的专利许可费收入便对此做出了很好的注解（岳贤平，等，2007）。从技术需求方的视角来看，由于高技术企业产品技术的复杂性逐渐增加、产品生命周期不断缩短，只靠自身的技术开发远远不能满足市场的需要，于是研发者开发新产品需要站在金字塔的塔尖上（Shapiro，2005）。因此，企业新技术的开发除了充分利用内部资产外，还需要充分利用外部的技术资源。据统计，1980—1990 年，全球技术许可支出和收入分别增长 8.7%和 7%，增长幅度远远超过同期 3.3%的全球 GDP 的增长率。1990—2003 年，全球技术许可支出和收入分别增长 9.8%和 5.6%，涨幅大大高于同期 2.8%的全球 GDP 的增长率（Arora 和 Gambardella，2010）。从行业类型来看，具有累积性技术特点的化学、医药、计算机、电子、软件以及非电动机械等行业，表现得尤为突出，20% ~33%的技术联盟与许可有关（Anand 和 Khanna，2000）。自 1978 年以来，中国为了提升创新能力，积极实施技术引进战略，特别是加入 WTO 之后，伴随着知识产权保护程度的不断提高，技术许可的数量更是呈现爆炸式的增长态势。从中国专利许可备案情况来看，许可专利数从 2002 年的 121 件迅速攀升到 2011 年的 21017 件①。然而，被日益扩张、强化的知识产权在更大程度上已经成为实施市场垄断的工具，决非仅仅作为激励创新的机制，微软公司在其视窗软件的技术许可中捆绑销售 IE 浏览器便是很好的例证。因此，探讨我国加强知识产权保护对许可技术溢出的影响，是摆在我们面前的重要任务。

与贸易及 FDI 不同，有关许可的研究相对较少，梳理相关文献，大致可以分为以下三类：

第一类研究考察与许可有关的进入模式。技术许可是国际技术转移的方式之一（Anand、Khanna，2000），岳贤平、顾海英（2005）对技术许可

① 根据中国知识产权局专利许可实施备案统计。

的内涵作了如下界定，技术许可是有关技术权能的合同或契约，从外部知识资源的获取和内部知识资源的利用双向角度来看，可以将技术许可分为单向、双向和技术联盟 3 种常见的形式。Contractor（1984）和 Arora、Fosfuri（2000）从交易成本的视角研究了出口、独资、合资以及许可等进入模式在效率上的异同。Pastor 和 Sandoris（2002）对交叉许可和合资企业进行比较，研究发现，当存在机会主义行为时，交叉许可比合资企业更有效。Perez-castrillo 和 Sandon（1996）认为，由于动态竞争和溢出效应，合资企业可以作为技术许可的替代，但没有探讨技术许可的其他替代形式，比如兼并、包括专利联盟在内的策略性联盟等。

第二类研究关注许可技术溢出的影响因素。Katz、Shapiro（1985）以及 Gallini、Winter（1985）等从技术创新企业收益最大化的视角分析了许可费用的形式，诸如对固定费用许可、单位提成费用许可以及两部制许可的选择问题。只有 Arrow（1969）等在分析许可费用形式的同时，关注到了许可的性质问题即独占许可、排他性许可、非排他的普通许可。其中，独占许可是指，除了被许可人之外的其他人（包括许可人）都不能使用协议所涉及的技术。排他性许可是指，除了许可人，只有被许可人在合同期内可以使用协议所涉及的技术，许可人不得把该技术许可给第三者。非排他性的普通许可是指，许可人在协议有效期内，可以同时将协议所涉及的技术许可给多个人使用。Arora 等（2002）认为获取先进技术的排他性许可，使其比当地竞争对手得到更高的经济绩效。而非排他性的普通许可会在当地市场形成过多的竞争对手，而降低了被许可者的收益（Arora 和 Fosfuri，2003）。也有学者认为，较强的技术能力可以使企业主动利用技术溢出并保持竞争优势，当外部溢出的技术与接收企业的技术相似度越高，企业吸收外部知识的速度越快、获益也越多，这与吸收能力的思想是一致的（Yang 等，2010）。

第三类研究考察知识产权保护对技术许可的影响。在技术转移的过程中，许可者往往会面临技术溢出的风险，然而信息不对称特别是东道国环境的不确定性，增加了许可者的监督成本以及重新协调和谈判的成本。特别是知识产权保护水平较低的新兴市场，许可方需要投入更多的资源进行评估和控制（Teece，1977）。Rugman（1986）认为来自被许可方的被仿制风险是许可方面临的最大风险。若东道国的知识产权制度十分薄弱，被许可方便能在短时间内掌握核心技术，进而与许可方的跨国公司展开竞争。而严格的知识产权制度则能通过建立有效的法律保护机制将仿制可能性降到最低。Smith（2001）研究发现，如果东道国知识产权制度是强而有效的，那么许可方的知识和技术便不会轻易被模仿，此时许可方的租金得到了保障，则被许可方只需支付较少费用便能获得某项技术的授权。以上分析显示，强化知识产权制度有利于降低许可成本并提升被许可方的市场竞争力，这一效应被称为经济收益效应（Economic Return Effect）。但另一方面，严格的知识产权保护会通过巩固许可方的垄断势力减缓其创新进程，因此反而阻碍了技术创新，这一效应被称为垄断势力效应（Monopoly Power Effect）。Yang 和 Maskus（2001）曾基于知识产权保护对技术许可影响的两种效应探讨了发展中国家加强知识产权保护对发达国家创新活动的影响。

综合以上文献可以看出，有关技术许可的研究比较匮乏，且主要基于成本和收益的视角研究许可形式的选择对许可双方的影响，有关中国知识产权保护水平对许可技术溢出的影响较少涉及，而中国各省份知识产权保护水平的差异性更是较少被关注。鉴于此，本书将从以下两个方面进行探究：第一，鉴于知识产权保护对许可技术溢出存在两个方向相反的效应，笔者认为许可技术溢出可能存在门槛效应，在构建静态局部均衡框架分析知识产权保护对许可技术溢出的作用机理的基础上，基于 2001—2015 年中国省级面板数据，采用 Hansen（1999）提出的内生门槛技术，以知识产权保护水平为门槛变量，实证检验了许可技术溢出效应。第二，在对门槛变量知识产权保护水平的衡量上，本书充分考虑到各省份知识产权执法水平的不平衡，尝试探究不同省级单位的知识产权保护水平对许可技术溢出的影响。

二、理论分析与研究假设

（一）理论模型的建立

本节仍然在 Naghavi（2007）① 等“成本节约型”创新南北分析框架的基础上，构建了一个两阶段的双寡头垄断模型。假设世界上只有北方（表示发达国家）和南方（表示发展中国家）两个国家。对某一行业北方只有一个企业，北方企业致力于创新研发，其并不直接生产产品，而是将创新的技术许可给南方的一个企业；而南方有两个企业，一个被北方企业许可，用创新技术在南方生产产品，但需要将利润的一部分作为许可费用分配给北方企业，南方的另外一个企业对该技术进行模仿②，其得到的技术溢出效应取决于知识产权保护水平和技术溢出途径。本节主要研究许可技术溢出。

仍然运用古诺双寡头模型，假设开放经济中的反需求函数为：$P=A-Q$，其中：P 表示价格；A 表示南方市场的规模，为常数；Q 表示南方两个企业的总产量，即 $Q=q_{sl1}+q_{sl2}$，其中：q_{sl1} 表示得到北方企业许可的南方企业 1 的产量；q_{sl2} 表示南方模仿企业 2 的产量③。

南方企业 1 的生产成本是：$C_{sl1}=[\omega_s-(Rx_{nl})^{\frac{1}{2}}]q_{sl1}$ （5.27）

南方企业 2 的生产成本是：$C_{sl2}=[\omega_s-\beta\varphi_l(Rx_{nl})^{\frac{1}{2}}]q_{sl2}$ （5.28）

其中，$(Rx_{nl})^{\frac{1}{2}}$ 表示北方企业进行创新所导致的单位生产成本的降低量，其中：x_{nl} 表示为取得 $(Rx_{nl})^{\frac{1}{2}}$ 的单位成本降低量所进行的研发投入；R 表示北方企业的研发效率。ω_s 为南方企业 1 和企业 2 的原始单位成本。β 表示南方知识产权保护水平，β 值越小，表示知识产权保护程度越高。φ_l 表示技术溢出途径指数（其下角标 l 表示以许可为技术溢出途径，通常 $0\leqslant\varphi_l<$

① Naghavi A., Strategic intellectual property rights policy and North-South technology transfer, *Review of World Economics*, 2007, 143 (1), pp. 55-78.

② 考虑技术许可的特征，假设南方的两个企业生产并销售产品，北方企业并不生产产品，而是通过许可获得许可费用。

③ 下文中如果不做特殊说明，下角标 n 表示北方，s 表示南方，l 表示以许可为技术溢出的途径。

1）。这里将 $\beta\varphi_l$ 统称为许可途径下的技术溢出指数，表示该途径下使南方企业 2 无偿获益创新的程度。

（二）双寡头垄断框架下的均衡分析

采用两阶段非合作博弈模型。第一阶段，北方企业决定其创新投入。第二阶段，各企业同时决定自己的产量。本书使用逆向归纳法求均衡解。

（1）第二阶段博弈的均衡分析。给定北方企业的创新投入，南方企业 1 和企业 2 同时决定产量以最大化自身利润①：

南方企业 1 的利润：$\pi_{sl1} = \lambda\{[A - (q_{sl1} + q_{sl2})]q_{sl1} - C_{sl1}\}$

$$= \lambda\{[A - (q_{sl1} + q_{sl2})]q_{sl1} - [\omega_s - (Rx_{nl})^{\frac{1}{2}}]q_{sl1}\} \tag{5.29}$$

南方企业 2 的利润：$\pi_{sl2} = [A - (q_{sl1} + q_{sl2})]q_{sl2} - C_{sl2}$

$$= [A - (q_{sl1} + q_{sl2})]q_{sl2} - [\omega_s - \beta\varphi_l(Rx_{nl})^{\frac{1}{2}}]q_{sl2} \tag{5.30}$$

北方企业的利润：$\pi_{nl} = (1 - \lambda)\{[A - (q_{sl1} + q_{sl2})]q_{sl1} - C_{sl1}\} - x_{nl}$

$$= (1 - \lambda)\{[A - (q_{sl1} + q_{sl2})]q_{sl1} - [\omega_s - (Rx_{nl})^{\frac{1}{2}}]q_{sl1}\} - x_{nl} \tag{5.31}$$

南方企业 1 和南方企业 2 同时选择产量最大化各自利润（5.29）和（5.30）②，得南方企业 1 的最优产量、南方企业 2 的最优产量分别为：

$$q_{sl1}^* = [A - \omega_s + (2 - \beta\varphi_l)(Rx_{nl})^{\frac{1}{2}}]/3 \tag{5.32}$$

$$q_{sl2}^* = [A - \omega_s - (1 - 2\beta\varphi_l)(Rx_{nl})^{\frac{1}{2}}]/3 \tag{5.33}$$

（2）第一阶段博弈的均衡分析。北方企业在第二阶段均衡的基础上决定其研发投入。

将（5.32）和（5.33）代入（5.29），可得南方企业 1 的利润为：

$$\pi_{sl1}^* = \frac{\lambda[A - \omega_s + (2 - \beta\varphi_l)(Rx_{nl})^{\frac{1}{2}}]^2}{9} \tag{5.34}$$

将（5.32）和（5.33）代入（5.30），可得南方企业 2 的利润为：

---

① λ 表示南方企业 1 用被许可的创新技术生产产品所获得的总利润中，南方企业 1 所分配的利润比例，那么北方企业所分配的利润比例（作为许可费用）为（$1-\lambda$）。

② 由 $\frac{\partial\pi_{sl1}}{\partial q_{sl1}} = 0$ 和 $\frac{\partial\pi_{sl2}}{\partial q_{sl2}} = 0$ 联立即可求得 q_{sl1}^* 和 q_{sl2}^* 的表达式。

$$\pi_{sl2}^{*}=\frac{\left[A-\omega_{s}+(2\beta\varphi_{l}-1)(Rx_{nl})^{\frac{1}{2}}\right]^{2}}{9} \tag{5.35}$$

将（5.32）和（5.33）代入（5.31），可得北方企业的利润为：

$$\pi_{nl}^{*}=\frac{(1-\lambda)\left[A-\omega_{s}+(2-\beta\varphi_{l})(Rx_{nl})^{\frac{1}{2}}\right]^{2}}{9}-x_{nl} \tag{5.36}$$

根据（5.36），由北方企业最大化的一阶条件可得北方企业的最优创新研发投入为①：

$$x_{nl}^{*}=\frac{(1-\lambda)^{2}R(A-\omega_{s})^{2}(2-\beta\varphi_{l})^{2}}{\left[9-(1-\lambda)R(2-\beta\varphi_{l})^{2}\right]^{2}} \tag{5.37}$$

从而北方企业的创新成果（南方企业 1 获得的技术许可）可表示为：

$$(Rx_{nl}^{*})^{\frac{1}{2}}=\frac{R(1-\lambda)(A-\omega_{s})(2-\beta\varphi_{l})}{9-(1-\lambda)R(2-\beta\varphi_{l})^{2}} \tag{5.38}$$

以及南方企业 2 的模仿创新成果可表示为②：

$$\beta\varphi_{l}(Rx_{nl}^{*})^{\frac{1}{2}}=\frac{R\beta\varphi_{l}(1-\lambda)(A-\omega_{s})(2-\beta\varphi_{l})}{9-(1-\lambda)R(2-\beta\varphi_{l})^{2}} \tag{5.39}$$

（三）知识产权保护对企业模仿创新影响的比较静态分析

（1）知识产权保护对北方企业和南方企业 1 的影响。

由于北方企业的创新成果通过许可形式转移给被许可的南方企业 1，因此南方知识产权保护对北方创新成果的影响也就是对被许可的南方企业 1 的影响。

$$\frac{\mathrm{d}\left[(Rx_{nl}^{*})^{\frac{1}{2}}\right]}{\mathrm{d}\beta}=\frac{-(1-\lambda)R\varphi_{l}(A-\omega_{s})\left[9+R(1-\lambda)(2-\beta\varphi_{l})^{2}\right]}{\left[9-R(1-\lambda)(2-\beta\varphi_{l})^{2}\right]^{2}}<0 \tag{5.40}$$

当北方企业进行创新并把创新成果通过许可的方式转移到被许可的南

① 由 $\frac{\mathrm{d}\pi_{nl}^{*}}{\mathrm{d}x_{nl}}=0$ 整理可得 x_{nl}^{*} 的表达式。

② 南方企业 2 的模仿成果指通过南方企业 1 被北方企业许可后的技术溢出效应使单位生产成本的降低量。

接着，检验门槛效应的显著性以及门槛估计值的真实性。门槛效应显著性检验的原假设为 $H_0: \beta_1 = \beta_2$，检验的统计量为：$F = \frac{S_0 - S(\hat{\gamma})}{\hat{\sigma}^2}$，其中 S_0 和 $S(\hat{\gamma})$ 分别为原假设 H_0（无门槛）和备择假设 H_1 下的 OLS 残差平方和。但由于在 H_0 下，门槛值 γ 是无法识别的，导致 F 统计量的分布是非标准的，因此 Hansen 建议采用“自抽样”（Bootstrap）获得其渐进分布，并构造其 P 值。门槛估计值真实性检验的原假设是 $H_0: \hat{\gamma} = \gamma^*$，对应的似然比检验统计量为：$LR(\gamma) = \frac{S(\gamma) - S(\hat{\gamma})}{\hat{\sigma}^2}$，该统计量的分布也是非标准的，但 Hansen 提出一个计算其非拒绝域的公式，即当 $LR(\gamma^*) \leqslant c(\alpha)$ 时，不能拒绝原假设。其中 $c(\alpha) = -2\ln(1 - \sqrt{1-\alpha})$，$\alpha$ 表示显著性水平；在 95%的置信水平下，$c(\alpha) = 7.35$。

为了确定是否存在两个或两个以上的门槛，先假设单门槛模型估计出来的 $\hat{\gamma}_1$ 为已知，再检验下个门槛效应的显著性以及门槛估计值的真实性。若未通过检验，则接受单门槛假设。否则继续三门槛效应的检验，依此类推。

（二）数据来源及变量处理

（1）创新绩效 $newsale_{it}$、知识产权保护 ipr_{it}、经济发展水平 $PGDP_{it}$：计算过程在第一节已经介绍过，这里不再赘述。

（2）R&D 支出 RD_{it}：使用 R&D 价格指数对当期 R&D 支出进行平减后得到，单位为万元。其中，当期 R&D 支出数据来自 2002—2016 年《中国科技统计年鉴》，R&D 价格指数的构造根据朱平芳、徐伟民（2003）以及郑玉（2014）的方法将其设定为以 2001 年为基期的消费物价指数和固定资产投资价格指数的加权平均值，其中前者的权重为 0.55，后者的权重为 0.45。

（3）许可费用 $License_{it}$：使用 R&D 价格指数对当期许可费用进行平减后得到，单位为万元。有关说明如下，技术许可费用包括技术费和设备费，与 R&D 支出具有一定的相似性，因此本节选择 R&D 价格指数把当期的许可费用折算为以 2001 年为基期的数据。当期技术许可费用来自 2002—2016 年《中国科技统计年鉴》，单位为万美元，使用人民币兑美元汇率的中间价折算为万元。

（4）R&D 人员全时当量 L_{it}：数据来自 2002—2016 年《中国科技统计年鉴》，单位为万人年。

本节对创新绩效、R&D 支出、许可费用、R&D 人员全时当量分别进行了对数处理，表 5-7 提供了本节有关变量的定义和描述性统计。

表 5-7　相关变量的描述性统计（2001—2015）

变量名称	变量含义	mean	sd	min	max
ln*newsale*	创新绩效	13. 395	2. 117	4. 903	19. 616
ipr	保护的综合测算	2. 731	0. 393	1. 709	3. 556
ln*RD*	R&D 支出	13. 16	1. 811	7. 601	17. 376
ln*License*	许可费用	11. 677	1. 876	5. 061	15. 462
ln*L*	R&D 人员全时当量	1. 212	1. 332	-3. 912	4. 013
PGDP	经济发展水平	2. 144	1. 377	0. 289	7. 246

四、结果

（一）知识产权保护对许可技术溢出的门槛效应检验

表 5-8　门槛显著性检验和置信区间

门槛变量	门槛数	*F* 值	10%	5%	1%	门槛值	95%置信区间
知识产权保护	单一	14. 344***	6. 656	8. 767	14. 125	2. 248	(2. 233，2. 283)
	双重	16. 524**	8. 188	11. 571	18. 12	2. 462	(2. 453，2. 559)
	三重	4. 482	6. 351	8. 292	12. 589		

注：*F* 值为采用“自抽样”（Bootstrap）反复抽样 500 次得到的结果；***、**、* 分别表示在 1%、5%和 10%的水平上显著。

表 5-8 呈现了知识产权保护对许可技术溢出的门槛效应检验、门槛的估计值以及 95%的置信区间。通过“自抽样”发现单一门槛和双重门槛都

是显著的，而三重门槛并不显著，因此，根据门槛模型的选择标准，我们选择双重门槛进行分析。

门槛效应显著性检验完之后，接下来对门槛值的真实性进行检验。以知识产权保护作为门槛变量时，门槛 1 和门槛 2 的估计值分别为 2. 248 和 2. 462。同时，门槛 1 的估计值在（2. 233，2. 283）区间，门槛 2 的估计值在（2. 453，3. 559）区间。各个门槛估计值的 95%置信区间是所有 *LR* 值小于临界值 7. 35 的 γ 构成的区间，如图 5-5 和图 5-6 所示。因此不能拒绝门槛值等于真实值的原假设。

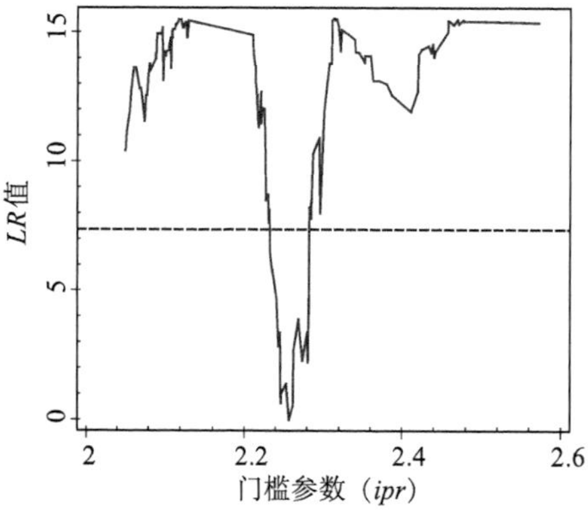

图 5-5　第一个门槛的估计值和置信区间

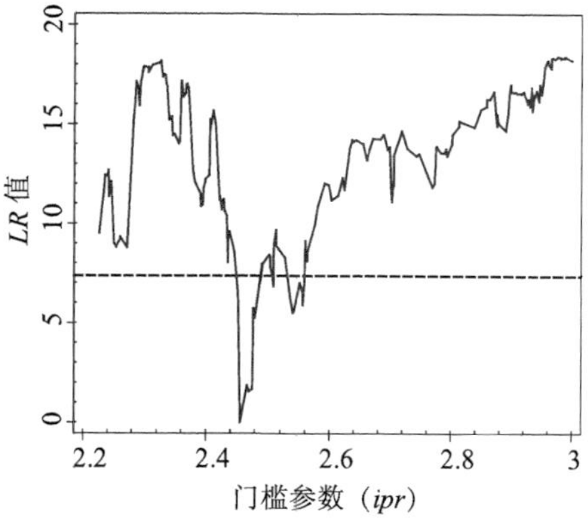

图 5-6　第二个门槛的估计值和置信区间

（二）实证结果

表 5-9　模型的参数估计结果

变量	估计值	*t-ols*	*t-white*
ln*RD*	0. 175	0. 93	0. 61
ln*L*	0. 982	4. 53***	2. 27**
PGDP	-0. 0392	-0. 45	-0. 38
ln*License*（*L*）	0. 0027	3. 00***	3. 14***
ln*License*（*M*）	0. 0393	0. 95	1. 12
ln*License*（*H*）	0. 0792	4. 19***	3. 32***

注：ln*License*（*L*）、ln*License*（*M*）和 ln*License*（*H*）对于门槛变量知识产权保护来说，分别表示低、中、高知识产权保护强度下的 ln*License* 参数估计值；*t-ols* 和 *t-white* 分别表示同方差假设下的 *t* 值和异方差假设下的 *t* 值。***、**、*分别表示在 1%、5%和 10%的水平上显著。

模型的估计结果如表5-9所示，本节检验门槛变量知识产权保护对许可技术溢出的门槛效应。变量R&D支出的系数为正，但不显著，该结论与余长林（2011）、李梅和柳士昌（2012）等学者的研究结论一致，也与上面两节的研究结论一致，表明国内研发对我国企业创新绩效的推动作用有限。R&D人员全时当量在模型中的系数为正，且在同方差假设下通过了1%水平上的显著性检验，在异方差假设下通过了5%水平上的显著性检验，说明较高的人才素质易于实现投入产出效应的最大化，提高自主创新的效率与水平，形成一个良性的传导机制。因此，不论是自主创新还是许可渠道实现的技术转移，其实际效果归根结底是由本土人力资本的素质决定的。经济发展水平的回归系数为负，但没能通过显著性检验。

本节重点检验知识产权保护对许可技术溢出的门槛效应。研究发现，技术许可对企业创新绩效存在非线性关系，即显著的"双门槛效应"。当知识产权保护水平位于区间［1.709，2.248］时，许可的技术溢出效应为0.0027，通过了1%水平上的显著性检验。当知识产权保护水平处于门槛值2.248和2.462之间时，许可的技术溢出效应为0.0393，结果未通过10%水平上的显著性检验。随着知识产权保护水平的进一步增强，当知识产权保护水平处于区间［2.462，3.556］时，许可的技术溢出效应达到0.0792，通过了1%水平上的显著性检验，且此时许可的技术溢出效应达到最大。从上述结果可以看出，许可的技术溢出效果具有知识产权保护强度的阈值效应。当知识产权保护水平超过某一阈值时，许可的技术溢出效果会跳跃式增大。可能的原因是，在由许可带来的若干问题中，Rugman（1986）认为来自被许可方的被仿制风险是许可方面临的最大风险。若东道国的知识产权保护十分薄弱，被许可方便能在短时间内掌握核心技术，进而与许可方的跨国公司展开竞争，为了防范薄弱的知识产权保护制度带来的系列问题，如信息不对称、仿制风险等，技术输出方会采取FDI的形式实现技术转移以保证技术的内部性，因此无论从许可的质量还是数量上来说，加强知识产权保护都有利于许可形式存在的技术在东道国的传播。

至此，理论命题得到了经验支持①。

目前，中国进口贸易的最优知识产权保护区间为［2.462，3.556］，长期位于此最优区间的省份包括北京、天津、上海、浙江和广东。以知识产权保护为门槛变量可以将我国31个省份划分为低知识产权保护区域、中知识产权保护区域和高知识产权保护区域。长期以来，贵州、西藏和甘肃处于低知识产权保护区域。从这些低知识产权保护区域可以看出，它们自身的经济基础和创新能力都较弱，因此较完备的知识产权保护和地区经济发展之间存在一个良性的互动体系。即知识产权保护水平的提高有利于推动优质技术许可活动的展开，也有助于促进地区经济的快速发展。而携带先进技术的许可能够持续地展开亦对知识产权保护水平的提高产生内在的需求。

第四节　相关机理与本章小结

一、机理探讨

在本章已有研究的基础上，针对中国知识产权保护对国际技术扩散的影响，下文进一步探讨知识产权保护诱发国际技术扩散并提升中国企业创新绩效的机理。主要表现在两方面：其一，知识产权保护通过克服外部性问题，保障了创新者的权益，诱发发达国家把最先进的产品和技术通过贸易、FDI和许可等方式转移到发展中国家，这些渠道的技术转移与溢出显著提升了中国企业的创新绩效。具体来讲，贸易渠道的技术转移有赖于有形商品进口后产生的逆向工程或模仿生产、商品贸易中附带的辅助服务所产生的非物化技术与隐性知识的转移等。FDI渠道的技术转移则更多体现在外资的示范—模仿效应、竞争效应、人力资本流动效应及研发合作效应。相比于贸易和FDI，与知识产权有关的许可业务由于直接涉及对某项

① 本节的许可主要来自《中国科技统计年鉴》，主要针对高科技行业的许可，符合理论命题中“研发效率较高，溢出能力较强”的标准。

具体知识产权权利的使用，因此其通过人员培训、技术操作、后期技术支持等途径引发的技术溢出更为直接，有助于实现相关技术在不同个体间的快速转移。尽管知识产权保护的提高使得模仿有所下降，但这种下降被高质量、高水平的技术溢出远远抵消了。其二，知识产权保护提高了创新资源的配置效率，为创新资源在创新主体之间合理高效的流动提供了平台和保障，使创新系统的各个要素得以像有形资产一样在产权清晰的前提下订立技术合作与交易合同，明确合作各方的利益归属，并且问责合作过程中的侵权行为，进一步激励了发达国家将最新的先进技术转移到发展中国家，实现技术在更大范围的市场化与产业化。有关知识产权保护对国际技术扩散的影响机理如图 5-7 所示。

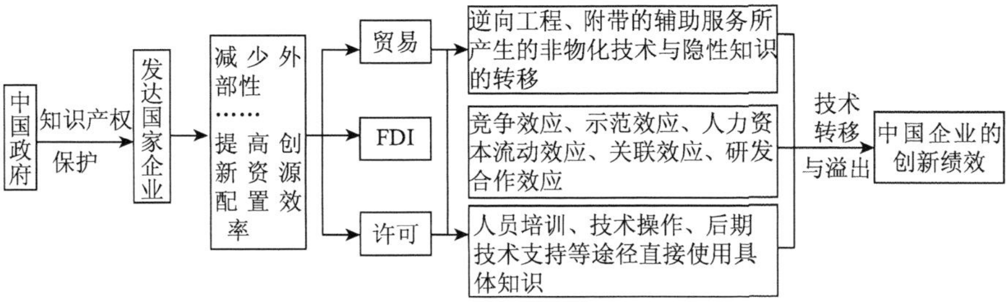

图 5-7　知识产权保护对国际技术扩散的影响机理

二、小结

在构建省级知识产权保护指标的基础上，本章借鉴 Hansen（1999）提出的内生门槛检验方法，综合进口贸易、FDI 和许可三大路径，可以发现，知识产权保护对国际技术引进再创新均呈现非线性的“双门槛效应”，当知识产权保护水平超过某一阈值时，三大路径的技术溢出效果均会显著增强（见示意图 5-8、5-9 和 5-10）。这在一定程度上印证了本书的命题：发展中国家知识产权保护将通过直接机制和间接机制对国际技术转移与溢出产生影响，当技术转移源于研发效率较高的发达国家时，间接机制占主导地位，此时加强知识产权保护加快了发达国家向发展中国家转移新发明和新技术的步伐，其技术溢出贡献远远抵消了模仿下降的直接损失。由于本书选取的样本主要是美国、日本、德国、英国、韩国、法国、加拿大和意大利 8 个国家，它们的特点是与中国的经济往来较为密切，且研发强度较高，基本符合研发效率高、技术溢出较大的前提条件，因此中国加强知识产权保护会促进三大路径的技术溢出。本书的研究支持胡立君和郑玉（2014）的结论，而与李平，等（2013）的研究结论不同①。

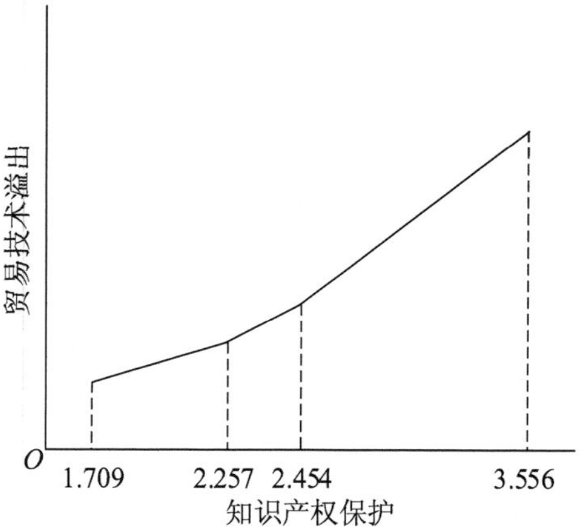

图 5-8　知识产权保护对贸易技术溢出的影响②

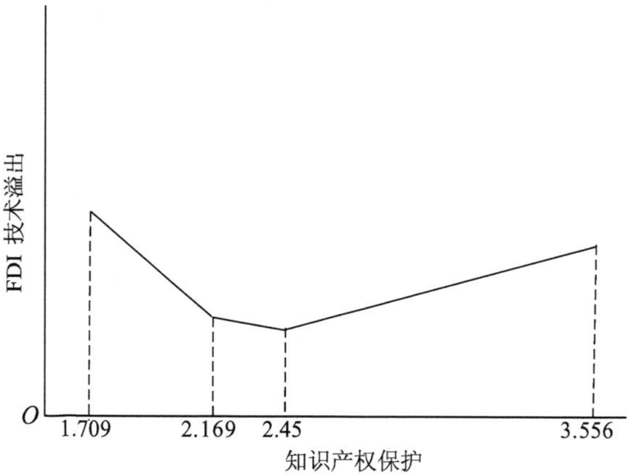

图 5-9　知识产权保护对 FDI 技术溢出的影响③

① 李平，等（2013）的研究认为知识产权保护与国际技术引进之间呈现近似倒 U 型关系。

② 在知识产权保护的三个区间内，贸易的技术溢出效应分别为 0. 5637、0. 6124 和 0. 6513。

③ 在知识产权保护的三个区间内，FDI 的技术溢出效应分别为-0. 0748、-0. 0223 和 0. 0283。

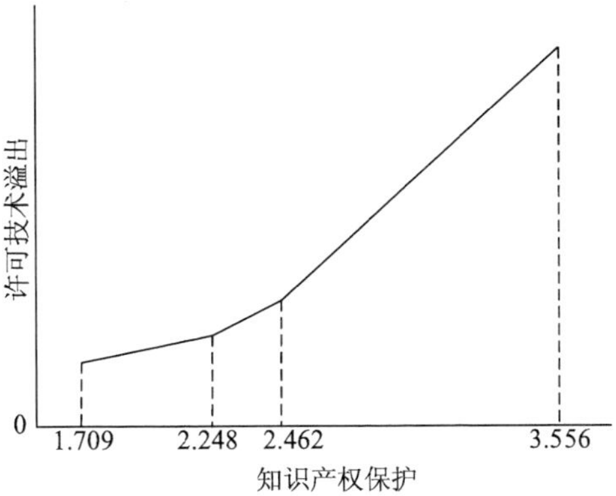

图 5-10　知识产权保护对许可技术溢出的影响①

对比三大国际技术引进路径的最优知识产权保护门槛值（见示意图 5-8、5-9 和 5-10），就进口贸易而言，当知识产权保护水平跨越门槛值 2.454 时，进口贸易的技术溢出效应变得最为显著。就 FDI 而言，当知识产权保护跨过门槛值 2.45 时，FDI 的技术溢出效应达到最大。就许可而言，当知识产权保护水平跨过门槛值 2.462 时，许可技术溢出最为显著。比较研究进口贸易、FDI 和许可，整体上，许可的最优知识产权保护门槛值高于进口贸易和 FDI，说明许可对中国知识产权保护的要求最高，FDI 对中国知识产权保护的要求最低。可能是因为中国的 FDI 大多属于资源获取型的投资，也可能与中国的外商投资政策有关，这个结论与理论稍有不同②。整体来说，中国最优知识产权保护区间的确定应充分考虑到各个国际技术引进路径在技术创新中的贡献度，根据表 5-3、表 5-6 和表 5-9，三大国际技术引进路径在企业创新绩效中的贡献度从大到小依次为进口贸易、许可和 FDI。在综合权衡三大路径的贡献度及其最优保护区间的基础上，得出中国整体的最优知识产权保护区间为［2.454，3.556］，当知识产权保护水平处于该区间时，三大路径的技术溢出效果达到最大。

针对上述经验研究，本书发现中国加强知识产权保护诱发国际技术扩散，进而提升中国企业的创新绩效的机理在于：知识产权保护通过减少外

① 在知识产权保护的三个区间内，许可的技术溢出效应分别为 0.0027、0.0393 和 0.0792。

② 理论上，FDI 对知识产权保护的要求应高于进口贸易。

部性问题，提高创新资源的配置效率等，促使发达国家企业通过贸易、FDI 和许可等途径的国际技术转移与溢出加强了与中国的经济联系。

技术创新是经济发展的动力和源泉，而知识产权制度在促进创新中的作用不可忽视（Romer，1990）。整体而言，中国知识产权保护战略的实施应该以最大化本国的创新为目的。鉴于知识产权保护在国际技术引进中的重要作用，我国应该一方面充分利用各种渠道的国际技术转移的机会，继续加强对外经济联系，充分利用国际技术溢出的正向效应；另一方面继续强化知识产权保护意识，增强知识产权保护与国际技术扩散的协同效应，将知识产权战略作为重塑创新体系的重要内容（冉光和，等，2013）。

第六章 知识产权保护、R&D 投资与企业创新绩效

第一节 概述

一、引言

新增长理论认为，技术进步是经济增长的源泉，而创新在这个过程中发挥着引擎的作用。技术后发国与领先国的技术差距，使得后发国具有一定的技术后发优势，从而可以通过对国外先进技术的模仿实现快速的技术进步（Gerschenkron，1962）。基于产品质量升级（Aghion 和 Howitt，1992）以及产品种类扩张（Romer，1990）的南北产品周期模型认为，研发高度集中于少数发达国家，后发国与领先国存在较大的技术差距，模仿是后发国技术向领先国条件收敛的有效途径（Coe 和 Helpman，1995；Barro 和 Sala-i-Martin，1997）。然而，这个结论受到了实证检验的极大质疑，因为大量的经验研究否定了后发国技术和经济的赶超效应（Barro，1991；Williamson，1991）。经济增长的经验表明，后发国与领先国的技术和经济差距仍在增大而非缩小，经济发展中的“蛙跳”现象对于大多数后发国来说是件难以企及的事情（Brezis 和 Krugman，1993）。广大后发国家并不能通过技术模仿缩小与领先国的技术差距。

后发国为什么不能通过技术模仿缩小与领先国的技术差距呢？在南北技术扩散模型中，产生了由比较优势决定的南方模仿和北方创新的专业化分工方式，这一分工必然导致北方在“干中学”的过程中积累了更多的先进技术，并随着时间的推移逐渐强化这种技术优势，这样会导致南北技术

水平的永恒差距，南方国家永远难以实现技术的赶超。美国、德国以及日本等少数国家占据了全球84%的研发资源（Kumar，2003），发展中国家的研发资源严重匮乏、自主创新的积极性受到极大的打压，所以历经大半个世纪，全球少数几个研发强国的技术地位仍然无人可以动摇。实践表明，后发国的技术模仿只能实现追赶而不能助其实现赶超的战略目标（董有德、张庆舟，2007），从模仿到创新的转变才是实现技术赶超的关键（张景安，2003）。后发国通过发挥后发优势，已经初步具备自主创新的实力时，选择以自主创新为主导的技术进步模式就成为其必然选择。

韩国、日本以及中国台湾等地区的发展经验值得我们借鉴。以韩国为例，政府在20世纪六七十年代采取了引导和驱动私营部门成长的计划，通过计划和资源分配的方式培育大财团。而财团们精心地选择了一条发展路径，从反求工程到国际联合再到自主研发，以较高的速度和较低的成本来获取高技术产业的技术能力。当技术任务相对简单的时候，它们选择对国外产品进行反求工程。早期的机器人和计算机产业就是很好的例子。当技术任务超过了它们的能力时，它们就迅速转向跨国公司，而由于各种原因跨国公司也愿意与韩国分享技术。半导体、电子开关、早期的航天器工业以及后来的机器人、计算机和光纤工业都是这样的情形。当韩国接近技术前沿时，很少有跨国公司愿意共享它们的技术了，韩国就通过加强研发活动来开发自己的产品。4M动态随机存取存储器近期的发展就是一个很好的例子。在这个过程中，公共研发机构对提升财团获得国外技术的谈判能力以及财团合作开展联合研究活动，都起到了关键性的作用。

中国是一个正处于转型期的大国，在借鉴诸如韩国等国家的发展经验的同时，还需要根据自身的资源优势选择中国特色的技术转型之路。技术创新是企业生存和发展的不竭动力（Nakahara，1997；Fujita，1997），而企业的研发投入和研发能力发挥着重要的作用。根据国家统计局数据显示，我国R&D投入呈逐年增长的趋势，从表6-1可以看出，R&D支出的年均增长率达到20%以上，R&D支出占GDP的比重也从2005年的1.32%逐步提高到2015年的2.06%。这些数据充分证明了中国在自主研发道路上的不懈努力，以及取得的骄人成绩。

表 6-1 中国 R&D 支出状况一览（2005—2015 年）

项目＼年份	2005	2006	2007	2008	2009	2010	2011	2012	2013	2014	2015
R&D 支出（亿元）	2450	3003.1	3710.2	4616	5802.1	7062.6	8687	10298.4	11846.6	13015.6	14169.9
R&D 支出占 GDP 比重	1.32%	1.39%	1.40%	1.47%	1.70%	1.76%	1.84%	1.98%	1.99%	2.02%	2.06%

数据来源：国家统计局网站。

的确，自主研发的道路是中国政府的重大决策，为了建设创新型国家，我国加大了科研投入，并且取得一定的成绩。然而，我们也应该清醒地认识到自身的不足，无论研发能力还是科研投入上，我国都与发达国家存在很大的差距。如表 6-2 所示，以 R&D 经费占 GDP 的比重衡量的研发投入与发达国家相差悬殊。如我国 2010 年 R&D 支出占 GDP 的比重仅为 1.77%，而同期的日本为 3.26%，韩国为 3.74%，美国为 2.9%。与美国、日本、法国、韩国、德国、英国等都存在一定的差距。

表 6-2 部分国家 R&D 经费占 GDP 比例（2001—2010 年）（%）

国家和组织	2001	2002	2003	2004	2005	2006	2007	2008	2009	2010
中国	0.95	1.07	1.13	1.23	1.32	1.39	1.4	1.47	1.7	1.77
日本	3.12	3.17	3.2	3.17	3.32	3.4	3.44	3.44	3.33	3.26
美国	2.72	2.62	2.61	2.54	2.57	2.61	2.67	2.79	-	2.9
德国	2.46	2.49	2.52	2.49	2.49	2.53	2.53	2.68	2.78	-
韩国	2.47	2.4	2.49	2.68	2.79	3.01	3.21	3.36	-	3.74
法国	2.2	2.23	2.17	2.15	2.1	2.1	2.07	2.11	2.21	2.25
英国	1.79	1.79	1.75	1.68	1.73	1.75	1.78	1.77	1.85	1.82
加拿大	2.09	2.04	2.04	2.07	2.04	2	1.96	1.87	1.92	1.8
意大利	1.09	1.13	1.11	1.1	1.09	1.13	1.18	1.23	1.27	1.26
俄罗斯	1.18	1.25	1.29	1.15	1.07	1.07	1.12	1.04	1.24	1.16
EU27	1.76	1.77	1.76	1.73	1.74	1.77	1.77	1.84	1.90	1.91
OECD	2.24	2.21	2.21	2.18	2.21	2.24	2.27	2.33	-	2.4

数据来源：OECD FACTBOOK。

R&D 投资是技术进步的基础，而知识产权制度是技术进步的制度保障。不论是发达国家还是发展中国家，都纷纷利用这一制度工具，实施有利于本国技术进步和经济增长的知识产权战略。众所周知，知识产权保护是企业创新的外部环境条件，弱知识产权保护使得 R&D 外溢得不到应有的补偿，极大地抑制了企业技术创新的动力。已有的研究认为中国的知识产权保护比较薄弱（Wang，2004；等），而事实上，我国知识产权立法强度早已达到国际水平，但执法力度在各省份迥然不同（吴超鹏，2009）。知识产权保护的效果如何，是否提高了企业的创新绩效，特别是对不同规模、不同所有制以及不同行业类型的企业分别产生什么样的影响，以及在不同的知识产权保护强度下，企业的 R&D 投资效率是否会存在一定的差异？本章通过研究影响 R&D 投资绩效的机理，从理论和实证两个方面分别探讨知识产权保护制度的实施效果，为我国创新政策的制定提供参考依据。

二、文献回顾

与企业 R&D 投资相关的研究大致经历了两个阶段。

第一阶段，着重关注 R&D 投资不足的问题。由于 R&D 投资具有正的外部性（Arrow，1962），当期研发投资成本不能得到足够的补偿时，R&D 投资便低于社会的最优水平，因此一系列的研究成果便围绕影响 R&D 投资的因素以及 R&D 投资不足的原因等问题而展开（William Griffiths，2002；刘运国，2007；文芳，2008；等）。

研究表明，创新企业对创新成果的垄断权在很大程度上鼓舞了创新的开展。例如 Katz 和 Shapiro（1987）发现，创新成果保护力度较大的情况下，企业会提高创新投入。Varsakelis（2001）以 50 个国家的数据为样本，研究发现知识产权保护是研发投入的重要影响因素，知识产权保护水平越高，研发就越活跃。Anton 等（2006）的研究表明，企业的创新活动会受到专利保护力度的影响，在保护力度较弱的环境下，使得技术侵权的可能性增加，从而降低了企业的创新投入。董雪兵，等（2006）、吴延兵（2008）等也都一致认为，知识产权保护的加强会促进企业的创新积极性。刘莹（2010）利用 1998—2003 年的面板数据，研究表明，知识产权保护促进了内资企业的自主研发投入和创新产出，且这种促进作用有逐年加强的趋势。严小明（2011）在 Hotelling 模型以及 D'Aspremont 和 Jacquemin 模型的基础上，研究发现，一国内双寡头企业的博弈竞争中，知识产权保护强度大大激发了企业研发活动的开展。Joseph et al.（2013）分区域探讨了知识产权保护对 R&D 投资的影响，认为弱的知识产权保护使得技术溢出得不到补偿，从而降低了 R&D 投资的动力。

此外，国外一些学者利用企业微观数据考察了知识产权保护对不同行业创新活动的影响。如 Mansfield（1986）研究表明，美国如果没有专利权的保护，在化学和医药行业将分别减少 30% 和 65% 的创新成果。Licht 和 Zoz（1998）以德国的数据为样本，研究发现，R&D 支出较多的企业对知识产权保护的敏感性较大，知识产权保护极大地促进了技术密集型行业的创新热情。Pazderka（1999）探讨了加拿大加强知识产权保护对医药企业 R&D 活动的影响，发现两者有较强的正相关关系。Allred 和 Park（2007）分析了来自 29 个国家的 706 家制造业企业，发现知识产权保护对技术创新的影响在产业间存在极大的差异，其中对仪器仪表和化工行业的影响最大。Thomä 和 Bizer（2013）发现科技型小企业在正式的和非正式的知识产权保护机制方面具有高度的自主选择性。

第二阶段，在 R&D 投资不足、问题得到缓解之后，逐渐把关注的焦点转移到 R&D 投资绩效上。已有文献主要考察 R&D 投入与专利持有量的关系，以及 R&D 投资对企业价值的影响。

一些学者使用企业的专利数量衡量 R&D 投资绩效，并以考察企业 R&D 投入与专利持有量的关系为主。例如，朱平芳和徐伟民（2003）主要探讨了企业研发资金的来源对专利产出效率的影响，研究结果发现，自筹 R&D 投入较其他资金来源来说，能够较为显著地促进企业的专利产出。此后，朱平芳和徐伟民（2005）借鉴了 Hausman 等（1984）的分析框架，研究了上海市的大中型工业企业的专利申请量与 R&D 支出之间的关系，得出如下结论：第一，在样本期间内，企业的专利申请量与 R&D 投入之间存在滞后 2 ~6 期的正相关性，同时 R&D 投入对专利申请的滞后效应表现为先增后减，且呈现增快减慢的不对称的“倒 U 形”特征。第二，在这个滞后结构中，滞后4期的R&D支出对专利产出的贡献最大。逄淑媛和陈德智（2009）以全球132家顶尖的企业为样本，认为R&D投资较为显著地促进了企业的专利产出量。刘伟和李丹（2010）以青岛市的高新技术企业为样本，研究表明，R&D投入特别是R&D研发人员投入显著地促进了企业的专利产出量。随着对R&D投资绩效的深入研究，一些学者引入调节变量来考察R&D投入与创新绩效之间的关系，如梁莱歆等（2010）选取的调节变量是生命周期，而任海云等（2010）选取的调节变量则是公司治理。

另外一些学者研究了企业R&D投资对公司市场价值的影响。研究者一般关注两大问题：其一，R&D投资能否提升企业价值？基本结论是，R&D投资对企业价值确实具有促进作用（Hall，2000；Oriani和Sombrero，2003，Czarnitzk，2006），且国家的治理环境和公司的治理结构都是R&D投资与市场价值关系的重要调节变量（Hall和Oriani，2006）。其二，一些学者采用事件研究法，研究了股票市场对企业R&D投资宣告的反应，发现股票价格对企业R&D投资宣告的反应比较积极，而超额回报率则与样本特征有关。比如，研发投资与市场价值的关系会随着时间（Hall，1993a，1993b）、国家（Hall和Oriani，2006）以及行业（Jaffe，1986；Cockburn和Griliches，1988）的差异而不同。此外，超额回报的大小还会取决于企业类型、行业特征和市场竞争力等因素。譬如，对于企业新宣告的R&D投资信息，股票市场给予高科技企业（Chan et al.，1990）、垄断行业（Doukas和Switzer，1992）以及竞争力强的企业较高的超额回报率。国内学者徐欣和唐清泉（2010）研究发现，企业的R&D投资确实能够提升企业价值，但是不同类型的专利对企业价值的影响存在一定的差异。例如，发明专利因其较高的创新程度，其价值高于外观设计和实用新型专利。但目前中国的创新体制并不完善，导致资本市场不能准确地甄别相关的专利信息。李诗，等（2012）通过对专利的定价功能进行研究，发现发明专利的定价功能要强于外观设计和实用新型，且高技术企业和知识产权保护强的地区，专利的定价能力较强。

尽管相关文献对R&D投入的影响因素以及R&D投资绩效问题的研究

做出了不可忽视的贡献，但是尚未有文献使用中国微观数据，系统考察知识产权保护对不同企业的 R&D 投入可能存在异质性影响。首先，即使面对相同的知识产权保护强度，不同规模的企业可能会有不同的反应。中国的中小企业普遍面临融资约束的问题，融资成本较高，因此它们更关心创新回报，对知识产权保护的反应也较为敏感，最终体现在 R&D 投入的差异上。其次，不同所有制企业共存是中国经济发展的特色，较其他所有制类型而言，国有企业较易获得贷款，存在着严重的预算软约束问题（吴军，等，2009）。而非国有企业的预算约束较硬，很难获得各种资源，因此创新收益能否弥补创新成本是它们关注的首要问题。第三，相同的知识产权保护水平对于不同行业的企业亦会存在异质性影响。技术密集型企业具有较多的创新成果，对知识产权保护的需求也更大。基于以上分析，本章拟通过理论分析和实证检验来刻画知识产权保护对企业创新绩效的影响机制，探讨知识产权保护是如何通过影响企业的异质性特征进而制约企业创新绩效的，并为现有文献添砖加瓦。

第二节 理论分析与研究假设

制度，是市场主体博弈的规则，该规则减少了市场交易活动的不确定性（Coase，1998）。制度是由正式的约束（如法律和法规等）和非正式的约束（如道德和习俗等）组成的复合体，任何事物都有两面性，制度同样既有促进经济发展的合理一面，也有其难以避免的不利之处。

制度被认为是决定经济增长的最根本的因素，如熊彼特（1942）有关创新的理论中，就引入了制度创新的内涵。舒尔茨（1968）认为制度是决定一个国家或地区经济绩效的根本因素，虽然科技是经济增长的引擎，但即便是科技水平相当的国家，经济水平依然存在显著的差距，究其根源是制度的差异。

由于 R&D 投资所形成的智力成果具有准公共物品的性质，其收益不能被研究开发者独占，因此为了鼓励企业的 R&D 研发活动，有效的产权制度能够避免 R&D 投资的不足，为企业的研发活动提供较大的内在激励。同时，有效的产权保护制度能够使得 R&D 资源通过市场机制实现优化配置。特别是当一个国家的技术水平逐渐趋近世界技术前沿时，有效的知识产权保护制度将会极大地激励企业的 R&D 活动。本节将分别从知识产权保护对企业 R&D 投入的影响以及知识产权保护如何促进企业创新成果的转化两个方面，探讨知识产权保护制度在微观经济活动中的作用机制。

一、基准模型

参照有关研究（史宇鹏、顾全林，2013），我们设定如下两期决策的基准模型（benchmark model），假定企业是一个垄断企业，企业需要在第一期做出是否创新的决策。如果企业进行了创新，那么其第二期的平均成本将从第一期的 c 降到 c'（考虑到创新成果对于研发投入的时滞性）。假定不存在侵权行为，贴现因子为 1，F 表示企业投入研发中的成本。

我们假定企业的创新成本小于利润增加值，但大于第一期的利润。也就是说，虽然总体而言，创新符合企业的最优化决策，但由于企业的自有资金并不能满足创新的需要，企业需要在第一期进行借贷以弥补研发投入的不足。$\lambda \geqslant 0$ 衡量异质性企业面临的不同资金成本。企业融资成本的差异可能源于资本市场对不同类型企业的歧视性行为导致资金成本存在很大的差异。具体表现在以下两个方面，第一，民营企业较国有企业而言，较难从国有商业银行获得贷款，甚至为了筹集到资金不得不支付相对较高的成本（Brandt、Li，2007），这种民营企业信贷歧视的现象得到了 Ge 和 Qiu（2007）的印证。他们发现，由于借贷方（我国主要是商业银行）的信贷歧视，使得民营企业的融资渠道主要是更加昂贵的商业信用。而国有企业却能轻易获得贷款，其资金成本甚至为 0，在预算软约束下，从而具有更小的 λ（李广子、刘力，2009；吴军、白云霞，2009）。第二，有关中小企业融资难的研究一直未曾间断，最早可追溯到麦克米伦爵士 1931 年向英国政府提交的《麦克米伦报告》（*Macmillan Report*）。此后，一系列的理论成果试图解释中小企业融资难的原因，其中具有较大影响的是信息不对称理论和金融生命周期理论。Stiglitz 和 Weiss（1981）认为，中小企业融资难的原因是信息不对称下的高道德风险以及缺乏道德风险保险机制下的抵押物。Weston 和 Brigham（1978）的早期金融生命周期理论认为，企业的融资渠道与其自身的生命周期相对应，融资缺口主要源于其处于生命周期的第三阶段之前。Berger 和 Udell（1998）的后期金融生命周期理论主要考虑了信息的作用，其认为随着企业的成长壮大，内部的信息也由封闭逐渐趋于透明，中小企业的融资难可能与其成长前期的信息封闭有关。

企业进行创新的充分必要条件是，创新后的两期利润之和大于创新前的两期利润之和，即：

$$\pi^{m}(c') - (1+\lambda)[F - \pi^{m}(c)] \geq 2\pi^{m}(c) \tag{6.1}$$

从而融资成本可以表示为：$\lambda \leq \dfrac{\pi^{m}(c') - [F + \pi^{m}(c)]}{F - \pi^{m}(c)}$ (6.2)

（6.2）式向我们传达了这样一个事实：资金成本越低，企业越有可能进行研发投资。而已有的研究表明，民营企业相对于国有企业面临较高的融资困境。而中小企业相对于大型企业，也因为融资约束而不得不支付较高的资金成本。从而我们可以合理推测，民营企业比国有企业的研发积极性更弱，中小企业比大型企业的研发积极性更弱。

二、初步拓展：存在侵权行为

下面我们对模型进行简单的拓展，假定垄断企业创新后会被竞争对手模仿和抄袭。具体而言，我们考察企业的一个三期决策行为。假定侵权行为发生在第二期，因为查处侵权行为并责令赔偿需要时间，所以假定第三期侵权企业被查处，创新企业获得侵权企业的赔偿。为简单起见，假定第二期侵权时，双方进行古诺竞争（Cournot competition），此时创新企业获得古诺利润 $\pi^{CC}(c')$。侵权企业在第三期被查处后，创新企业可以独占创新收益 $\pi^{m}(c')$。T 为期望补偿，等于侵权行为被查处的概率乘以赔偿金额，提高知识产权保护的范围、提高知识产权侵权的处罚力度都可以使得 T 值增加，代表知识产权保护水平增强。

根据企业进行创新的充分必要条件，创新后的三期利润之和大于创新前的三期利润之和，即：

$$\pi^{m}(c') + T + \pi^{CC}(c') - (1+\lambda)[F - \pi^{m}(c)] \geqslant 3\pi^{m}(c) \tag{6.3}$$

从而得到下列两式：

$$F \leqslant \frac{\pi^{m}(c') + T + \pi^{CC}(c') - 3\pi^{m}(c)}{1+\lambda} + \pi^{m}(c) \tag{6.4}$$

$$\lambda \leqslant \frac{\pi^{m}(c') + T + \pi^{CC}(c') - 2\pi^{m}(c) - F}{F - \pi^{m}(c)} \tag{6.5}$$

（6.4）式反映了研发投资 F 与知识产权保护水平 T 的关系，随着知识产权保护水平 T 的增强，不等式左边的 F 的取值范围也变大了。也就是说企业的研发投资额与知识产权保护水平 T 正相关：对于那些原本投资额小的企业可能会随着知识产权保护水平 T 的增大而增加投资额；对于那些原本没有打算进行研发投资的企业可能在知识产权保护水平提高后从而有了创新的意愿。关于（6.4）中知识产权保护水平 T 对研发投资 F 的微观作用机制的分析我们将在本章第四节详细介绍。据此，得到假设 1：

H1：企业 R&D 投入受到知识产权保护水平的影响，知识产权保护的增强有利于促进企业的 R&D 投入。

从（6.5）式可以看出，随着知识产权保护水平 T 的增强，不等式左边的 λ 的取值范围也就越大，也就是说，那些资金成本相对较高或较难获得贷款的融资约束型企业（比如中小企业、民营企业等），对知识产权保护的敏感性会越高，因为进行创新符合它们的最优化决策。相反，那些资金成本较低的非融资约束型企业（比如大型企业、国有企业等），对知识产权保护水平 T 的敏感性相对较低，因为无论 T 是大是小，研发投资都是有利可图的。因此，在这里我们提出第二个假设如下：

H2a：从公司规模来看，知识产权保护对中、小型企业的 R&D 投入具有更大的促进作用。

H2b：从所有制类型来看，知识产权保护对民营企业的 R&D 投入具有更大的促进作用。

三、进一步拓展：不同产业的技术特征

在现实生活中，知识产权保护对企业创新的影响会因企业技术特征的不同而不同。众所周知，新技术的开发需要高额的 R&D 支出，而诸如化工、医药和软件业等技术含量较高的产业，其技术却很容易被模仿和复制，“免费搭便车”行为使得创新企业被侵权后利润受到严重的侵蚀，如果没有知识产权保护，企业将毫无激励进行研发。而对于资本密集型企业而言，其巨额的初始投资使得侵权和模仿变得昂贵，因此这类企业具有天然的自我保护功能。即使侵权企业盗取创新企业的新技术，也很难付诸实施，因此，创新企业的利润并没有因为侵权而受到影响。

这里仍然遵循上面的假设，所不同的是，较易被搭便车的企业（比如高技术企业）在第二期受到侵权后，将面临一个完全竞争的市场，从而不能再获得垄断利润。而自我保护能力强的企业（比如资本密集型企业）在第二期遭受侵权后，仍可以获得垄断利润，独享创新收益。根据企业进行创新的充分必要条件，即创新是有利可图的，从而得到的结论与上面的（6.3）式、（6.4）式和（6.5）式相同。显然，有关上面已经阐述的（6.4）式和（6.5）式的理论意义在这里仍然是适用的。需要注意的是，我们在这里将对（6.3）式作进一步的说明，较易被模仿和复制的企业（比如高技术企业）在第二期遭受侵权后，利润 $\pi^{CC}(c')$ 将急剧变小，只有提高知识产权保护水平 T，才能使其研发是有利可图的，说明其对知识产权保护的敏感性较大。相反，对于那些具有天然的自我保护功能的企业（比如资本密集型企业）来说，其对知识产权保护 T 就不是特别敏感，因为无论 T 是大是小，创新都是有利可图的。也就是说，技术密集型企业较资本密集型企业而言，对知识产权保护力度 T 的敏感程度更大，从而增强知识产权保护力度 T，使得那些原本不打算创新的高技术企业由于知识产权保护力度的增强，而有了研发的意愿。因此，这里需要对假设 2 进行补充，我们提出 H2c 如下：

H2c：从行业类型来看，知识产权保护对技术密集型企业的 R&D 投入具有更大的促进作用。

第三节　研究设计与实证分析

一、数据、变量与估计方法

（一）数据来源及变量处理

本章数据来源于中国工业企业数据库①。为了与已有研究保持一致，本书也析出制造业企业作为分析对象，并且由于本节的主要变量“研究开发费”，只在2001年和2005—2007年有相关统计数据。为了保持数据的连贯性，笔者最终选取2005—2007年中国工业企业数据库中的制造业作为我们分析的主要样本。对于该数据库中存在的问题，首先，笔者按照聂辉华等（2012）② 的方法进行如下处理：删除销售额、职工人数、总资产或固定资产净值缺失的观测值，删除职工人数少于8的观测值，删除总资产小于流动资产，总资产小于固定资产净值，或者累计折旧小于当期折旧的观测值，删除销售额低于500万元的观测值，删除利润率低于0.1%或者高于99%的观测值，删除实收资本小于或等于0的观测值。其次，根据本章的变量特点，笔者进一步进行了如下处理：删除变量值为缺失值的记录，删除研发投资密度为负的观测值，删除资本结构为负的观测值；删除人力资本为负的观测值，删除广告投入强度为负的观测值，删除企业年龄等于0的观测值。第三，对主要变量在1%水平上进行winsor处理。

---

① 中国工业企业数据库是由国家统计局建立，该数据库的全称是“全部国有及规模以上非国有工业企业数据库”，这里的工业统计口径为“国民经济行业分类”中的“采掘业”“制造业”以及“电力、燃气及水的生产和供应业”三个门类，其中制造业占90%以上。这里的“规模以上”要求企业每年的主营业务收入（销售额）在500万元及以上，2011年该标准改为2000万元及以上。基于上述统计口径的数据库自1998年开始采集，多数学者使用的工业企业数据库涉及的年份在1999—2007年，并且使用者通常析出该数据库中的制造业企业进行分析，制造业的统计口径包括从农副食品加工业、食品制造业到工艺品及其他制造业、废弃资源和废旧材料回收加工业等30个大类（二位数行业），对应于国民经济行业分类与代码（GB/T 4754—2002）中的代码13~43（不含38）。

② 聂辉华、江艇、杨汝岱：《中国工业企业数据库的使用现状和潜在问题》，《世界经济》2012年第5期。

创新绩效（newsale）：直接度量创新活动是一件比较困难的事情，目前学术界主要采用两种方法进行度量。一是创新投入，比如科研经费、科研人数等；二是创新产出，比如新产品销售额、专利数量等。由于从创新投入到转化为商业成果还需要考虑创新投入的转化效率，目前学术界通常采用专利申请量、专利授权量或者新产品销售额来衡量创新产出。由于中国工业企业数据库的数据并没有给出每个企业的专利申请量、专利授权量或者新产品销售额等信息，所以本书采用新产品产值来衡量，并使用工业总产值进行标准化。

研发投资密度（RD_sales）：本书主要考察知识产权保护对企业创新积极性的影响，因此创新投入比创新产出更能反映激励的直接效果。选取研究开发费用支出与产品销售收入的比值作为研发投资密度的代理变量。mean_RD_sales 是研发投资密度的工具变量，借鉴 Fisman 和 Svensson（2007）、李春涛和宋敏（2010）的方法，采用 RD_sales 的年份—省份—行业平均值来衡量。

知识产权保护（protect）：学术界关于省际知识产权保护水平的衡量并没有形成统一的方法，本书根据韩玉雄和李怀祖（2005）、许春明和单晓光（2008）以及沈国兵和刘佳（2009）等人的方法计算得到的指标（ipr）作为省际知识产权保护水平的代理变量，具体计算过程及计算结果请参见第四章第二节。为了保证结论的稳健性，本书参照李诗等（2012）以及胡立君、郑玉（2014）的方法，分别采用专利侵权结案率（cr，采用专利侵权纠纷累计结案数/专利侵权纠纷累计立案数表示）和法律保护指数（legal，来自樊纲等对各地司法和行政执法的调查报告）进行稳健性检验。

现金流（cflow）：自 Fazzari et al.（1988）有关投资的经典研究出现以后，学术界不断验证着公司的投资支出与内部现金流正相关的结论。因为研发是一项风险高、投资大、周期长的活动，如果没有足够的内部现金流，研发活动将很难得到持续，因此内部现金流是否充裕，直接影响到企业的研发活动（解维敏，等，2009）。本书采用经营活动产生的现金流量净额与总资产的比值作为现金流的代理变量。

广告投入强度（advert）：张杰和芦哲（2012）认为，广告投入越多的公司往往有较多的新技术和新产品问世，从而需要大力宣传。本书也追随张杰和芦哲（2012）的方法采用广告支出与销售额的比值作为广告投入强度的代理变量。

人力资本（train）：人力资本能够反映一个企业的研发能力，人力资本越高从而研发能力也越强（张杰、芦哲，2012）。学术界衡量人力资本的指标主要包括技术工人的比重、人均培训经费支出、人均受教育年限以及劳均 R&D 活动人员折合全时当量等。本书参考张杰和芦哲（2012）的做法，采用人均职工教育费作为人力资本的代理变量。

市场集中度（hhi）：为了检验著名的熊彼特假说①，同时已有研究比如张杰和芦哲（2012）、史宇鹏和顾全林（2013）认为，市场集中度的提高，有利于促进企业的研发投入。本书使用行业（两位数）的赫芬达尔指数来衡量市场集中度。

企业规模（size）：一般认为，大公司和小公司在技术创新方面具有不同的优势，大公司拥有资源优势、小公司拥有灵活性优势（解维敏等，2009）。Kerr 和 Newell（2003）认为，规模大的企业，不但更具备研发的潜能，也更有自主研发的需求。学术界一般衡量企业规模的指标主要包括销售收入、就业人数以及固定资产总值等，Scherer（1965）通过分析它们各自的优缺点，认为销售额是各种生产要素投入的结果，反映了企业的生产能力和经营能力，能够更好地代表企业的规模。因此，本书结合 Scherer 的思想和中国工业企业数据库提供的企业财务信息，采用全年营业收入的自然对数来衡量企业规模。

出口份额（ex）：史宇鹏和顾全林（2013）认为，出口对企业研发的影响来自两个方面，一方面。出口使企业不断获得国外的市场信息成为出口商实现创新的最有效的渠道。此外，来自国际市场的激烈竞争，迫使企业不断加大创新投入以应对复杂的国际市场环境，因此出口对创新的正向影响机制可以归结为出口学习效应和竞争促进效应（韩媛媛，2013；张

---

① 熊彼特有两条著名的假说：第一，企业规模越大，技术创新就越有效率，也就是说，大企业比小企业更具有创新性；第二，技术创新与市场集中度之间存在正相关性，在保证技术创新成果方面，市场支配力是必需的。

杰、芦哲，2012）。另一方面，中国的许多出口企业是立足于简单的来料加工，因此其研发投入反而较低（张杰、刘志彪、郑江淮，2007）。本书追随史宇鹏和顾全林（2013）的方法，采用出口交货值与工业销售额的比值衡量出口状况。

资本结构（lev）：企业 R&D 活动的投入和产出都具有很强的专用性，再加上其投资大、风险高、回收期长等特点使得债权人往往会附加苛刻的贷款条件（Myers，1977）。汪晓春（2002）认为，低杠杆率的资本结构会促进企业的创新投资，相反，高负债的资本结构使企业在做出创新决策时相对谨慎。与以往的研究相同，本书采用总负债与总资产的比值衡量资本结构。

企业年龄（age）：Yasuda（2005）研究发现，企业年龄对企业研发具有重要的影响。苏依依和周长辉（2008）、范承泽等（2008）认为，不同生命周期阶段的企业对研发的需求也存在一定的差异。年轻企业没有足够的 R&D 基础和知识基础，而随着企业年龄的增长，其 R&D 投资的实力也是逐渐增强的（解维敏等，2009）。张杰和芦哲（2012）、史宇鹏和顾全林（2013）等通过实证检验发现，企业成立时间越长，研发投入的力度也越大。本书采用“从开工到会计报表日”这一时间段度量企业年龄。

轻重工业类型（lhindus）：企业的资本密集度代表了企业的生产经营方式，轻重工业类型在很大程度上会影响企业的研发投入（朱恒鹏，2006）。史宇鹏、顾全林（2013）也发现，资本密集度越高的行业，企业研发的积极性也越高。由于本书的数据主要来自《中国工业企业数据库》，根据该数据库提供的信息，本书采用 1 表示轻工业，2 表示重工业。

（二）描述性统计

表 6-3 给出了本章相关变量的描述性统计，这些指标从不同的方面展示了样本的差异性和多样性，包括各个变量名称、变量含义、计算方法、均值、标准差、最小值和最大值。

表 6-3 相关变量的描述性统计（2005—2007 年）①

变量名称	变量含义	计算方法	mean	sd	min	max
newsale	创新绩效	新产品产值/工业总产值	0.039	0.159	0	1
RD_sales	研发投资密度	研究开发费/产品销售收入	0.002	0.012	0	1.204
mean_RD_sales	研发投资密度的工具变量	RD_sales 的年份—省份—行业平均值，是 RD_sales 的工具变量	0.002	0.003	0	0.05
ipr	保护的综合测算	根据韩玉雄等人的方法测算得出②	2.765	0.291	1.86	3.494
cr	专利侵权结案率	专利侵权纠纷累计结案数/专利侵权纠纷累计立案数③	0.85	0.107	0.527	1.141
legal	法律保护指数	来自樊纲等的调查报告④	5.047	1.85	-0.46	8.8
cflow	现金流	经营活动产生的现金流量净额/总资产	0.056	0.184	-0.366	1.146
advert	广告投入强度	广告费/产品销售收入	0.001	0.012	0	4.469
train	人力资本	职工教育费/全部职工	0.144	0.755	0	150
hhi	市场集中度	行业（两位数）的赫芬达尔指数⑤	0.003	0.003	0	0.044
size	企业规模	ln（全年营业收入合计）	10.347	1.234	6.748	18.731
ex	出口份额	出口交货值/工业销售产值	0.17	0.339	0	1.4
lev	资本结构	负债合计/资产合计	0.531	0.258	0.011	1.039
age	企业年龄	从开工到会计报表日	7.942	7.628	1	47

① 工业企业数据库自 1998 年开始采集，截至目前的最新数据区间是 1998—2009 年，但由于 2008 年和 2009 年涉及的变量指标非常少，所以多数学者使用该数据库时选择了 1999—2007 年作为分析对象。由于本章的主要变量“研究开发费”只在 2001 年和 2005—2007 年有相关统计，并基于样本数据的连续性，本章最终选取的样本区间为 2005—2007 年。

② 借鉴韩玉雄、李怀祖（2005），许春明、单晓光（2008），沈国兵、刘佳（2009）的方法，通过计算各省份的立法和执法水平测算出知识产权保护强度，具体计算过程和计算结果请参见第四章第二节。

③ 数据来自《专利统计年报》。

④ 省际法律保护指数来自樊纲等的调查报告，通过各地区对当地司法和行政执法机关执法效果的评价而获得。

⑤ $hhi = \sum_{i=1}^{n}(x_i/x)^2$，其中 $x = \sum_{i=1}^{n}x_i$ 、x_i 表示 i 企业的销售额、x 表示某个行业所有企业的销售额之和。

表 6-4　研发强度统计（2005—2007 年）

年份	研发强度=研究开发费/产品销售收入						
	0	(0，1%]	(1%，2%]	(2%，3%]	(3%，5%]	(5%，10%]	(10%，100%]
2005	89.19%	7.34%	1.34%	0.64%	0.65%	0.66%	0.19%
2006	88.97%	7.29%	1.31%	0.69%	0.76%	0.76%	0.22%
2007	88.41%	7.53%	1.36%	0.71%	0.82%	0.91%	0.23%

表 6-5　所有制类型统计（2005—2007 年）

年份	国有企业	集体所有制企业	民营企业	港澳台资企业	外资企业
2005	2.64%	5.74%	75.89%	7.78%	7.95%
2006	2.12%	4.60%	77.95%	7.54%	7.79%
2007	1.77%	3.86%	79.68%	7.14%	7.55%

表 6-4 展示的是样本的整体研发情况。不难发现，这些制造业企业整体的研发水平并不高，95%左右的企业研发强度低于 1%，接近 90%的企业并不进行自主研发。但从表中我们也看到这样一个事实，随着时间的推移，重视自主研发的企业在数量上也有所增长，研发强度为 0 的企业从 89.19%降低到 88.41%，而研发强度大于 0 的企业占比从 2005 年到 2007 年也都有不同程度的增长。

表 6-5 统计的是样本的所有制类型，其中四分之三以上的企业属于民营企业，而且所占比例呈逐年上升的趋势，从 2005 年的 75.89%上升到 2007 年的 79.68%。国有企业在样本中所占比例最小，而且呈逐年下降的趋势，从 2005 年的 2.64%下降到 2007 年的 1.77%。集体所有制企业所占比例也较低且有进一步下降的趋势，从 2005 年的 5.74%下降到 2007 年的 3.86%。港澳台资企业和外资企业所占比例相当，且所占比例都在减少，如港澳台资企业所占比例从 2005 年的 7.78%下降到 2007 年的 7.14%，外资企业所占比例从 2005 年的 7.95%下降到 2007 年的 7.55%。

（三）估计方法

根据本章的研究目的，首先构建模型（6.6）来检验知识产权保护对企业 R&D 投入的影响。

$$RD\_sales_{it} = \beta_0 + \beta_1 protect_{it} + f(x_{it}) + u_{it} \tag{6.6}$$

模型中各变量的下角标 i 表示企业，t 表示年份，RD_sales_{it} 是被解释变量，表示研发投资密度。$protect_{it}$ 是本章主要的解释变量，表示知识产权保护水平（用“保护的综合测算”ipr_{it} 衡量，并使用“专利侵权结案率”cr_{it} 和“法律保护指数”$legal_{it}$ 作稳健性检验）。当它的估计系数显著为正时，表示知识产权保护水平对 R&D 投入具有显著的促进作用。本章拟从公司规模的大小、所有制类型（国有、民营、外资）、行业类型等方面分别分组对样本进行检验，知识产权保护是如何通过克服企业面临的外部性问题和信息不对称问题，而影响公司的 R&D 投资的。$f(x_{it})$ 表示理论上可能影响企业 R&D 投入的控制变量。u_{it} 表示残差项。

进一步地，本章将构建模型（6.7）从事后效率的角度检验知识产权保护对创新绩效的影响。

$$newsale_{it} = \beta_0 + \beta_1 protect_{it} + \beta_2 mean\_RD\_sales_{it} + \beta_3 mean\_RD\_protect_{it} + f(x_{it}) + u_{it} \tag{6.7}$$

被解释变量 $newsale_{it}$ 表示创新绩效，其他符号同模型（6.6）。由于研发投资密度受到一系列因素的影响，为了避免内生性问题，本章将采用工具变量法，借鉴 Fisman 和 Svensson（2007）、李春涛和宋敏（2010）的方法，把 RD_sales 的年份—省份—行业平均值 $mean\_RD\_sales_{it}$，作为 RD_sales 的工具变量①。纳入 $protect_{it}$ 和 $mean\_RD\_sales_{it}$ 这两个解释变量，是为了解释 R&D 投入在知识产权保护与创新绩效之间的中介角色。$mean\_RD\_protect_{it}$ 表示 $mean\_RD\_sales_{it}$ 与 $protect_{it}$ 的交乘项，其回归系数如果为正，表示知识产权保护正向调节了 R&D 投入与创新绩效之间的关系。由于上述两个模型的被解释变量是大于等于 0 的连续变量，也即存在左端截失问题（left censored），因此笔者将采用 Tobit 模型进行回归，需要说明的是本文使用的分析软件是 stata12。

① 由于每年同一省份和行业的企业在 R&D 支出上具有一定的相似性，但当地竞争者的 R&D 支出并不会对本企业的创新绩效产生直接的促进作用，所以该工具变量的选取较为合理。

二、实证结果与分析

（一）单变量分析

表 6-6 皮尔逊相关系数（2005—2007 年）

	RD_sales	*newsale*	*sale*	*cflow*	*ipr*	*cr*	*legal*	*advert*	*train*	*hhi*	*size*	*ex*	*lev*
newsale	0.226***												
sale	-0.069***	-0.072***											
cflow	0.005***	0.005***	0.149***										
ipr	0.047***	0.056***	-0.120***	-0.033***									
cr	0.025***	0.079***	-0.087***	-0.005***	0.194***								
legal	0.002*	0.019***	-0.117***	-0.084***	0.747***	0.107***							
advert	0.056***	0.025***	-0.033***	0.008***	-0.005***	0.009***	-0.012***						
train	0.042***	0.034***	0.003**	0.008***	-0.002*	0.016***	-0.001	0.024***					
hhi	0.041***	0.028***	-0.022***	-0.002*	-0.026***	0.015***	-0.054***	0.012***	0.022***				
size	0.057***	0.109***	0.154***	0.045***	-0.031***	-0.058***	-0.058***	0.038***	0.068***	0.131***			
ex	-0.015***	0.048***	-0.046***	-0.010***	0.153***	0.033***	0.185***	-0.017***	-0.024***	-0.065***	0.078***		
lev	-0.020***	0.002*	-0.103***	-0.067***	0.098***	0.032***	0.149***	-0.010***	-0.010***	0.016***	0.010***	0.012***	
age	0.045***	0.043***	-0.091***	-0.011***	0.004***	-0.008***	-0.010***	0.022***	0.016***	0.010***	0.142***	-0.002*	0.055***

注：***、**和*分别表示在 1%、5%和 10%水平上显著。

表 6-6 给出了主要变量之间的皮尔逊相关系数，它们之间的相关系数较低，说明各个变量之间不存在多重共线性，因此这些指标可以同时作为解释变量纳入回归分析。然而，由于单变量分析很难克服其他相关因素的影响，笔者进一步用回归分析的方法来检验知识产权保护对 R&D 投资的影响以及知识产权保护对创新绩效的作用机制。

（二）实证结果

1. 知识产权保护与 R&D 投入

（1）知识产权保护对企业 R&D 投入的影响：基于不同年份的分析。

由于中国工业企业数据库的自身特点，使得每年都有一些满足统计标准的新企业进入和不满足统计指标的企业退出。为了保证结果的稳健性，我们分别报告了全样本和三年连续存续的企业样本（本章所采用的数据区间是 2005—2007 年，所以每年均存在于数据库中的样本便是三年连续存续的企业样本）。表 6-7 报告了随着时间的推移，知识产权保护对 R&D 投入的影响如何变化，其中分别包括全样本和三年连续存续的企业样本的回归结果，可以发现近年来知识产权保护对 R&D 投入的影响在逐渐增强，且回归结果比较稳健，我们发现了支持假设 1 的证据。

其他控制变量的回归结果也基本满足我们的预期，且较为显著。内部现金流越充裕的企业，自主研发的积极性也越高。广告投入强度与企业的 R&D 投入之间呈现显著的正相关。人力资本对 R&D 投入有显著的正向效应，说明人力资本是企业从事研发活动的基础保障。市场集中度对企业的 R&D 投入具有显著的促进作用，这一结论进一步检验了“熊彼特假说”。企业规模的系数也显著为正，说明企业的规模越大，在融资渠道、规模经济以及分担风险的能力等方面都更具有优势，从而使得研发的积极性也较高。企业年龄与 R&D 投入之间也呈现显著的正相关，说明创新需要物质基础和经验积累。值得注意的是，出口份额的回归系数由负变正，这说明中国的出口企业逐渐由过去的简单来料加工型向科技型转变。资本结构的回归系数显著为负，说明低杠杆率的资本结构有利于促进企业的 R&D 投入。轻重工业类型的回归系数显著为正，说明重工业的研发需求要高于轻工业。*d* 表示地区虚拟变量，其中 $d=1$ 表示东部地区、$d=2$ 表示中部地区、$d=3$ 表示西部地区，通过增加地区虚拟变量，控制了不可观测的区域固定效应的影响。

表 6-7 知识产权保护对不同年份企业 R&D 投入的影响（2005—2007）

	全样本			三年连续存续的企业样本		
	2005 年	2006 年	2007 年	2005 年	2006 年	2007 年
ipr	0.019***	0.026***	0.031***	0.019***	0.025***	0.027***
	(26.49)	(33.78)	(37.72)	(22.9)	(28.05)	(28.66)
cflow	-0.001	0.001	0.006***	0.000	0.001	0.002
	(-0.52)	(0.82)	(6.93)	(0.22)	(0.51)	(1.61)
advert	0.167***	0.464***	0.194***	0.325***	0.460***	0.484***
	(132.49)	(140.42)	(184.88)	(110.12)	(134.23)	(29.73)
train	0.005***	0.003***	0.003***	0.005***	0.003***	0.003***
	(24.32)	(20.16)	(23.05)	(21.91)	(17.95)	(18.19)
hhi	0.909***	0.366***	0.447***	0.871***	0.340***	0.429***
	(15.12)	(7.79)	(8.21)	(12.65)	(6.24)	(6.86)
size	0.009***	0.010***	0.010***	0.009***	0.009***	0.009***
	(63.87)	(71.39)	(74.24)	(54.4)	(58.91)	(59.97)
age	0.000***	0.001***	0.001***	0.000***	0.001***	0.000***
	(24.15)	(27.52)	(31.3)	(20.84)	(22.88)	(22.73)
ex	-0.003***	-0.002***	0.001***	-0.002***	-0.000	0.002***
	(-5.69)	(-2.69)	(2.78)	(-2.73)	(-0.75)	(3.67)
lev	-0.009***	-0.008***	-0.008***	-0.008***	-0.005***	-0.004***
	(-12.16)	(-10.82)	(-11.53)	(-9.33)	(-6.50)	(-5.41)
lhindus	0.005***	0.008***	0.007***	0.006***	0.008***	0.008***
	(14.68)	(22.04)	(20.62)	(13.8)	(19.26)	(20.37)
constant	-0.229***	-0.275***	-0.283***	-0.221***	-0.256***	-0.253***
	(-75.78)	(-84.34)	(-87.16)	(-65.53)	(-69.45)	(-68.28)
d	yes	yes	yes	yes	yes	yes
N	180905	210249	244773	129576	129576	129576
LR-chi2 (*Wald chi2*)	9848.09	12660.13	12977.78	7902.35	8816.80	8902.31
Prob>chi2	0.0000	0.0000	0.0000	0.0000	0.0000	0.0000

注：①***、**和*分别表示在 1%、5%和 10%水平上显著，括号中是估计参数的 *t* 值。②被解释变量是 RD_sales，根据其分布特征，本书选择 Tobit 模型进行分析。

（2）知识产权保护对企业 R&D 投入的影响：基于不同规模的分析。

表 6-8 反映了这样一个事实：企业的规模越小，R&D 投入对知识产权保护的敏感性越高，这一结论支持了我们的假设 H2a。对这一结论的解释是研发活动需要一定的资金支持，由于沉没成本和固定成本的存在，使得中小企业面临较大的研发风险。另外，在中国特有的制度环境下，所有制歧视和政策障碍都使得中小企业融资渠道狭窄、融资成本高，进一步限制了它们进行 R&D 投入的积极性（朱恒鹏，2006）。从某种程度上说，知识产权保护通过保障 R&D 成果的商业化价值和对 R&D 成果的排他性占有而降低了金融机构对 R&D 项目进行评估时所感知的投资风险，从而有利于 R&D 项目的顺利开展（李后建、张宗益，2014）。

其他控制变量的回归结果如下，内部现金流的系数显著为正，且中小型企业的系数较大，说明中小型企业比大型企业面临更严重的融资约束问题，大量的现金储备无疑是它们解决 R&D 投入所需资金的战略选择。广告投入强度与企业的 R&D 投入显著正相关，且小企业的系数更大，说明小企业的知名度较低，广告宣传能迅速提升它们的知名度并促进其 R&D 投入。人力资本对 R&D 投入有显著的正向效应，与先前的研究高度一致。需要注意的是，市场集中度对大型企业的 R&D 投入具有显著的抑制作用，而对小型企业的 R&D 投入具有显著的促进作用，这一结论与朱恒鹏（2006）的研究一致，因为小企业拥有市场力量确实能够促进 R&D 投入，但大企业本身已经具备一定的市场力量，当其市场力量过大时，企业由于在行业处于垄断者地位，反而会弱化创新激励。企业规模的回归系数也显著为正，而且规模越小，规模扩张对 R&D 投入的促进作用越大。企业年龄与 R&D 投入之间呈现显著的正相关性。出口份额的回归系数为负，这说明中国的出口企业主要是代工（OEM）企业或者“三来一补”企业①，较少涉及研发工作。企业的 R&D 投入与资本结构之间呈现显著的负相关，且规模越小，这种抑制作用越大，说明小企业对风险的承受能力更弱，投

① “三来”是对外加工装配的别称，具体包括来料加工、来样加工和来件装配。而“一补”是指中小型补偿贸易。

资也更加审慎。轻重工业类型的回归系数显著为正，说明重工业的研发需求要高于轻工业。d 表示地区虚拟变量，其中 $d=1$ 表示东部地区、$d=2$ 表示中部地区、$d=3$ 表示西部地区，通过增加地区虚拟变量，控制了不可观测的区域固定效应的影响。

表 6-8　知识产权保护对不同规模企业 R&D 投入的影响（2005—2007 年）

	全样本			三年连续存续的企业样本		
	大型	中型	小型	大型	中型	小型
ipr	0.006***	0.012***	0.030***	0.007***	0.013***	0.027***
	(4.12)	(16.97)	(52.67)	(3.98)	(15.31)	(42.42)
cflow	0.002	0.005***	0.003***	0.002	0.005***	0.001
	(0.81)	(4.81)	(5.18)	(0.89)	(4.51)	(1.25)
advert	0.196***	0.183***	0.247***	0.170***	0.171***	0.611***
	(9.14)	(21.09)	(248.11)	(7.73)	(17.91)	(200.73)
train	0.004***	0.004***	0.004***	0.004***	0.004***	0.004***
	(7.44)	(19.03)	(35.39)	(5.68)	(16.99)	(29.86)
hhi	-0.280***	-0.068	0.899***	-0.279***	-0.002	0.859***
	(-4.75)	(-1.63)	(21.67)	(-3.71)	(-0.05)	(17.73)
size	0.001***	0.003***	0.008***	0.001***	0.003***	0.007***
	(3.44)	(18.14)	(62.52)	(2.71)	(13.76)	(49.15)
age	0.000***	0.000***	0.000***	0.000***	0.000***	0.000***
	(11.43)	(33.18)	(21.71)	(10.16)	(26.97)	(15.59)
ex	-0.004***	-0.005***	-0.001***	-0.004***	-0.005***	-0.000
	(-4.08)	(-10.55)	(-2.94)	(-3.37)	(-8.60)	(-0.53)
lev	-0.002	-0.006***	-0.010***	-0.000	-0.004***	-0.008***
	(-0.95)	(-7.80)	(-20.26)	(-0.24)	(-5.19)	(-13.14)
lhindus	0.005***	0.008***	0.007***	0.005***	0.008***	0.007***
	(6.79)	(23.66)	(26.3)	(5.89)	(22.52)	(23.71)
constant	-0.052***	-0.113***	-0.272***	-0.053***	-0.110***	-0.249***
	(-8.11)	(-35.76)	(-108.66)	(-7.16)	(-30.37)	(-87.35)
d	yes	yes	yes	yes	yes	yes
N	5847	64914	565166	4620	47695	336413
LR-chi2 (*Wald chi2*)	605.84	4109.83	12728.34	458.07	3076.40	9804.43
Prob>chi2	0.0000	0.0000	0.0000	0.0000	0.0000	0.0000

注：①***、**和*分别表示在 1%、5%和 10%水平上显著，括号中是估计参数的 t 值。②被解释变量是 *RD_sales*，根据其分布特征，本书选择 Tobit 模型进行分析。

（3）知识产权保护对企业 R&D 投入的影响：基于不同所有制的分析。

表 6-9　知识产权保护对不同所有制企业 R&D 投入的影响（2005—2007 年全样本）

	全样本				
	国有企业	集体企业	民营企业	港澳台资企业	外资企业
ipr	0.024***	0.014***	0.031***	0.006***	0.013***
	(12.68)	(7.76)	(56.86)	(3.4)	(11.33)
cflow	-0.009***	0.005*	0.002***	0.005**	0.010***
	(-2.64)	(1.78)	(3.07)	(2.55)	(5.48)
advert	0.385***	0.178***	0.336***	0.371***	0.035***
	(10.21)	(7.64)	(270.6)	(13.87)	(3.77)
train	0.001***	0.003***	0.004***	0.003***	0.002***
	(3.15)	(7.48)	(35.16)	(8.18)	(8.63)
hhi	-0.059	0.388***	0.562***	1.065***	1.003***
	(-0.67)	(3.29)	(15.55)	(7.87)	(8.19)
size	0.009***	0.009***	0.010***	0.009***	0.008***
	(28.21)	(24.95)	(102.29)	(33.25)	(34.54)
age	0.000***	0.000***	0.001***	0.000	0.001***
	(7.77)	(2.8)	(44.77)	(0.58)	(9.86)
ex	0.007***	0.002	0.006***	-0.007***	-0.008***
	(2.67)	(0.84)	(14.45)	(-9.08)	(-9.64)
lev	-0.019***	-0.003	-0.011***	-0.004**	-0.009***
	(-9.04)	(-1.49)	(-22.14)	(-2.47)	(-6.45)
lhindus	0.013***	0.003***	0.007***	0.008***	0.005***
	(11.83)	(3.06)	(30.01)	(10.7)	(7.67)
constant	-0.219***	-0.218***	-0.285***	-0.192***	-0.204***
	(-28.48)	(-25.90)	(-126.56)	(-28.93)	(-40.90)
d	yes	yes	yes	yes	yes
N	13541	29516	496204	47419	49247
LR-chi2 (*Wald chi2*)	1730.64	963.09	26820.80	2375.03	2951.08
Prob>chi2	0.0000	0.0000	0.0000	0.0000	0.0000

注：①***、**和*分别表示在 1%、5%和 10%水平上显著，括号中是估计参数的 t 值。②被解释变量是 *RD_sales*，根据其分布特征，本书选择 Tobit 模型进行分析。

表 6-9 和表 6-10 分别以全样本和三年连续存续的企业样本为研究对象，分析了知识产权保护对不同所有制企业 R&D 投入的影响。比起港澳台资企业和外资企业，国有企业和集体企业的 R&D 投入对知识产权保护的敏感性更高，这可能是因为国有企业和集体企业承担着较大的社会责任，如提高国家的经济实力和研发能力等，激励着国有企业和集体企业进行更多的 R&D 投入。此外，这也说明了内地企业很难从港澳台资企业和外资企业那里学习到先进的管理经验和领先的技术，它们在中国进行投资似乎只是利用中国丰富的劳动力和廉价的资源，而不是在中国进行 R&D 活动。在所有制类型的分组中，民营企业的回归系数是最高的，究其原因，可能在于虽然国有企业在研发资源禀赋上占有优势，但民营企业为了与国有企业竞争，并力图在市场上占有一席之地，它们会更加积极地参与自主研发。另外，当知识产权保护水平提高以后，依附于“山寨”式“抄袭”的模式已经逐渐丧失了生存和发展的土壤，如果不及时地加强自主研发和 R&D 投入，民营企业可能会在知识产权保护逐渐完善的环境中处于尴尬境地。该结论与李春涛和宋敏（2010）、江雅雯，等（2011）、张杰和芦哲（2012）等人的前期研究一致，也为假设 H2b 通过检验提供了经验证据。

对其他控制变量的回归结果解释如下：国有企业的内部现金流系数显著为负，而其他企业的系数显著为正，说明国有企业的内部现金流过高，可能会由于“代理成本”而弱化创新激励。广告投入强度与企业的 R&D 投入显著正相关，其中外资企业的系数最小，说明外资企业大多是资源利用型而不是研发型。人力资本对 R&D 投入有显著的正向效应，且民营企业的系数较大，说明民营企业的人力资本投资在自主研发决策方面具有重要的作用。需要注意的是，市场集中度对国有企业的 R&D 投入具有不显著的抑制作用，而对其他所有制企业的 R&D 投入具有显著的促进作用，尤其对港澳台资企业和外资企业的影响更大。企业规模、企业年龄与 R&D 投入之间也都呈现显著的正相关。值得一提的是，出口份额对企业 R&D 投入的影响要视企业的所有制类型而定，其中港澳台资企业和外资企业的出口显著抑制了企业的 R&D 投入，而本土企业的出口却能显著提升 R&D 投入，可能因为港澳台资企业和外资企业多是资源占有型，而本土企业通过出口可以从国外的中间商和消费者那里获得直接的市场信息以帮助本土企业创新（Salomon 和 Shaver，2005；Bratti 和 Felice，2009）。该结论也支持了 Kim（1999）的研究，Kim 发现韩国的本土企业通过参与国际市场上“生死存亡”的竞争，比仅仅面向国内市场的同行具有更快的成长潜力和更大的技术进步①。企业的 R&D 投入与资本结构显著负相关。轻重工业类型的系数显著为正，说明重工业较轻工业来说，具有较多的 R&D 投入。d 表示地区虚拟变量，其中 $d=1$ 表示东部地区、$d=2$ 表示中部地区、$d=3$ 表示西部地区，通过增加地区虚拟变量，控制了不可观测的区域固定效应的影响。

表 6-10 知识产权保护对不同所有制企业 R&D 投入的影响

（2005—2007 年的连续样本）

	三年连续存续的企业样本				
	国有企业	集体企业	民营企业	港澳台资企业	外资企业
ipr	0.025***	0.017***	0.029***	0.004***	0.010***
	(11.23)	(7.94)	(47.06)	(2.7)	(7.4)
cflow	-0.012***	0.004	-0.000	0.006***	0.010***
	(-2.96)	(1.35)	(-0.28)	(3.32)	(4.95)
advert	0.406***	0.433***	0.475***	0.349***	0.129***
	(8.42)	(9.35)	(214.06)	(12.93)	(6.14)
train	0.001***	0.004***	0.004***	0.002***	0.002***
	(2.91)	(7.49)	(30.58)	(7.13)	(7.17)
hhi	-0.127	0.494***	0.544***	0.981***	0.819***
	(-1.19)	(3.43)	(13.19)	(7.29)	(5.73)
size	0.008***	0.009***	0.010***	0.007***	0.008***
	(21.25)	(20.61)	(86.81)	(27.15)	(27.33)
age	0.000***	0.000**	0.001***	0.000	0.001***

① Kim（1999）指出：出口导向型产业政策是促进韩国企业技术进步的关键因素。以 Samsung（三星）为例，美国客户低成本、高质量和快速交货的要求促使 Samsung 不断地进行技术改进，最终跻身技术领先者的行列。此外，国内客户收入低、需求层次也低，无法消化大规模生产的高科技产品，而发达国家高层次的需求为 Samsung 的技术进步和发展提供了市场支持。

续表

	三年连续存续的企业样本				
	国有企业	集体企业	民营企业	港澳台资企业	外资企业
	(6.37)	(2.42)	(34.23)	(0.52)	(7.68)
ex	0.007**	0.001	0.006***	-0.006***	-0.008***
	(2.12)	(0.48)	(14.01)	(-7.29)	(-8.77)
lev	-0.017***	0.003	-0.008***	-0.003**	-0.009***
	(-6.23)	(1.13)	(-15.28)	(-2.27)	(-4.92)
lhindus	0.013***	0.003***	0.008***	0.007***	0.006***
	(9.57)	(2.73)	(28.03)	(9.63)	(7.78)
constant	-0.213***	-0.234***	-0.264***	-0.147***	-0.186***
	(-22.83)	(-22.51)	(-106.35)	(-23.69)	(-32.01)
d	yes	yes	yes	yes	yes
N	7845	18713	303126	28872	30172
LR-chi2 (*Wald chi2*)	1018.44	744.80	19941.26	1730.37	2004.86
Prob>chi2	0.0000	0.0000	0.0000	0.0000	0.0000

注：①***、**和*分别表示在 1%、5%和 10%水平上显著，括号中是估计参数的 *t* 值。②被解释变量是 *RD_sales*，根据其分布特征，本书选择 Tobit 模型进行分析。

（4）知识产权保护对企业 R&D 投入的影响：基于不同行业的分析。

表 6-11 知识产权保护对不同行业企业 R&D 投入的影响（2005—2007 年的全样本）

	全样本					
	技术密集	中度技术资本密集	中度技术劳动密集	资本密集	中度资本密集	劳动密集
ipr	0.032***	0.018***	0.031***	0.006	0.001	0.010***
	(12.71)	(18.04)	(39.18)	(1.09)	(1.08)	(18.21)
cflow	0.004	-0.000	0.002	0.005	0.003**	0.004***
	(1.09)	(-0.27)	(1.45)	(0.76)	(2.44)	(7.04)
advert	0.179***	0.228***	0.120***	2.538***	0.197***	0.331***
	(12.15)	(12.58)	(14.33)	(19.2)	(13.23)	(157.32)

续表

	全样本					
	技术密集	中度技术资本密集	中度技术劳动密集	资本密集	中度资本密集	劳动密集
train	0.003***	0.002***	0.004***	0.000	0.001***	0.003***
	(5.94)	(12.63)	(21.3)	(0.2)	(6.43)	(22.86)
hhi	8.352***	-2.044***	2.216***	0.429**	2.706***	-0.191
	(3.18)	(-24.62)	(25.88)	(2.45)	(11.62)	(-1.57)
size	0.007***	0.006***	0.012***	0.007***	0.005***	0.007***
	(14.33)	(36.3)	(82.91)	(9.58)	(28.09)	(73.55)
age	0.001***	0.000***	0.001***	0.001***	0.000***	0.000***
	(8.53)	(19.23)	(26.5)	(5.29)	(11.72)	(18.28)
ex	0.001	0.012***	-0.009***	0.006	0.006***	0.000
	(0.5)	(12.01)	(-13.72)	(0.52)	(4.84)	(0.91)
lev	-0.016***	-0.007***	-0.012***	-0.008	-0.005***	-0.003***
	(-6.36)	(-7.68)	(-15.49)	(-1.58)	(-4.46)	(-7.20)
constant	-0.228***	-0.163***	-0.301***	-0.174***	-0.115***	-0.164***
	(-16.84)	(-40.80)	(-93.35)	(-8.23)	(-24.46)	(-75.72)
d	yes	yes	yes	yes	yes	yes
N	11180	64648	190173	4500	38591	326835
LR-chi2 (*Wald chi2*)	928.05	4023.05	14484.80	680.11	2180.66	9884.41
Prob>chi2	0.0000	0.0000	0.0000	0.0000	0.0000	0.0000

注：①***、**和*分别表示在1%、5%和10%水平上显著，括号中是估计参数的 *t* 值。②被解释变量是 *RD_sales*，根据其分布特征，本文选择 Tobit 模型进行分析。③本表的行业分类依据是《要素密集度分类》①。

表 6-11 和表 6-12 分别以全样本和三年连续存续的企业样本为研究对象，分析了知识产权保护对不同行业企业 R&D 投入的影响。研究结果显示，与资本密集型和劳动密集型企业相比，知识产权保护对技术密集型企

① http://www.docin.com/p-385580456.html。

业 R&D 投入具有更大的激励作用，这一结论支持了我们的假设 H2c。由于技术密集型企业具有较多的研发活动，产品容易模仿，面临的模仿威胁也较高，为了避免“外部性”和“搭便车”行为，它们对知识产权保护便产生了内在的需求。劳动密集型产品的市场竞争主要依靠市场规模和劳动力成本优势，所以受知识产权保护的影响较小。资本密集型产品如钢铁、电力等行业，虽然这类产业也涉及较高的技术含量，但往往还需要相关配套设备和大量资金的投入，技术被模仿的成本较高，因此，资本密集型行业相比较技术密集型行业而言，具有较高的进入壁垒，因此对知识产权保护的敏感度较低（Falvey 等，2009；余长林，2011b）。这一研究结论立足于中国情景下的企业层面数据，与国外学者利用跨国数据得到的结论不谋而合。如 Mansfield（1986）研究发现，美国如果没有专利权的保护，在化学和医药行业中将分别减少 30%和 65%的创新成果。Licht 和 Zoz（1998）以德国的数据为样本，研究发现，R&D 支出较多的企业对知识产权保护的敏感性较大，知识产权保护极大地促进了技术密集型行业的创新热情。Pazderka（1999）探讨了加拿大加强知识产权保护对医药企业 R&D 活动的影响，发现两者有较强的正相关关系。

我们对控制变量的回归结果进行如下的讨论：内部现金流系数整体上不是特别显著，广告投入强度和人力资本的系数显著为正。需要注意的是，市场集中度与中度技术资本密集型行业的 R&D 投入显著负相关，与劳动密集型行业的 R&D 投入之间呈现不显著的负相关，与其他行业的 R&D 投入显著正相关。企业规模、企业年龄与 R&D 投入之间也都显著正相关。出口份额对企业 R&D 投入的影响在中度技术劳动密集型行业显著为负，在其他行业要么显著正相关，要么不显著。企业的 R&D 投入与资本结构之间呈现显著的负相关。d 表示地区虚拟变量，其中 $d=1$ 表示东部地区、$d=2$ 表示中部地区、$d=3$ 表示西部地区，通过增加地区虚拟变量，控制了不可观测的区域固定效应的影响。

表 6-12 知识产权保护对不同行业企业 R&D 投入的影响
(2005—2007 年的连续样本)

	全样本					
	技术密集	中度技术资本密集	中度技术劳动密集	资本密集	中度资本密集	劳动密集
ipr	0.031***	0.019***	0.025***	0.010***	0.003*	0.010***
	(11.31)	(15.91)	(29.03)	(2.58)	(1.91)	(16.32)
cflow	0.004	-0.000	0.000	-0.002	0.002	0.002***
	(1.02)	(-0.13)	(0.13)	(-0.43)	(1.63)	(2.8)
advert	0.171***	0.257***	0.662***	0.761***	0.145***	0.332***
	(10.74)	(10.74)	(177.01)	(6.87)	(8.46)	(132.32)
train	0.004***	0.003***	0.003***	0.000	0.001***	0.003***
	(6.13)	(11.06)	(18.03)	(0.35)	(5.83)	(20.47)
hhi	6.335**	-2.051***	1.892***	0.260**	2.573***	-0.004
	(2.14)	(-20.21)	(20.38)	(2.25)	(9.14)	(-0.03)
size	0.006***	0.006***	0.011***	0.003***	0.005***	0.007***
	(12.03)	(30.31)	(69.14)	(6.27)	(24.53)	(60.36)
age	0.000***	0.000***	0.000***	0.000***	0.000***	0.000***
	(6.65)	(14.41)	(21.03)	(5.02)	(9.41)	(14.59)
ex	0.002	0.013***	-0.007***	-0.027	0.006***	0.001
	(0.73)	(10.4)	(-9.58)	(-1.54)	(3.72)	(1.43)
lev	-0.016***	-0.007***	-0.010***	-0.003	-0.004***	-0.001***
	(-5.48)	(-5.67)	(-10.96)	(-0.87)	(-2.72)	(-2.66)
constant	-0.210***	-0.166***	-0.264***	-0.110***	-0.124***	-0.158***
	(-13.76)	(-34.55)	(-74.56)	(-7.58)	(-21.49)	(-62.30)
d	yes	yes	yes	yes	yes	yes
N	7020	39492	119078	2408	23301	197429
LR-chi2 (*Wald chi2*)	699.27	2779.22	10594.02	244.92	1575.47	6904.85
Prob>chi2	0.0000	0.0000	0.0000	0.0000	0.0000	0.0000

注：①***、**和*分别表示在 1%、5%和 10%水平上显著，括号中是估计参数的 *t* 值。②被解释变量是 *RD_sales*，根据其分布特征，本节选择 Tobit 模型进行分析。③本表的行业分类依据是《要素密集度分类》。

2. 知识产权保护与企业创新绩效

表 6-13　知识产权保护对企业创新绩效的影响（2005—2007 年）

	因变量：*newsale*					
	全样本			三年连续存续的企业样本		
ipr	0.345***	0.063***		0.331***	0.090***	
	(46.28)	(8.04)		(38.41)	(10.01)	
mean_RD_sales		38.271***			35.660***	
		(103.49)			(79.51)	
mean_RD_ipr			11.890***			11.362***
			(112.66)			(87.64)
advert	1.532***	1.063***	1.126***	2.891***	2.008***	2.135***
	(15.96)	(11.38)	(12.07)	(18.74)	(13.33)	(14.17)
train	0.026***	0.021***	0.022***	0.027***	0.023***	0.023***
	(16.02)	(13.15)	(13.42)	(13.45)	(11.6)	(11.89)
hhi	1.799***	-6.191***	-5.312***	1.387**	-6.132***	-5.344***
	(3.4)	(-11.21)	(-9.71)	(2.21)	(-9.37)	(-8.23)
size	0.121***	0.119***	0.118***	0.120***	0.117***	0.117***
	(93.01)	(93.81)	(93.65)	(80.07)	(80.61)	(80.45)
age	0.006***	0.006***	0.006***	0.006***	0.006***	0.006***
	(33.33)	(30.31)	(31.2)	(28.7)	(26.31)	(27.13)
ex	0.221***	0.226***	0.232***	0.203***	0.205***	0.212***
	(44.61)	(47.14)	(48.29)	(35.66)	(37.17)	(38.33)
lev	-0.054***	-0.030***	-0.025***	-0.038***	-0.014*	-0.007
	(-8.27)	(-4.73)	(-3.94)	(-4.84)	(-1.89)	(-0.90)
lhindus	0.090***	0.045***	0.048***	0.098***	0.059***	0.062***
	(26.29)	(13.39)	(14.47)	(24.79)	(15.13)	(15.96)
constant	-3.781***	-2.802***	-2.625***	-3.668***	-2.824***	-2.564***
	(-125.81)	(-94.21)	(-158.23)	(-105.52)	(-81.94)	(-132.57)
d	yes	yes	yes	yes	yes	yes
N	635927	635927	635927	388728	388728	388728
LR-chi2 (*Wald chi2*)	21983.59	32890.76	32607.87	16794.69	23157.17	22963.14
Prob>chi2	0.0000	0.0000	0.0000	0.0000	0.0000	0.0000

注：①***、**和*分别表示在 1%、5%和 10%水平上显著，括号中是估计参数的 *t* 值。②被解释变量是 *newsale*，根据其分布特征，本表选择 Tobit 模型进行分析。③ *mean_RD_ipr* = *mean_RD_sales* * *ipr*，其中 *mean_RD_sales* 表示 *RD_sales* 的年份—省份—行业平均值，是 *RD_sales* 的工具变量；*ipr* 是知识产权保护指数。

我们通过以下方法弱化内生性问题：由于处于同一省份和行业的企业可能在当地争夺市场，企业是否进行新产品的研究开发需要参照竞争对手的 R&D 活动情况，而竞争对手的自主研发投入不会对本企业的创新绩效产生直接的影响，而本企业的相关因素也不会对竞争对手的研发投资状况产生直接的影响，因此本部分借鉴 Fisman 和 Svensson（2007）、李春涛和宋敏（2010）的方法，采用 *RD_sales* 的年份—省份—行业平均值作为它的工具变量，并用 *mean_RD_sales* 来表示。

为了从事后效率的角度检验知识产权保护对创新绩效的影响，这里采用分层回归（hierarchical regressions）的方法。为了检验 R&D 投资在 *ipr* 和创新绩效之间的中介角色，本部分借鉴 Baron 和 Kenny（1986）、龚丽敏和江诗松（2010）推荐的步骤：首先，检验 *ipr* 与 R&D 投入之间的相关关系，预期回归系数显著。其次，检验 *ipr* 与创新绩效之间的相关关系，预期回归系数显著。最后，将 *ipr* 和 R&D 投入同时纳入模型，检验与创新绩效之间的关系。如果 *ipr* 的回归系数比第二步的回归系数低且不显著，则可推断 R&D 投入为完全中介角色。如果 *ipr* 的回归系数比第二步的回归系数低但仍然显著，则可推断 R&D 投入为部分中介角色。通过对假设 1 的实证检验，我们发现 *ipr* 与 R&D 投入显著正相关；通过对表 6-13 的分析，我们发现 *ipr* 与创新绩效显著正相关；当我们把 *ipr* 和 R&D 投入同时纳入模型之后，发现两者与创新绩效都呈现显著的正相关，但 *ipr* 的系数大幅度地降低，从而说明 R&D 投入在 *ipr* 和创新绩效之间充当了部分中介的角色。R&D 投入在 *ipr* 和创新绩效之间的部分中介角色说明，*ipr* 的提高带来的创新渠道较为多样，比如 *ipr* 不但激励了 R&D 投入的积极性，还促进了以贸易、FDI 和许可为主要形式的国际技术扩散，发挥了不同创新渠道对创新绩效的协同效应。

$mean\_RD\_ipr_{it}$ 表示 $mean\_RD\_sales_{it}$ 与 ipr_{it} 的交乘项，其回归系数显著为正，表示知识产权保护正向调节了 R&D 投入与创新绩效之间的关系。该结论与唐保庆等（2014）的观点相同，R&D 投入与知识产权保护的协同效应有助于企业生产率的提高。这表明，企业 R&D 投入对创新绩效的影响，一方面取决于 R&D 投入的强度，另一方面与知识产权保护水平有密切的关系。根据科斯理论，制度影响经济绩效（Coase，1998），知识产权保护制度通过保障 R&D 成果的排他性占有而增强了企业的市场竞争优势，进而提高了创新活动的效率（Ang，2010；李后建、张宗益，2014）。

有关控制变量的回归结果如下：广告投入强度、人力资本、企业规模、企业年龄、出口份额、轻重工业类型的系数显著为正，资本结构的系数显著为负。需要注意的是，市场集中度的回归系数在加入 R&D 投入的变量后由正变为负，说明第一列市场集中度的正系数可能是由于遗失重要变量造成的，因此我们认为市场集中度的增强会降低企业的创新绩效。*d* 表示地区虚拟变量，它控制了不可观测的区域固定效应的影响。

（三）稳健性检验

1. 知识产权保护与 R&D 投入

（1）知识产权保护对企业 R&D 投入的影响：基于不同年份的稳健性检验。

学术界关于省际知识产权保护水平的衡量并没有形成统一的方法，为了保证结论的稳健性，本部分参照胡立君和郑玉（2014）的方法，分别采用专利侵权结案率（*cr*，采用专利侵权纠纷累计结案数/专利侵权纠纷累计立案数表示）和法律保护指数（*legal*，来自樊纲等对各地司法和行政执法的调查报告）进行稳健性检验。

表 6-14 分别报告了以专利侵权结案率和法律保护指数衡量的知识产权保护水平与 R&D 投入之间的关系。这里主要以三年连续存续的企业样本为分析对象，发现除了 2005 年以法律保护指数衡量的知识产权保护水平显著为负外，总体来说，知识产权保护对 R&D 投入都存在显著的促进作用，且这种正向作用有进一步增强的趋势，这里发现了进一步支持假设 1 的证据。

其他控制变量的回归结果也基本满足我们的预期，且较为显著。需要注意的是，内部现金流对 R&D 投入的作用由促进变为抑制。广告投入强度、人力资本与企业的 R&D 投入之间都呈现显著的正相关。总的来看，市场集中度对企业的 R&D 投入具有显著的促进作用。企业规模、企业年龄、出口份额的回归系数显著为正。一般来说，低杠杆率的资本结构有利于促进企业的 R&D 投入。轻重工业类型的回归系数显著为正。*d* 表示地区虚拟变量，它控制了不可观测的区域固定效应的影响。

表 6-14 稳健性检验：知识产权保护对不同年份企业 R&D 投入的影响（2005—2007 年）

	三年连续存续的企业样本					
	2005 年	2006 年	2007 年	2005 年	2006 年	2007 年
cr	0.098**	1.107***	1.472***			
	(2.28)	(49.54)	(28.47)			
legal				-0.033***	0.013***	0.099***
				(-13.05)	(5.39)	(36.49)
cflow	0.049***	0.000	-0.124***	0.035**	-0.025	-0.062***
	(2.8)	(0.02)	(-6.01)	(1.99)	(-1.44)	(-2.95)
advert	2.401***	2.451***	4.070***	2.429***	2.818***	4.062***
	(10.08)	(9.73)	(12.27)	(10.17)	(10.97)	(12.27)
train	0.043***	0.018***	0.028***	0.045***	0.023***	0.027***
	(9.5)	(5.73)	(8.67)	(9.93)	(7.19)	(8.35)
hhi	4.699***	-2.133**	3.193**	4.894***	-0.988	2.772**
	(3.9)	(-2.37)	(2.53)	(4.04)	(-1.09)	(2.18)
size	0.117***	0.129***	0.137***	0.117***	0.118***	0.143***
	(43.78)	(52.38)	(48.78)	(43.54)	(47.57)	(50.61)
age	0.006***	0.006***	0.009***	0.007***	0.006***	0.008***
	(16.93)	(17.71)	(20.39)	(16.98)	(16.46)	(19.34)
ex	0.140***	0.154***	0.296***	0.153***	0.199***	0.253***
	(13.73)	(16.75)	(28.17)	(14.78)	(21.36)	(24.06)
lev	-0.119***	-0.126***	0.126***	-0.096***	-0.064***	0.023
	(-8.74)	(-9.92)	(8.43)	(-6.97)	(-4.98)	(1.5)
lhindus	0.104***	0.095***	0.107***	0.106***	0.095***	0.108***
	(15.01)	(15.07)	(14.28)	(15.14)	(14.74)	(14.37)
constant	-2.682***	-3.626***	-4.168***	-2.363***	-2.618***	-3.680***
	(-54.92)	(-85.38)	(-67.87)	(-61.01)	(-70.18)	(-79.70)
d	yes	yes	yes	yes	yes	yes
N	129576	129576	129576	129576	129576	129576
LR-chi2 (*Wald chi2*)	5589.05	8188.71	6134.45	5758.52	5557.31	6716.49
Prob>chi2	0.0000	0.0000	0.0000	0.0000	0.0000	0.0000

注：①***、**和*分别表示在 1%、5%和 10%水平上显著，括号中是估计参数的 *t* 值。②被解释变量是 *RD_sales*，根据其分布特征，本部分选择 Tobit 模型进行分析。③*cr* 是专利侵权结案率，*legal* 是法律保护指数，两者都是知识产权保护的代理变量。

（2）知识产权保护对企业 R&D 投入的影响：基于不同规模的稳健性检验。

学术界关于省际知识产权保护水平的衡量并没有形成统一的方法，为了保证结论的稳健性，本部分参照胡立君和郑玉（2014）的方法，分别采用专利侵权结案率（*cr*，采用专利侵权纠纷累计结案数/专利侵权纠纷累计立案数表示）和法律保护指数（*legal*，来自樊纲等对各地司法和行政执法的调查报告）进行稳健性检验。

表 6-15 分别报告了以专利侵权结案率和法律保护指数衡量的知识产权保护水平与 R&D 投入之间的关系。这里主要以三年连续存续的企业样本为分析对象，发现对于不同规模的企业来说，知识产权保护对 R&D 投入都存在显著的促进作用，且总体来说，中、小企业的 R&D 投入对知识产权保护有更高的敏感度。这里发现了进一步支持假设 H2a 的证据。

其他控制变量的回归结果也基本符合预期。内部现金流的系数大多不显著。与前文的基本分析一致，企业的 R&D 投入对小企业的广告投入强度更加敏感，说明小企业的知名度较低，广告宣传能迅速提升它们的知名度并促进其 R&D 投入。人力资本对企业 R&D 投入的作用与企业规模正相关，说明大企业的人力资本较丰富，协同效用也更加明显。需要注意的是，市场集中度对大、中型企业的 R&D 投入具有显著的抑制作用，而对小型企业的 R&D 投入具有显著的促进作用。这一结论与朱恒鹏（2006）的研究一致，也支持了前文的基本分析结果。因为小企业拥有市场力量确实能够促进 R&D 投入，但大、中型企业本身已经具备一定的市场力量，当其市场力量过大时，企业由于在行业处于垄断者地位，反而会弱化创新激励。企业规模、企业年龄的回归系数显著为正。出口份额对大型企业的 R&D 投入具有抑制作用，而对于中、小型企业的 R&D 投入具有促进作用，说明我国的科技型出口企业一般规模较小。值得注意的是，对于大、中型企业来说，高杠杆率的资本结构有利于促进企业的 R&D 投入。而对于小型企业来说，低杠杆率的资本结构有利于促进企业的 R&D 投入，在一定程度上反映了小企业的抗风险能力较弱。轻重工业类型的回归系数显著为正。d 表示地区虚拟变量，它控制了不可观测的区域固定效应的影响。

表 6-15 稳健性检验：知识产权保护对不同规模企业 R&D 投入的影响（2005—2007 年）

	三年连续存续的企业样本					
	大型	中型	小型	大型	中型	小型
cr	0.583***	0.927***	0.918***	—	—	—
	(7.39)	(26.74)	(43.36)	—	—	—
legal	—	—	—	0.029***	0.052***	0.014***
	—	—	—	(5.31)	(19.07)	(8.17)
cflow	0.08	-0.000	-0.019	0.105**	0.026	-0.02
	(1.48)	(-0.02)	(-1.53)	(1.96)	(1.13)	(-1.60)
advert	1.155**	1.146***	3.936***	1.152**	1.162***	4.096***
	(2.39)	(5.54)	(17.53)	(2.38)	(5.6)	(18.07)
train	0.069***	0.053***	0.025***	0.065***	0.053***	0.027***
	(5.13)	(10.89)	(10.84)	(4.79)	(10.81)	(11.53)
hhi	-14.690***	-5.363***	5.249***	-14.333***	-4.263***	6.563***
	(-8.10)	(-5.12)	(6.45)	(-7.91)	(-4.04)	(8.05)
size	0.073***	0.091***	0.076***	0.072***	0.089***	0.070***
	(9.61)	(22.82)	(31.66)	(9.44)	(22.18)	(29.13)
age	0.005***	0.007***	0.003***	0.005***	0.007***	0.003***
	(9.83)	(23.02)	(9.61)	(9.85)	(22.37)	(8.69)
ex	-0.054**	0.059***	0.235***	-0.088***	0.039***	0.246***
	(-2.17)	(5.54)	(33.29)	(-3.48)	(3.62)	(34.54)
lev	0.045	0.100***	-0.090***	0.051	0.091***	-0.085***
	(1.01)	(5.67)	(-9.75)	(1.14)	(5.12)	(-8.94)
lhindus	0.061***	0.147***	0.094***	0.057***	0.141***	0.097***
	(3.59)	(19.24)	(19.35)	(3.38)	(18.47)	(19.85)
constant	-1.873***	-2.836***	-3.047***	-1.564***	-2.384***	-2.320***
	(-13.92)	(-44.68)	(-84.43)	(-12.93)	(-41.12)	(-72.04)
d	yes	yes	yes	yes	yes	yes
N	4620	47695	336413	4620	47695	336413
LR-chi2 (*Wald chi2*)	489.09	2728.31	6973.94	462.28	2367.32	5130.86
Prob>chi2	0.0000	0.0000	0.0000	0.0000	0.0000	0.0000

注：①***、**和*分别表示在 1%、5%和 10%水平上显著，括号中是估计参数的 *t* 值。②被解释变量是 *RD_sales*，根据其分布特征，本部分选择 Tobit 模型进行分析。③*cr* 是专利侵权结案率，*legal* 是法律保护指数，两者都是知识产权保护的代理变量。

（3）知识产权保护对企业 R&D 投入的影响：基于不同所有制的稳健性检验。

学术界关于省际知识产权保护水平的衡量并没有形成统一的方法，为了保证结论的稳健性，本部分参照胡立君和郑玉（2014）的方法，分别采用专利侵权结案率（*cr*，采用专利侵权纠纷累计结案数/专利侵权纠纷累计立案数表示）和法律保护指数（*legal*，来自樊纲等对各地司法和行政执法的调查报告）进行稳健性检验。

表 6-16 以三年连续存续的企业样本为研究对象，分析了以专利侵权结案率和法律保护指数衡量的知识产权保护水平对不同所有制企业 R&D 投入的影响。在不同的所有制类型中，知识产权保护对民营企业的影响是最大的，其能够显著促进民营企业的 R&D 投入，原因可能是当知识产权保护水平提高以后，立足于“模仿”和“小修小补”的生存方式已经一去不复返，制度把它们推向了自主研发的道路。该结论与前文的基本分析一致，发现了进一步支持假设 H2b 的证据。

其他控制变量的回归结果简单解释如下：民营企业的内部现金流系数显著为负，而其他企业的回归系数并不显著。关于这一点我们感到惊讶，因为民营企业一般会面临一定的融资约束，融资成本较高，内部现金流应该是它们进行投资的重要资金来源，理应促进民营企业的 R&D 投入。广告投入强度与企业的 R&D 投入显著正相关，其中外资企业的系数最小，说明外资企业大多是资源利用型而不是研发型的。人力资本、市场集中度、企业规模、企业年龄对 R&D 投入都具有显著的正向效应。需要注意的是，出口份额对企业 R&D 投入的影响要视企业的所有制类型而定，其中港澳台资企业和外资企业的出口显著抑制了企业的 R&D 投入，而本土企业的出口却能显著提升 R&D 投入，再一次印证了港澳台资企业和外资企业多是代工（OEM）企业或“世界工厂”，因此我国以“市场换技术”的举措似乎难以达到最初的战略设想。企业的 R&D 投入与资本结构之间呈现显著的负相关。轻重工业类型的回归系数显著为正。*d* 表示地区虚拟变量，它控制了不可观测的区域固定效应的影响。

表 6-16　稳健性检验：知识产权保护对不同所有制企业 R&D 投入的影响（2005—2007 年）

	三年连续存续的企业样本					
	国有和集体	民营	港澳台和外资	国有和集体	民营	港澳台和外资
cr	0.476***	0.827***	1.568***			
	(7.79)	(44.34)	(23.13)			
legal				-0.001	0.031***	0.002
				(-0.20)	(20.05)	(0.41)
cflow	-0.042	-0.029***	0.017	-0.047	-0.020*	0.053
	(-1.19)	(-2.59)	(0.46)	(-1.31)	(-1.79)	(1.42)
advert	3.072***	3.195***	1.427***	3.082***	3.332***	1.532***
	(5.53)	(18.38)	(3.2)	(5.51)	(19.04)	(3.41)
train	0.012**	0.028***	0.027***	0.012**	0.028***	0.031***
	(2.01)	(12.15)	(4.55)	(2.14)	(12.33)	(5.32)
hhi	1.141	2.190***	4.027	1.362	3.323***	5.232**
	(0.87)	(3.1)	(1.54)	(1.03)	(4.69)	(1.99)
size	0.126***	0.128***	0.142***	0.125***	0.128***	0.139***
	(31.23)	(72.87)	(29.27)	(30.96)	(72.13)	(28.62)
age	0.004***	0.007***	0.005***	0.004***	0.007***	0.004***
	(8.11)	(28.5)	(3.88)	(7.69)	(26.96)	(3.4)
ex	0.398***	0.326***	-0.030**	0.403***	0.337***	-0.026*
	(15.65)	(47.75)	(-1.97)	(15.74)	(48.98)	(-1.70)
lev	-0.016	-0.086***	-0.037	-0.02	-0.105***	-0.03
	(-0.64)	(-9.89)	(-1.32)	(-0.79)	(-11.77)	(-1.07)
lhindus	0.119***	0.107***	0.091***	0.120***	0.108***	0.099***
	(9.05)	(24.41)	(6.92)	(9.11)	(24.56)	(7.41)
constant	-2.882***	-3.382***	-4.433***	-2.464***	-2.890***	-3.141***
	(-35.89)	(-114.24)	(-47.27)	(-37.87)	(-110.19)	(-40.75)
d	yes	yes	yes	yes	yes	yes
N	26558	303126	59044	26558	303126	59044
LR-chi2 (*Wald chi2*)	2017.14	15650.22	2105.25	1956.31	14061.95	1544.05
Prob>chi2	0.0000	0.0000	0.0000	0.0000	0.0000	0.0000

注：①***、**和*分别表示在 1%、5%和 10%水平上显著，括号中是估计参数的 *t* 值。②被解释变量是 *RD_sales*，根据其分布特征，本部分选择 Tobit 模型进行分析。③*cr* 是专利侵权结案率，*legal* 是法律保护指数，两者都是知识产权保护的代理变量。

（4）知识产权保护对企业 R&D 投入的影响：基于不同行业的稳健性检验。

学术界关于省际知识产权保护水平的衡量并没有形成统一的方法，为了保证结论的稳健性，本部分参照胡立君和郑玉（2014）的方法，分别采用专利侵权结案率（*cr*，采用专利侵权纠纷累计结案数/专利侵权纠纷累计立案数表示）和法律保护指数（*legal*，来自樊纲等对各地司法和行政执法的调查报告）进行稳健性检验。

表 6-17 以三年连续存续的企业样本为研究对象，分析了以专利侵权结案率和法律保护指数衡量的知识产权保护水平对不同行业企业 R&D 投入的影响。与非技术密集型企业相比，知识产权保护对技术密集型行业的 R&D 投入影响较大。该结论进一步支持了假设 H2c。

有关控制变量的讨论如下：内部现金流系数整体上不是特别显著，广告投入强度和人力资本的系数显著为正。市场集中度与 R&D 投入之间呈现显著的负相关。企业规模、企业年龄、出口份额与 R&D 投入之间也都显著的正相关。企业的 R&D 投入与资本结构之间呈现显著的负相关。*d* 表示地区虚拟变量，它控制了不可观测的区域固定效应的影响。

表 6-17　稳健性检验：知识产权保护对不同行业企业 R&D 投入的影响（2005—2007 年）

	三年连续存续的企业样本			
	技术密集型	非技术密集型	技术密集型	非技术密集型
cr	1.141***	0.655***		
	(46.15)	(26.93)		
legal			0.025***	0.011***
			(12.75)	(5.38)
cflow	-0.039**	0.003	-0.023	0.000
	(-2.50)	(0.19)	(-1.47)	(0.02)
advert	2.431***	2.443***	2.573***	2.554***
	(12.66)	(9.71)	(13.27)	(10.1)
train	0.025***	0.021***	0.026***	0.022***
	(10.2)	(6.08)	(10.69)	(6.55)

续表

	三年连续存续的企业样本			
	技术密集型	非技术密集型	技术密集型	非技术密集型
hhi	-4.004***	-8.437***	-2.541**	-7.828***
	(-3.72)	(-9.20)	(-2.35)	(-8.52)
size	0.135***	0.101***	0.130***	0.101***
	(67.65)	(44.96)	(64.83)	(44.34)
age	0.008***	0.003***	0.007***	0.003***
	(27.09)	(8.17)	(26.17)	(7.76)
ex	0.169***	0.232***	0.179***	0.238***
	(19.07)	(31.99)	(19.96)	(32.34)
lev	-0.057***	-0.050***	-0.066***	-0.040***
	(-5.00)	(-4.64)	(-5.78)	(-3.67)
constant	-3.436***	-2.914***	-2.593***	-2.435***
	(-96.30)	(-79.39)	(-87.32)	(-75.45)
d	yes	yes	yes	yes
N	165590	223138	165590	223138
LR-chi2 (*Wald chi2*)	11111.67	6054.71	9081.66	5356.07
Prob>chi2	0.0000	0.0000	0.0000	0.0000

注：①***、**和*分别表示在1%、5%和10%水平上显著，括号中是估计参数的*t*值。②被解释变量是*RD_sales*，根据其分布特征，本部分选择Tobit模型进行分析。③*cr*是专利侵权结案率，*legal*是法律保护指数，两者都是知识产权保护的代理变量。

2. 知识产权保护与企业创新绩效

学术界关于省际知识产权保护水平的衡量并没有形成统一的方法，为了保证结论的稳健性，本部分参照胡立君和郑玉（2014）的方法，分别采用专利侵权结案率（*cr*，采用专利侵权纠纷累计结案数/专利侵权纠纷累计立案数表示）和法律保护指数（*legal*，来自樊纲等对各地司法和行政执法的调查报告）进行稳健性检验。

表6-18以三年连续存续的企业样本为研究对象，从事后效率的角度分析了以专利侵权结案率和法律保护指数衡量的知识产权保护水平对创新

绩效的影响。本部分借鉴 Baron 和 Kenny（1986）、龚丽敏和江诗松（2010）的分层回归（hierarchical regressions）的方法，检验 R&D 投入在知识产权保护和创新绩效之间的中介角色。通过对假设 1 的实证检验，我们发现知识产权保护水平（分别以专利侵权结案率和法律保护指数衡量）与 R&D 投入显著正相关。通过对表 6-18 的分析，我们发现知识产权保护水平与创新绩效显著正相关。当我们把知识产权保护水平和 R&D 投入同时纳入模型之后，发现两者与创新绩效都显著正相关，但知识产权保护水平的系数有所降低，从而说明 R&D 投入在知识产权保护水平和创新绩效之间充当了部分中介的角色。与前面的研究一致，证明本书的结论较为稳健。

$mean\_RD\_cr_{it}$ 表示 $mean\_RD\_sales_{it}$ 与 cr_{it} 的交乘项，$mean\_RD\_legal_{it}$ 表示 $mean\_RD\_sales_{it}$ 与 $legal_{it}$ 的交乘项，它们的回归系数都显著为正，表示知识产权保护正向调节了 R&D 投入与创新绩效之间的关系。与前文的研究一致，证明了该结论的稳健性。

有关控制变量的回归结果也较为稳健：广告投入强度、人力资本、企业规模、企业年龄、出口份额、轻重工业类型的系数显著为正，资本结构的系数显著为负。需要注意的是，市场集中度的回归系数在加入 R&D 投入的变量后由正变为负，说明第一列市场集中度的正系数可能是由于遗失重要变量造成的，因此我们认为市场集中度的增强会降低企业的创新绩效。d 表示地区虚拟变量，它控制了不可观测的区域固定效应的影响。

表 6-18 稳健性检验：知识产权保护对企业创新绩效的影响（2005—2007 年）

	因变量：*newsale*					
	三年连续存续的企业样本					
cr	0.923***	0.757***	—	—	—	—
	(52.79)	(44.53)	—	—	—	—
legal	—	—	—	0.024***	0.021***	—
	—	—	—	(17.2)	(15.89)	—

续表

	因变量：*newsale*					
	三年连续存续的企业样本					
mean_RD_sales		34.986***			37.070***	
		(83.28)			(87.8)	
mean_RD_cr			41.569***			
			(90.28			
mean_RD_legal						7.784***
						(91.9)
advert	2.872***	1.927***	2.002***	3.002***	1.979***	2.076***
	(18.62)	(12.84)	(13.29)	(19.31)	(13.13)	(13.77)
train	0.026***	0.021***	0.023***	0.028***	0.022***	0.023***
	(13.29)	(10.97)	(11.68)	(13.88)	(11.31)	(11.52)
hhi	1.174*	-6.735***	-6.270***	2.256***	-6.283***	-6.644***
	(1.87)	(-10.31)	(-9.58)	3.59	(-9.57)	(-10.12)
size	0.123***	0.120***	0.118***	0.121***	0.118***	0.117***
	(81.96)	(82.77)	(80.83)	(80.04)	(81.24)	(80.75)
age	0.007***	0.006***	0.006***	0.007***	0.006***	0.006***
	(30.71)	(27.44)	(26.78)	(29.67)	(26.43)	(27.23)
ex	0.201***	0.197***	0.209***	0.205***	0.199***	0.206***
	(35.2)	(35.8)	(37.88)	(35.55)	(35.86)	(37.33)
lev	-0.039***	-0.025***	-0.009	-0.042***	-0.028***	-0.011
	(-5.04)	(-3.35)	(-1.18)	(-5.27)	(-3.65)	(-1.41)
lhindus	0.101***	0.059***	0.058***	0.102***	0.058***	0.056***
	(25.54)	(15.28)	(14.97)	(25.59)	(14.91)	(14.4)
constant	-3.453***	-3.211***	-2.547***	-2.823***	-2.703***	-2.594***
	(-129.51)	(-125.42)	(-132.06)	(-122.93)	(-122.51)	(-133.92)
d	yes	yes	yes	yes	yes	yes
N	388728	388728	388728	388728	388728	388728
LR-chi2 (*Wald chi2*)	18181.07	25057.98	23475.91	15643.18	23309.92	23811.15
Prob>chi2	0.0000	0.0000	0.0000	0.0000	0.0000	0.0000

注：①***、**和*分别表示在1%、5%和10%水平上显著，括号中是估计参数的 *t* 值。②被解释变量是 *newsale*，根据其分布特征，本部分选择 Tobit 模型进行分析。③ *mean_RD_cr* = *mean_RD_sales* · *cr*，其中 *mean_RD_sales* 表示 *RD_sales* 的年份—省份—行业平均值，是 *RD_sales* 的工具变量；*cr* 是专利侵权结案率，是知识产权保护的代理变量。④*mean_RD_legal* = *mean_RD_sales* · *legal*；*legal* 是法律保护指数，是知识产权保护的代理变量。

第四节　相关机理与本章小结

一、机理探讨

（一）知识产权保护对企业 R&D 投入的作用机理

知识产权保护对企业 R&D 投入的作用机理主要体现在 3 个方面：其一，知识产权保护通过克服外部性问题，阻止竞争者模仿企业的新创意和新技术，降低了智力成果被侵权的风险，大大延长了新产品和新技术的垄断期，提高了 R&D 投入的期望收益，从而在一定程度上激励了企业的 R&D 投资活动（吴超鹏，2009）。其二，知识产权保护激励企业更加主动地披露 R&D 活动的相关信息及项目发展的前景，通过减弱信息不对称问题，缓解了 R&D 投资的融资约束（Hall，2009）。其三，有效的产权保护制度能够使得 R&D 资源通过市场机制实现优化配置，企业更愿意采用申请专利的方式保护新技术和新产品。试想，如果没有知识产权保护，R&D 投入形成的创新成果主要以商业秘密的形式存在，此时，在企业通过新产品销售回收研发投入的整个过程中，都需要额外的保密成本，这无形中加大了企业开发新产品的成本，并降低了企业的研发积极性。因此，在知识产权保护较好的地区，企业进行 R&D 活动的积极性也较高。有关知识产权保护对企业 R&D 投入的作用机理如图 6-1 所示。

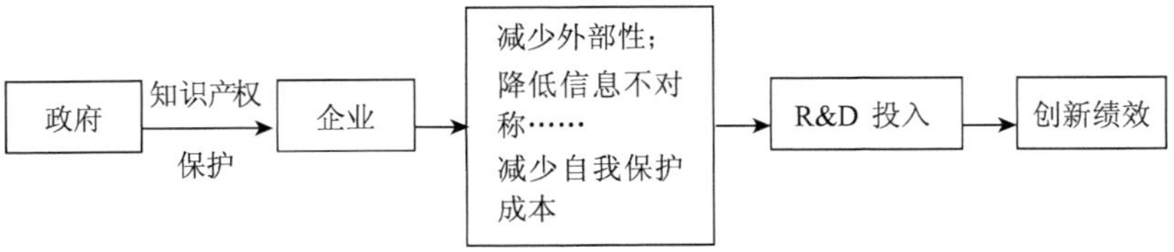

图 6-1　知识产权保护对企业 R&D 投入的影响机理

从企业规模和所有制类型来看，中国特有的制度环境使得中小企业和民营企业一直面临融资难和融资贵的问题，所有制歧视和政策障碍限制了它们进行 R&D 投资的积极性（朱恒鹏，2006），因此知识产权保护对这两类企业的 R&D 投入影响尤为显著。从行业类型来看，技术密集型企业自身的技术特征使其天然便对知识产权保护产生了内在的需求，因此其对知识产权保护的敏感性也最高。

（二）企业创新绩效对知识产权保护的反作用机理

知识产权保护与企业 R&D 投入之间存在着相互作用的关系。已有的研究主要关注知识产权保护对 R&D 投入的影响，而忽略了 R&D 投入对知识产权保护的反作用。笔者认为，R&D 投入也会对知识产权保护起到积极的促进作用。主要体现在两个方面：其一，随着企业 R&D 活动的强度增加，它们为了独享创新收益，减少创新成果的溢出概率，会促使我国各级政府提高知识产权保护水平。其二，一些 R&D 投入力度较大的企业，为了维护其市场领先地位，会将知识产权保护作为其实现“跑马圈地”的战略措施（关勇军，2012）。有关企业创新绩效对知识产权保护的反作用机理如图 6-2 所示。

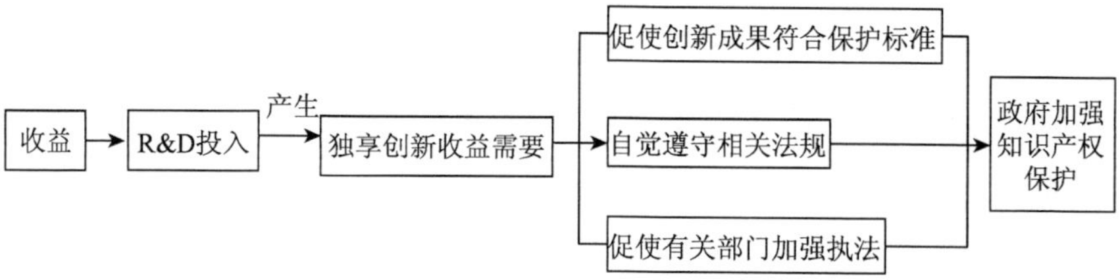

图 6-2　企业创新绩效对知识产权保护的反作用机理

二、小结

知识产权保护对企业 R&D 投入究竟会产生什么样的影响？特别是对不同规模、不同所有制以及不同行业类型的企业 R&D 投入分别产生什么样的影响？知识产权保护的效果如何，是否提高了企业的创新绩效？限于相关资料的可获取性，本章只能选取 2005—2007 年中国工业企业数据库中的制造业作为我们分析的主要样本，通过研究影响 R&D 投资绩效的机理，从理论和实证两个方面分别探讨了知识产权保护制度的实施效果，得到以下结论。

第一，知识产权保护对 R&D 投入具有显著的促进作用，且近年来这种正向影响在逐步加强。当知识产权受到更严格的保护以后，我们通过"模仿"得到的知识变得相对有限。当"模仿"空间被极大地压缩以后，通过增大 R&D 投入进行自主创新就成为实现技术进步的主要渠道。已有研究证明，加大 R&D 投入提升创新能力是我国由粗放型经济向集约型经济转型的重要途径（刘德学、钟晓君，2012；孙少勤等，2014）。

第二，与大企业相比，知识产权保护对中、小型企业的 R&D 投入具有更大的促进作用。研发活动需要一定的资金支持，由于沉没成本和固定成本的存在，使得中小企业面临较大的研发风险。另外，在中国特有的制度环境下，所有制歧视和政策障碍都使得中小企业融资渠道狭窄、融资成本高，进一步限制了它们进行 R&D 投入的积极性（朱恒鹏，2006）。因此中小企业对创新收益有较高的要求，知识产权保护是它们独占创新收益的制度保障。

第三，在国有企业、集体企业、民营企业、港澳台资企业、外资企业 5 种所有制类型中，知识产权保护对民营企业 R&D 投入的影响是最大的。原因可能是当知识产权保护水平提高以后，立足"模仿"和"小修小补"的生存方式已经一去不复返，制度把它们推向了自主研发的道路。

第四，与非技术密集型企业相比，知识产权保护对技术密集型行业的 R&D 投入影响较大。由于技术密集型企业具有较多的研发活动，为了避免"外部性"和"搭便车"行为，它们对知识产权保护便产生了内在的需求。

第五，知识产权保护显著提高了企业的创新绩效，且发现 R&D 投入在知识产权保护和创新绩效之间充当了部分中介的角色。说明知识产权保护水平的提高带来的创新渠道较为多样，比如加强知识产权保护不但激励了企业的 R&D 投入，还促进了以贸易、FDI 和许可为主要形式的国际技术扩散，发挥了不同创新渠道对创新绩效的协同效应。另外，知识产权保护还正向调节了 R&D 投入与创新绩效之间的关系。

第六，知识产权保护与创新绩效之间存在相互作用的关系。知识产权保护通过减少外部性问题、降低信息不对称问题、减少自我保护的成本等促进了企业的 R&D 投入，进而提升了企业的创新绩效。而创新绩效对知识产权保护的反作用机理，在于企业在创新投入的过程中产生了独享创新收益的需要，从而倒逼政府进一步加强知识产权保护。

第七章　总结与展望

第一节　主要研究结论

本书在韩玉雄和李怀祖（2005）研究成果的基础上，构建了各省知识产权保护的执法力度，重新测算了2001—2015年中国各省区知识产权保护强度。聚焦于中国技术进步得以实现的不同渠道，分别基于国际技术转移和自主创新两个视角，研究了我国分省份的知识产权保护水平对源于进口贸易、FDI及许可途径的国际技术转移与溢出的影响，并由此提升我国创新能力的内在机理，以及知识产权保护对源于自主R&D投入的影响，并由此促进我国企业创新绩效的作用机制。全书的主要研究结论如下：

第一，本书首先对中国各省区知识产权保护水平进行测算。各国对知识产权保护指标的测量主要采取Ginarte和Park（1997）的方法（GP指数），然而正处于转型期的中国在立法和执法方面并没有完全同步，用立法指标测量的保护强度与实际并不一致。因此韩玉雄和李怀祖（2005）在GP指数的基础上引入了“执法效果”，但其忽视了中国各地区执法效率的巨大差异。本书在韩玉雄和李怀祖（2005）的研究基础上，构建了各省知识产权保护的执法力度，重新测算了2001—2015年中国各省区知识产权保护强度。本书首先根据Ginarte和Park（1997）的方法，测算了2001—2015年中国知识产权的立法强度。但由于中国的立法水平自2000年开始便趋于稳定，因此知识产权立法强度一直保持3.857的水平。而中国知识产权保护水平的稳步上升源于知识产权执法力度的不断加强，但各省份的执法力度仍然存在一定的差异。从衡量知识产权执法强度的各项指标，司法保护水平、行政保护水平、经济发展水平、社会公众意识、国际监督制衡的情况来看，这些指标总体上保持稳中有升的趋势，除各省份司法保护水平和经济发展水平差异较大以外，其他指标相对平稳①。这一结果进一步说明了当前影响我国知识产权保护强度的主要问题还是执法力度有待提高，尤其是司法保护水平还有很大的提升空间。

第二，基于技术转移与溢出的进口贸易渠道，发现知识产权保护对我国进口贸易及技术溢出有正效应。基于静态局部均衡的理论分析发现，当北方（国家）研发效率较高，技术溢出相对较大时，南方（国家）加强知识产权保护有利于贸易技术溢出。基于门槛模型的实证研究结论如下：其一，我国技术进步的动力还没有实现内源化，自身研发投入对我国企业创新绩效的推动作用比较有限。其二，本土企业的人力资本水平，尤其是科技研发人员的质量，是技术、知识连同其得以实现与发挥作用的载体，逐渐成为决定经济增长的关键生产要素。其三，经济发展水平是影响创新绩效的另一重要因素，经济发展水平高的地区在发展政策、经济基础、对外开放程度等方面具有巨大的优势，由此形成一套良性的自主创新体系和消化吸收系统，在创新需求的拉动和创新能力的推动下，对该地区的技术进步和经济发展发挥着积极的推动作用。其四，贸易的技术溢出效果具有知识产权保护强度的阈值效应。当知识产权保护水平超过某一阈值时，贸易的技术溢出效果会跳跃式增大。加强知识产权保护的贸易技术溢出效应增大，说明了知识产权保护对进口贸易的影响以市场扩张效应为主，这与中国是一个模仿能力较强、规模较大的发展中国家相符（Maskus、Penubarti，1995；Co，2004；余长林，2011b）。

第三，基于技术转移与溢出的 FDI 渠道，发现知识产权保护对 FDI 及技术溢出有正效应。基于静态局部均衡的理论分析发现，当北方（国家）研发效率较高，技术溢出相对较大时，南方（国家）加强知识产权保护有利于 FDI 技术溢出。基于门槛模型的实证研究结论如下：其一，自身研发投入对我国企业创新绩效还未发挥积极的促进作用。其二，我国企业的创新能力在很大程度上主要还是依靠人力资本的投入，其对技术进步的贡献

① 各指标的具体取值请参见第四章第二节及附录。

力度最大，成为推动我国经济发展的关键生产要素。其三，当地的经济发展水平在吸引外资以及通过自身的吸收能力和经济基础促进外资技术溢出方面都发挥了独特的作用。其四，当知识产权保护较松时，FDI 技术溢出对企业创新绩效具有抑制作用，当知识产权保护强度跨越门槛值 2.45 时，FDI 技术溢出对企业创新绩效具有显著的促进作用。说明东道国加强知识产权保护，可以提高跨国公司海外中心将先进技术转移到跨国子公司的意愿，进而对东道国产生更大的技术溢出效应（张津，2013）。

第四，基于技术转移与溢出的许可渠道，发现知识产权保护对许可及技术溢出有正效应。基于静态局部均衡的理论分析发现，当北方研发效率较高、技术溢出相对较大时，南方加强知识产权保护有利于许可技术溢出。基于门槛模型的实证研究结论如下：其一，与贸易及 FDI 部分的实证研究结果相似，自身研发投入对我国企业创新绩效而言，并不是一个相对重要的决定因素。其二，许可部分同样显示人力资本尤其是科研人员的素质在我国技术进步的过程中始终发挥着极其重要的作用。其三，与贸易及 FDI 部分的实证结论不同，当地的经济发展水平与企业创新绩效之间呈现不显著的负相关，即区域经济发展水平的高低不会影响我国企业的技术创新。其四，许可的技术溢出效果具有知识产权保护强度的阈值效应。当知识产权保护水平超过某一阈值时，许可的技术溢出效果会跳跃式增大。说明加强知识产权保护对许可技术溢出的影响以经济收益效应为主。

第五，基于自主创新渠道，发现知识产权保护在诱发 R&D 投资和提升创新绩效方面有其独特的作用，其对异质性企业的作用机理也存在较大差异。通过简单的理论分析，我们得到如下命题：命题 1，企业 R&D 投入受到知识产权保护水平的影响，知识产权保护的增强有利于促进企业的 R&D 投入。命题 2a，从公司规模来看，知识产权保护对中、小型企业的 R&D 投入具有更大的促进作用。命题 2b，从所有制类型来看，知识产权保护对民营企业的 R&D 投入具有更大的促进作用。命题 2c，从行业类型来看，知识产权保护对技术密集型企业的 R&D 投入具有更大的促进作用。虽然多数研究支持了知识产权保护对企业研发的激励作用，但较少关注其作用机制。本书从规模、所有制以及行业的视角初步探讨了知识产权保护对企业研发的影响机理，并得到了支持上述理论命题的证据。本书从事后效率的角度检验了知识产权保护对企业创新绩效的影响。研究发现 R&D 投入在知识产权保护和创新绩效之间充当了部分中介的角色。R&D 投入在知识产权保护和创新绩效之间的部分中介角色说明，知识产权保护水平的提高带来的创新渠道较为多样，比如知识产权保护水平的提高除了促进 R&D 投入外，还促进了以贸易、FDI 和许可为主要形式的国际技术扩散，发挥了不同创新渠道对创新绩效的协同效应。本书还发现知识产权保护正向调节了 R&D 投入与创新绩效之间的关系，说明企业 R&D 投入对创新绩效的影响，一方面取决于 R&D 投入的强度，另一方面与知识产权保护水平有密切的关系。至此，本书已经从事后效率的角度找到了知识产权保护促进企业创新绩效的支持性证据。

第六，贸易、FDI、许可作为技术在国与国之间进行转移与溢出的三类主要渠道，它们是实现技术进步的间接机制。不仅它们之间存在一定的区别，而且与自主创新这种显而易见的直接途径也有所不同。具体来讲，贸易渠道的技术转移有赖于有形商品进口后产生的逆向工程，或模仿生产、商品贸易中附带的辅助服务所产生的非物化技术与隐性知识的转移，以及贸易活动导致的市场竞争后企业对现有技术进行改良或创新的动机等。FDI 渠道的技术转移则更多体现在外资的示范—模仿效应、竞争效应、人力资本流动效应及研发合作效应。相比于贸易和 FDI，与知识产权有关的许可业务由于直接涉及对某项具体知识产权权利的使用，因此其通过人员培训、技术操作、后期技术支持等途径引发的技术溢出更为直接，有助于实现相关技术在不同个体间的快速转移。相比较技术转移与溢出的国际途径，本国的自主研发则是我国技术进步的根本途径，通过“干中学”不断提升创新能力，实现自主创新驱动经济发展的战略。科技部党组书记、副部长王志刚如是说：“经过近几年的努力，我国的技术水平已经从跟踪跨入跟踪、并行、领跑三者兼有的新阶段，同时转动‘两个轮子’，最紧迫的是破除体制机制障碍，最根本的是提升自主创新能力，争取走在前面，勇立技术创新潮头。”①

第二节 相关政策建议

加入 WTO 的过程中，中国为了与国际接轨从没有停止过努力。特别是 TRIPs 协议改善了我国的投资环境，加速了技术和资本的流入，但同时也面临企业的模仿成本以及政府的执法成本不断加大的压力。目前，中国各省份、各地区的经济发展极不平衡、经济发展方式难以持续等问题不断凸显，对我国经济的未来发展造成挑战的同时，也带来了转变经济发展方式的机遇。从“模仿国”到“创新国”的转变需要社会各界的共同努力，据此，本书提出以下政策建议：

第一，提高科研人员的素质，加强核心技术的研发。近年来，虽然我国的专利申请授权量显著增长，但主要集中在技术含量较低的实用新型和外观设计领域，技术含量较高的发明专利所占比重明显不足。而且，即使是技术含量稍高的发明专利也主要集中在食品、服装等传统行业。因此我国的科研任务任重而道远，不但要提倡对核心技术的研发，提高发明专利所占的比例，而且要把创新的重点从传统的低附加值领域转移到节能环保、生物技术、新能源汽车、新材料以及新一代信息技术等高端技术领域，使其成为新一轮刺激经济持续高速发展的引擎。

鉴于科技能力的提升难以一蹴而就，我们应该从两个方面进行努力：一方面，人力资本是创新型国家的主体，提高科研人员的素质是提高科研能力的关键。我国应该坚持培养创新型人才，完善人才输送机制，政府、企业和高校共同努力，改变模式化的培养方式，建立与国外高校的交流通道，通过吸收国外先进的管理经验和教育模式，解决我国当前大学教育面临的供需不匹配问题。只有建立一整套完善的高端人才的培养机制，才能提高自主创新能力并推动技术的进步。另一方面，我国企业外围创新所形成的实用新型和外观设计所占比例巨大，因此要充分发挥实用新型和外观

① http://www.casted.org.cn/web/index.php? ChannelID = 7&NewsID = 6046。

设计对我国经济发展的能动作用，因其会不断提升我国企业的研发能力、积累研发经验，为我国企业的技术进步和消化吸收更高水平的外国先进技术打牢基础（贺京同等，2008）。

第二，建立产、学、研、资、政合作通道，健全技术成果市场转化机制。我国的 R&D 投入已经跃居全球第二位，但无论是专利的申请授权量，还是科技成果的实际产业化率都远远落后于世界的平均水平。为了扭转当前的格局，政府应该高度重视中国 R&D 效率低下的问题，避免大量的 R&D 支出远离预算约束，建立 R&D 效率保障措施和预警机制。同时，我国科技成果产业化率较低的原因可能是科研与应用脱节，两者没有很好地结合，致使大量的科研成果不能转化为生产力。鉴于高校和研究院所聚集了大量的高素质研究人才，而企业又是技术创新成果产业化的枢纽，因此应该鼓励高校教师和研究人员深入企业调研，以问题导向型研究为主，提高研究的针对性和科技成果的转化率。政府也应该重点支持具有发展前景的科研项目，并对企业和高校合作研发的项目进行补贴。另外，对于只具有科研价值而不具有经济开发价值的项目，应该让其回归实验室，由政府拨款资助其发展。对一些基础性研究以及投资额大、见效慢的项目，政府应该给予一定的资金支持和政策优惠（比如研发直接补贴、优惠融资以及税收激励等），并开展核心技术攻关项目和示范项目，激励民间资金流向技术创新领域。

第三，加强知识产权执法水平，提高知识产权保护意识。在转型期的制度背景下，知识产权保护对我国技术进步乃至经济发展的影响具有双重效应。一方面，加强知识产权保护通过减弱信息不对称问题，缓解了中小企业和民营企业的融资约束，能够激励它们积极地进行自主研发。另一方面，加强知识产权保护尽管使得本地企业的模仿有所下降，但这种下降被跨国公司新增的活动大大抵消。因此，与传统观点不同，本书否定了经济不发达地区可以靠模仿、“山寨”等行为促进经济发展等观念与政策主张。本书的结论也说明了中小企业和民营企业这类“弱势企业”对知识产权保护有更大的需求，而不是可以靠“模仿”“山寨”求发展。就目前中国知识产权保护状况来看，尽管我国的立法水平已经达到国际标准（Allen 等，

2005)，法律体系基本趋于完善，但执法力度在各省区差别巨大，因此，我国知识产权保护的重点是提高执法水平。政府不但要注重对侵权行为的事前防范工作，还要加大对侵权行为的打击惩罚力度，彻底从机制和体制上消除侵权行为的发生，创造良好的知识产权保护环境。值得庆幸的是，政府开始关注这个问题，正在坚定不移地向这个目标而努力①。除此之外，还可以考虑设立与国际贸易有关的知识产权法院，加强已有的专门审判庭制度，并培训专业人员对知识产权案件进行审判。我们坚信，随着社会各界对知识产权保护的日益关注和重视，知识产权保护将会大力发挥对国际技术转移和自主创新的促进作用。

第四，根据我国产业发展的需要，实行灵活的知识产权保护水平。对于目前我国重点关注的战略性新兴产业，如生物技术、新能源汽车、新一代信息技术、新材料和新能源以及高端装备制造业等领域，应该积极发挥知识产权保护的政策调控作用，对不同行业实行差异化的保护强度。对于技术生命周期较短的产业，如手机、电子计算机、数码相机等行业，技术更新速度较快，应该采取较宽松的知识产权保护策略，一方面可以促进技术的传播，另一方面可以丰富市场，满足差异化的市场需求。而对于技术生命周期长的产业，如战略性新兴产业。以新能源汽车为例，其本身具有极高的技术价值，但由于新能源汽车的市场价格较高，而电池的生命周期较短、充电站较少以及配套设施不足等原因，使得推广难度较大，严重限制了市场对新能源汽车的需求，使得新能源汽车的发展任重而道远。那么这类战略性新兴产业的发展应该最大限度地禁止模仿，严厉打击模仿行为，采取最宽的保护宽度。这样不但保护了创新者的经济利益，又提高了产品质量，通过树立良好的品牌形象以提高市场占有率（冯尧，2012）。

第五，根据经济圈层特点，实现技术分层赶超。技术进步必须以原有的技术水平和要素结构为基础，以产业升级和企业竞争力为依托，对于经济相对落后的中小城市和中西部地区而言，如果舍本求末，不切实际地搞

① 参见国务院发布的《国家知识产权战略纲要》等相关内容。

自主创新，很可能势劲而实微①。我国的科技战略应该立足经济发展不平衡的基本国情，我国东部地区聚集了丰富的研发资源，自主创新能力较强，可以有条件地推行自主创新战略。而西部欠发达地区，需要在比较优势的基础上，实行以发挥后发优势为主的创造性模仿战略。创造性模仿是指对合法手段引进的技术进行改进的模仿形式，其不是完全仿制，而是在原有技术的基础上进行改进和超越。韩国、日本和中国台湾地区毫无例外地通过创造性模仿成为世界领先的强经济体，事实证明，创造性模仿是欠发达地区经济发展的捷径。在发达地区，适宜建立“技术知识导向型经济圈”，比如可以考虑把我国发展相对成熟的经济圈“长三角”“珠三角”和“京津冀”改造成为我国技术供给的中心。而对于中西部地区而言，适宜建立符合比较优势的“资源导向型经济圈”“资本导向型经济圈”或“复合型经济圈”，比如，可以考虑在西部的关中地区、成渝地区以及兰州地区建立“复合型经济圈”，以此推动西部地区的经济发展。经济圈发展的目标应该是缩小城乡差距和东西部差距，促进技术的协同进步和经济的均衡发展。这样，“技术知识导向型经济圈”致力于自主创新，而“资源或资本导向型经济圈”以及“复合型经济圈”集中于接受技术扩散和产业转移以实现技术进步。不同经济圈的专业化分工可以降低产业结构的趋同，有利于经济结构的动态整合和技术结构的协同进步。

第六，完善中小企业融资机制，搭建多渠道融资平台。长期以来，民营企业和中小企业融资难和融资贵问题一直是学术界和实践界共同关注的焦点。其自身的信誉问题是导致融资难的一个不容忽视的因素，建立金融业统一征信平台，完善企业信用信息数据库建设，构建企业信用信息的共享机制，通过良好的信誉制度促进重复博弈机制的生成是解决融资难的根本途径。当然政府部门搭建多功能、多层次的融资体系，创造良好的投资环境有益于激发创新活力。2014 年 11 月 19 日，李克强总理在国务院常务会议上强调：“抓紧出台股票发行注册制改革，构建资本市场小额再融资

① 胡均民、张亚斌：《简论对外贸易增长方式的转变》，《光明日报》2006 年 2 月 21 日，第 7 版。

机制，建立和完善股权众筹融资平台。”IPO（首次公开募股）从核准制向注册制的转变将彻底扭转中小企业和民营企业融资难和融资贵的历史局面，再加上主板、中小板、创业板和新三板构成的多层次的市场体系，将成为激活中小企业和民营企业的“关键绝招”，使其能够成为继房地产之后“最大资金池”角色的最佳接班人，持续助推中国经济增长①。

总之，高速发展的经济为我们提供了雄厚的物质基础，庞大的人口基数激发了巨大的市场需求，产业结构持续从劳动密集型向技术密集型升级的过程催生密集的创新需求，这些都将会使得中国成为全球的研发中心和商业模式创新中心。但在耀眼成绩的背后，我们也应该看到教育和科研领域还存在一些突出和亟待解决的问题。首先，我们缺乏当年像李四光、钱三强和钱学森这样的卓著人才和领军人物。正如曾任微软中国研发集团主席的张亚勤所言：“要真正缩短与欧美发达国家的科技差距，关键在于培养具有全球化背景的‘思想领导者’或‘领军人物’”。其次，我们的教育和科研领域太过功利化和标准化。标准化、应试化的教育体制消磨了学子的创造性；功利化的教育理念使我们急于定义太多的短期量化指标，但科技实力难以实现质的飞越。我们要打好制度创新这张牌，努力营造国际化、法制化、市场化的经商环境，使中国在全球创新的版图中发挥越来越重要的作用。

第三节　主要创新点、研究不足及展望

一、主要创新点

本书在较系统总结知识产权经济理论与创新理论以往研究成果的基础上，通过研究知识产权保护对创新绩效影响的机理，主要获得了以下创新性发现。

第一，我国经济形势的现实状况决定了系统分析知识产权保护对创新

① http://bbs.tianya.cn/post-develop-1908053-1.shtml。

绩效影响机理的理论需要。本书突破了过去主要分析国际技术转移与溢出的局限性，同时引入国际技术扩散和自主创新两个视角，紧贴国家当前实施创新驱动发展战略的决策需求，为国家制定更加合理的知识产权保护政策提供参考和决策建议，选题切入点有新意。

第二，已有文献中有关知识产权保护对国际技术转移与溢出的研究结论并不一致，往往对发展中国家加强知识产权保护持简单的赞成或反对态度，且多数文献对知识产权保护持有反对观点，更是忽视了知识产权保护对国际技术转移与溢出可能存在非线性的影响。笔者基于我国省级资料的分析发现，知识产权保护对进口贸易、FDI 及许可“三大路径”的国际技术转移与溢出均呈现非线性的“双门槛效应”。当知识产权保护水平超过某一阈值时，“三大路径”的技术溢出效果均会显著增强。这说明，知识产权保护通过国际技术扩散提升了创新绩效，经济不发达地区靠模仿行为不能保持其经济的持续、高速、健康发展。

第三，虽然知识产权保护对企业研发的激励效应已经达成共识，但较少关注知识产权保护对异质性企业的不同作用机制。本书通过理论分析和实证检验发现，从企业规模和所有制类型来看，中国特有的制度环境使得知识产权保护对中小企业和民营企业的 R&D 投入具有更大的促进作用。这说明中小企业和民营企业对知识产权保护也有很大的需求。

二、研究不足及研究展望

基于转型期我国技术进步亟须“两个轮子”同时转动的要求，本书以源于国际技术转移与溢出渠道的贸易、FDI、许可以及内源途径的自主创新为切入点，重点关注了知识产权保护对我国创新绩效的影响机制，通过理论探讨与实证检验，得出的部分结论丰富与完善了创新理论，但同时也存在一定的缺陷。其一，正如李平等（2013）所指出的那样，理论分析往往对发展中国家加强知识产权保护得出简单的赞成或反对结论，然而实证研究的结论比较灵活。在贸易、FDI 以及许可的理论研究中，本书也得出简单的赞成结论，门槛技术分析结果虽然也对中国加强知识产权保护持赞成观点，但它同时很灵活地显示知识产权保护对国际技术转移与溢出影响的门槛特征。其二，在自主创新研究部分，由于工业企业数据库本身的限制[①]，本书最终选取的数据是2005—2007年。需要说明的是，笔者曾经花费大量的精力收集高科技行业年报中的研发数据，并拟以化学原料及化学制品制造业、医药制造业、计算机与通信电子设备制造业、软件和信息技术服务业这些主要的高技术行业为研究对象，但发现年报中的研发数据仍然参差不齐，存在大量的缺失及漏报现象，经过慎重考虑还是选择了中国工业企业数据库为样本数据来源，而这个数据库的相关数据以2007年为最新。其三，笔者原想进行更丰富的研究，比如尝试从公司金融的角度弥补微观研究的不足，从提高公司的R&D投资效率和降低R&D投资面临的外部融资约束两个方面分析知识产权保护对R&D配置效率的影响机制，进而为知识产权制度对经济增长影响的微观机制提供一定的经验证据。但由于工业企业数据库不存在相关数据，因此相关构想并未得以实现。

针对上述研究的不足，本研究未来可以从以下几个方面进行拓展。其一，跟踪工业企业数据库的更新，获得最新的数据，对知识产权保护影响企业创新绩效的机理进行跟踪研究。其二，希望开拓新的数据源，进一步从微观金融的角度研究知识产权保护对企业创新绩效的影响机理。其三，将国际技术转移与溢出渠道与自主创新渠道纳入同一框架，分析知识产权保护对它们影响的大小和水平，进行综合的对比分析，为我国实施差异性的知识产权保护制度提供经验证据。

① 工业企业数据库自1998年开始采集，截至目前的最新数据区间是1998—2009年，但由于2008年和2009年涉及的变量指标非常少，所以多数学者使用该数据库时选择了1999—2007年作为分析对象，由于本书的主要变量“研究开发费”只在2001年和2005—2007年这4年有相关统计，并基于样本数据的连续性，本书最终选取的样本区间为2005—2007年。

参考文献

［1］考特，尤伦．法和经济学［M］．上海：上海格致出版社，2010.

［2］科斯，诺思，威廉姆森．制度、契约与组织——从新制度经济学角度的透视［M］．北京：经济科学出版社，2003.

［3］理查德·R．尼尔森．国家（地区）创新体系比较分析［M］．北京：知识产权出版社，2012.

［4］诺思（著），陈郁，等（译）．经济史中的结构与变迁［M］．上海：三联书店，1991.

［5］诺思（著），杭行（译），韦森（译审）．制度、制度变迁与经济绩效［M］．上海：格致出版社，2014.

［6］包群，赖明勇．FDI 技术外溢的动态测算及原因解释［J］．统计研究，2003，(6)．

［7］薄文广．外国直接投资对中国技术创新的影响——基于地区层面的研究［J］．财经研究，2007，(6)．

［8］波斯纳．法律的经济分析［M］．北京：中国大百科全书出版社，1997.

［9］陈德球，李思飞，钟昀珈．政府质量、投资与资本配置效率［J］．世界经济，2012，(3)．

［10］陈丰龙，徐康宁．经济转型是否促进 FDI 技术溢出：来自 23 个国家的证据［J］．世界经济，2014，(3)．

［11］陈昊，赵春明．进口贸易是否抑制了技术进步——状态空间模型的再检验［J］．经济理论与经济管理，2012，(2)．

［12］陈纪修，於崇华，金路．数学分析（第二版，下册）［M］．北京：高等教育出版社，2004.

［13］崔喜君，欧志斌．FDI的后向联系效应、金融发展与知识产权保护——以中国电子及通讯设备制造业为例［J］．世界经济研究，2009，（8）．

［14］代中强，梁俊伟，王中华．内生知识产权保护与知识产权制度变迁：来自中国的经验［J］．世界经济研究，2009，（2）．

［15］代中强，张二震．经济发展、外部约束与知识产权保护的实证研究［J］．中国软科学，2011，（4）．

［16］代中强．实际知识产权保护、模仿创新与自主创新［J］．经济评论，2010，（6）．

［17］董雪兵，史晋川．累积创新框架下的知识产权保护研究［J］．经济研究，2006，（5）．

［18］董有德，张庆舟．技术进步学习机制与中国引进外资政策的导向［J］．世界经济研究，2007，（7）．

［19］樊纲，王小鲁，朱恒鹏．中国市场化指数：各地区市场化相对进程2011年报告［M］．北京：经济科学出版社，2011.

［20］范承泽，胡一帆，郑红亮．FDI对国内企业技术创新影响的理论与实证研究［J］．经济研究，2008，（1）．

［21］范在峰．论知识产权法律对技术创新的功能［J］．科技与法律，2002，（4）．

［22］方希桦，包群，赖明勇．国际技术溢出：基于进口传导机制的实证研究［J］．中国软科学，2004，（7）．

［23］符宁．人力资本、研发强度与进口贸易技术溢出——基于我国吸收能力的实证研究［J］．世界经济研究，2007，（11）．

［24］付剑峰，李十六，朱鸿鸣．融资困境、知识产权质押贷款与中小企业可持续发展——来自中国的经验［N］．北京师范大学学报（社会科学版），2011，（4）．

［25］葛小寒，陈凌．国际R&D溢出的技术进步效应——基于吸收能力的实证研究［J］．数量经济技术经济研究，2009，（7）．

［26］龚丽敏，江诗松．R&D投资对企业绩效的影响：基于浙江永康

制造业的实证研究［J］. 中大管理研究，2010，（3）.

［27］韩玉雄，李怀祖. 关于中国知识产权保护水平的定量分析［J］. 科学学研究，2005，（3）.

［28］贺京同，万志华. 知识产权保护力度与经济发展的关系研究［J］. 社会科学辑刊，2008，（1）.

［29］胡立君，郑玉. 知识产权保护、FDI 技术溢出与企业创新绩效［J］. 审计与经济研究，2014，（5）.

［30］华广敏，荆林波. 中日高技术服务业 FDI 对制造业效率影响的比较研究——基于中介效应分析［J］. 世界经济研究，2013，（11）.

［31］黄静波，孙晓琴. 最优关税、专利保护期和 FDI——基于产品生命周期理论的模型拓展与实证分析［J］. 数量经济技术经济研究，2008，（2）.

［32］黄文锋，张梦轩. 政府政策与企业技术创新意愿关系研究——基于东莞电子信息产业的实证分析［J］. 科技与经济，2013，（26）.

［33］江雅雯，黄燕，徐雯. 政治联系、制度因素与企业的创新活动［J］. 南方经济，2011，（11）.

［34］姜奇平. 以市场换技术战略彻底失败［J］. 互联网周刊，2004，（14）.

［35］蒋殿春，张宇. 行业特征与外商直接投资的技术溢出效应：基于高新技术产业的经验分析［J］. 世界经济，2006，（10）.

［36］蒋殿春，张宇. 经济转型与外商直接投资技术溢出效应［J］. 经济研究，2008，（7）.

［37］蒋仁爱，冯根福. 贸易、FDI、无形技术外溢与中国技术进步［J］. 管理世界，2012，（9）.

［38］解维敏，方红星. 金融发展、融资约束与企业研发投入［J］. 金融研究，2011，（5）.

［39］解维敏，唐清泉，陆姗姗. 政府 R&D 资助，企业 R&D 支出与自主创新——来自中国上市公司的经验证据［J］. 金融研究，2009，（6）.

［40］解维敏，唐清泉．知识产权保护提高了企业自主创新么？——来自中国上市公司的经验证据［J］．现代管理科学，2008，（7）．

［41］金碚．中国工业的技术创新［J］．中国工业经济，2004，（5）．

［42］赖明勇，包群，彭水军，张新．外商直接投资与技术外溢：基于吸收能力的研究［J］．经济研究，2005，（8）．

［43］赖明勇，张新，彭水军，包群．经济增长的源泉：人力资本、研究开发与技术外溢［J］．中国社会科学，2005，（2）．

［44］李才锐．试析 TRIPS 对我国知识产权侵权法的影响［N］．上海财经大学学报，2003，（3）．

［45］李春涛，宋敏．中国制造业企业的创新活动：所有制和 CEO 激励的作用［J］．经济研究，2010，（5）．

［46］李广子，刘力．债务融资成本与民营信贷歧视［J］．金融研究，2009，（12）．

［47］李后建，张宗益．金融发展、知识产权保护与技术创新效率——金融市场化的作用［J］．科研管理，2014，（12）．

［48］李辉．我国知识产权保护对外商直接投资的影响［N］．东北财经大学学报，2007，（2）．

［49］李梅，金照林．国际 R&D、吸收能力与对外直接投资逆向技术溢出——基于我国省际面板数据的实证研究［J］．国际贸易问题，2011，（10）．

［50］李梅，柳士昌．对外直接投资逆向技术溢出的地区差异和门槛效应——基于中国省际面板数据的门槛回归分析［J］．管理世界，2012，（1）．

［51］李梅，柳士昌．人力资本与国际 R&D 溢出——基于 OFDI 传导机制的实证研究［J］．科学学研究，2011，（3）．

［52］李梅，谭力文．FDI 对我国技术创新能力溢出的地区差异和门槛效应检验［J］．世界经济研究，2009，（3）．

［53］李梅，谭力文．外商直接投资与我国技术创新：基于省际面板数据的实证分析［J］．国际贸易问题，2009，（3）．

［54］李梅．国际 R&D 溢出与中国技术进步——基于 FDI 和 OFDI 传导机制的实证研究［J］．科研管理，2012，（4）．

［55］李梅．人力资本、研发投入与对外直接投资的逆向技术溢出［J］．世界经济研究，2010，（10）．

［56］李平，崔喜君，刘建．中国自主创新中研发资本投入产出绩效分析——兼论人力资本和知识产权保护的影响［J］．中国社会科学，2007，（2）．

［57］李平，宫旭红，齐丹丹．中国最优知识产权保护区间研究——基于自主研发及国际技术引进的视角［J］．南开经济研究，2013，（3）．

［58］李平，随洪光．知识产权保护对外商直接投资溢出效应影响的研究——基于中国高技术产业的实证分析［J］．经济评论，2007，（6）．

［59］李平．国际技术扩散的路径和方式［J］．世界经济，2006，（9）．

［60］李蕊，巩师恩．开放条件下知识产权保护与我国技术创新——基于 1997—2010 年省级面板数据的实证研究［J］．研究与发展管理，2013，（3）．

［61］李小平．自主 R&D、技术引进和生产率增长——对中国分行业大中型工业企业的实证研究［J］．数量经济技术经济研究，2007，（7）．

［62］林毅夫，张鹏飞．后发优势、技术引进和落后国家的经济增长［J］．经济学（季刊），2005，（4）．

［63］林毅夫，张鹏飞．适宜技术、技术选择和发展中国家的经济增长［J］．经济学（季刊），2006，（3）．

［64］林毅夫．发展战略，自生能力与经济收敛［J］．经济学（季刊），2002，（2）．

［65］林毅夫．李约瑟之谜：工业革命为什么没有发源于中国［J］．价格与市场，1995，（4）．

［66］刘德学，钟晓君．外缘性制造业技术创新能力提升机制：基于企业问卷调查的实证分析［J］．世界经济与政治论坛，2012，（6）．

［67］刘娟，曹杰．知识产权保护对中国高技术产品进口的影响路径

研究——基于三元边际的实证考察［N］. 现代财经（天津财经大学学报），2013，（2）.

［68］刘伟，李丹. 青岛市高新技术企业 R&D 投入与产出绩效研究［J］. 科技进步与对策，2010，（3）.

［69］刘小鲁. 知识产权保护、自主研发比重与后发国家的技术进步［J］. 管理世界，2011，（10）.

［70］刘运国，刘雯. 我国上市公司的高管任期与 R&D 支出［J］. 管理世界，2007，（1）.

［71］楼煜华. TRIPS 协议下对中国知识产权保护的法学思考［N］. 浙江大学学报（人文社会科学版），2004，（1）.

［72］卢现祥，朱巧玲. 新制度经济学（第二版）［M］. 北京：北京大学出版社，2012.

［73］鲁钊阳，廖杉杉. FDI 技术溢出与区域创新能力差异的双门槛效应［J］. 数量经济技术经济研究，2012，（5）.

［74］毛其淋. 进口贸易对我国技术创新能力提升的影响效应——基于动态面板数据 GMM 方法的经验分析［J］. 财经科学，2010，（4）.

［75］聂辉华，江艇，杨汝岱. 中国工业企业数据库的使用现状和潜在问题［J］. 世界经济，2012，（5）.

［76］聂辉华，谭松涛，王宇锋. 创新、企业规模和市场竞争：基于中国企业层面的面板数据分析［J］. 世界经济，2008，（7）.

［77］逄淑媛，陈德智. 专利与研发经费的相关性研究——基于全球研发顶尖公司 10 年面板数据的研究［J］. 科学学研究，2009，（10）.

［78］朴商天. 外商对华直接投资地区性差异的决定因素分析［J］. 国际贸易问题，2004，（6）.

［79］柒江艺，许和连，赖明勇. 知识产权保护与我国进口贸易结构转变［J］. 科技进步与对策，2011，（5）.

［80］柒江艺，许和连. 知识产权保护、资源禀赋与 FDI 技术选择——来自我国 FDI 企业面板数据的经验分析［J］. 世界经济研究，2011a，（8）.

[81] 柒江艺，许和连．知识产权政策的进口贸易效应：扩张或垄断？——基于中国高技术产品进口贸易的实证研究［J］．财经研究，2011b，（1）．

[82] 柒江艺，阳立高，冯涛．我国知识产权保护对外商直接投资的影响研究［J］．经济问题探索，2008，（1）．

[83] 亓朋，许和连，艾洪山．外商直接投资企业对内资企业的溢出效应：对中国制造业企业的实证研究［J］．管理世界，2008，（4）．

[84] 冉光和，徐鲲，鲁钊阳．金融发展、FDI 对区域创新能力的影响［J］．科研管理，2013，（7）．

[85] 任海云，师萍．企业 R&D 投入与绩效关系研究综述——从直接关系到调节变量的引入［J］．科学学与科学技术管理，2010，（2）．

[86] 沈国兵，刘佳．TRIPS 协定下中国知识产权保护水平和实际保护强度［J］．财贸经济，2009，（11）．

[87] 沈国兵，姚白羽．知识产权保护与中国外贸发展：以高技术产品进口贸易为例［J］．南开经济研究，2010，（3）．

[88] 沈国兵．TRIPS 协定下中国知识产权保护的核心难题及基准［J］．财经研究，2008，（10）．

[89] 沈国兵．知识产权保护与中美双边贸易问题［J］．当代财经，2006，（11）．

[90] 史宇鹏，丁彦超．企业创新性的若干表征：自制造业观察［J］．改革，2010，（4）．

[91] 史宇鹏，顾全林．知识产权保护、异质性企业与创新：来自中国制造业的证据［J］．金融研究，2013，（8）．

[92] 宋杰．公共秩序，知识产权保护与中美知识产权争端［J］．国际贸易问题，2008，（10）．

[93] 孙少勤，唐保庆，杨旻．我国服务贸易进口对技术创新的影响——基于知识产权保护视角的研究［J］．华东经济管理，201，（10）．

[94] 孙文杰，沈坤荣．技术引进与中国企业的自主创新：基于分位数回归模型的经验研究［J］．世界经济，2007，（11）．

［95］孙旭玉．中国知识产权保护水平与影响因素的实证分析［J］．理论学刊，2010，（7）．

［96］唐保庆，王绮，张伟．知识产权保护下服务贸易进口的经济效应分析：一个理论研究框架［J］．经济管理，2012，（6）．

［97］唐保庆，仲崇高，王绮．服务贸易进口下的知识产权保护最适强度研究［J］．统计研究，2014，（10）．

［98］万君康，李华威．知识产权与贸易相关性的理论与实证分析［J］．国际经贸探索，2005，（2）．

［99］汪春，杨晓优．我国1995—2008年利用FDI质量的评估——基于因子分析法的研究［N］．江西财经大学学报，2011，（1）．

［100］汪海粟，方中秀．中国创业板上市公司无形资产蓝皮书［M］．北京：中国财政经济出版社，2012.

［101］汪晓春．企业创新投资决策的资本结构条件［J］．中国工业经济，2002，（10）．

［102］王红领，李稻葵，冯俊新．FDI与自主研发：基于行业数据的经验研究［J］．经济研究，2006，（2）．

［103］王华．更严厉的知识产权保护制度有利于技术创新吗？［J］．经济研究，2011，（S2）．

［104］王九云，叶元煦．论保护知识产权对技术创新的驱动功能［J］．管理世界，2001，（6）．

［105］王平，田彬彬．知识产权保护对中国FDI质量的影响——基于行业层面的实证分析［J］．宏观经济研究，2011，（9）．

［106］王英，刘思峰．国际技术外溢渠道的实证研究［J］．数量经济技术经济研究，2008，（4）．

［107］文豪，张敬霞，陈中峰．中国的知识产权保护与技术创新——基于行业特征的实证分析［J］．宏观经济研究，2014，（11）．

［108］吴超鹏，唐菂．知识产权保护执法力度、技术创新与企业绩效——来自中国上市公司的证据［J］．经济研究，2016，（51）．

［109］吴汉东．后TRIPS时代知识产权制度的变革与中国的应对方略

[J]. 法商研究，2005，(5).

[110] 吴延兵. R&D 存量、知识函数与生产效率 [J]. 经济学（季刊），2006，(3).

[111] 萧延高. 企业知识产权能力与竞争优势 [M]. 北京：知识产权出版社，2011.

[112] 谢建国，周露昭. 进口贸易、吸收能力与国际 R&D 技术溢出：中国省区面板数据的研究 [J]. 世界经济，2009，(9).

[113] 徐明华. 关于知识产权战略与国际竞争力的理论探讨 [J]. 中国软科学，2003，(8).

[114] 徐欣，唐清泉. R&D 活动、创新专利对企业价值的影响——来自中国上市公司的研究 [J]. 研究与发展管理，2010，(4).

[115] 许陈生，高琳. 我国知识产权保护与高技术产品进口 [N]. 国际商务（对外经济贸易大学学报），2012 (6).

[116] 许春明，单晓光. 中国知识产权保护强度指标体系的构建及验证 [J]. 科学研究，2008，(4).

[117] 许和连，柒江艺. 知识产权保护对我国外商直接投资的影响研究 [J]. 国际贸易问题，2010，(1).

[118] 许培源，章燕宝. 行业技术特征、知识产权保护与技术创新 [J]. 科学学研究，2014，(6).

[119] 易先忠，张亚斌，刘智勇. 自主创新、国外模仿与后发国知识产权保护 [J]. 世界经济，2007，(3).

[120] 余长林，王瑞芳. 发展中国家的知识产权保护与技术创新：只是线性关系吗？[J]. 当代经济科学，2009a，(3).

[121] 余长林，王瑞芳. 知识产权保护、技术差距与发展中国家的技术进步 [J]. 当代经济科学，2008 (4).

[122] 余长林，王瑞芳. 知识产权保护与国际技术转移的关系研究进展 [J]. 财经问题研究，2009b，(3).

[123] 余长林. 知识产权保护、东道国特征与出口贸易 [J]. 世界经济研究，2010，(5).

［124］余长林．知识产权保护对国际贸易的影响研究述评［J］．经济评论，2013，（1）．

［125］余长林．知识产权保护与国际 R&D 溢出［J］．世界经济研究，2011a，（8）．

［126］余长林．知识产权保护与我国的进口贸易增长：基于扩展贸易引力模型的经验分析［J］．管理世界，2011b，（6）．

［127］岳贤平，顾海英．技术许可经济学研究综述［J］．科学学与科学技术管理，2005，（10）．

［128］岳贤平，李廉水，顾海英．技术许可的形成机理：收益和成本观点［J］．科学学研究，2007，（5）．

［129］臧旭恒，徐向艺，杨蕙馨．产业经济学（第三版）［M］．北京：经济科学出版社，2005.

［130］张方华，李守芹．FDI 技术溢出、智力资本与创新能力的关系研究［J］．上海经济研究，2013，（2）．

［131］张公嵬，陈翔，李赞．FDI、产业集聚与全要素生产率增长——基于制造业行业的实证分析［J］．科研管理，2013，（9）．

［132］张海洋．中国工业部门 R&D 吸收能力与外资技术扩散［J］．管理世界，2005，（6）．

［133］张杰，刘志彪，郑江淮．中国制造业企业创新活动的关键影响因素研究——基于江苏省制造业企业问卷的分析［J］．管理世界，2007，（6）．

［134］张杰，芦哲．知识产权保护、研发投入与企业利润［J］．中国人民大学学报，2012，（5）．

［135］张景安．实现由技术引进为主向自主创新为主转变的战略思考［J］．中国软科学，2003，（11）．

［136］张军，吴桂英，张吉鹏．中国省际物质资本存量估算：1952—2000［J］．经济研究，2004，（10）．

［137］张松涛．自主创新与技术引进——关于新形势下建设创新型国家的若干思考［J］．国际贸易，2007，（7）．

[138] 张相文，郭宝忠，张超．制度因素对 FDI 溢出效应的影响——基于中国工业企业数据库的实证研究 [J]. 宏观经济研究，2014，(8)．

[139] 张亚斌，易先忠，刘智勇．后发国家知识产权保护与技术赶超 [J]. 中国软科学，2006，(7)．

[140] 张源媛，仇晋文．知识产权保护与国际 R&D 溢出实证研究 [J]. 世界经济研究，2013，(1)．

[141] 张源媛，兰宜生．知识产权保护对我国高新技术产品进口的影响 [J]. 中国流通经济，2013，(8)．

[142] 赵鹏．知识产权保护与农业技术创新的二律背反——基于数理模型的分析 [J]. 学习与探索，2012，(5)．

[143] 赵伟，吕盛行，管汉晖．与贸易相关的知识产权保护理论最新进展及启示 [J]. 财贸经济，2004，(9)．

[144] 赵伟，汪全立．人力资本与技术溢出：基于进口传导机制的实证研究 [J]. 中国软科学，2006，(4)．

[145] 赵远亮，周寄中，许治．高技术企业自主创新、知识产权与自主品牌的联动关系及启示 [J]. 科学学与科学技术管理，2008，(1)．

[146] 郑玉．短期融资券与上市公司业绩关系探析 [N]. 证券市场导报，2014，(4)．

[147] 郑玉．知识流动与中国高技术产业专利效率 [J]. 经济问题探索，2014，(7)．

[148] 钟昌标．外商直接投资的横向和纵向溢出：对中国电子行业的分析 [J]. 世界经济，2006，(11)．

[149] 朱东平．外商直接投资、知识产权保护与发展中国家的社会福利——兼论发展中国家的引资战略 [J]. 经济研究，2004，(1)．

[150] 朱恒鹏．企业规模、市场力量与民营企业创新行为 [J]. 世界经济，2006，(12)．

[151] 朱平芳，徐伟民．政府的科技激励政策对大中型工业企业 R&D 投入及其专利产出的影响——上海市的实证研究 [J]. 经济研究，2003，(6)．

[152] 庄子银．创新、模仿、知识产权和全球经济增长［M］．武汉：武汉大学出版社，2010.

[153] 庄子银．知识产权、市场结构、模仿和创新［J］．经济研究，2009，（11）．

[154] 邹薇，代谦．技术模仿、人力资本积累与经济赶超［J］．中国社会科学，2003，（5）．

[155] Acemoglu D., Akcigit U., Intellectual Property Rights Policy, Competition and Innovation, *Journal of the European Economic Association*, 2012, 10 (1), pp. 1–42.

[156] Agarwal, N., Milner, C., Riano, A., Credit constraints and FDI spillovers in China, *CESifo Working Paper*, No. 4313, 2013.

[157] Aghion P., Harris C., Howitt P., Vickers J., Competition, Imitation and Growth with Step-by-Step Innovation, *Review of Economic Studies*, 2001, 68 (3), pp. 467–492.

[158] Aitken, B., and Harrison, Ann E., Do Domestic Firms Benefit from Direct Foreign Investment? Evidence from Venezuela, *The American Economic Review*, 1999, 89(3), pp. 605–618.

[159] Alfaro L., Chanda A., Kalemli-Ozcan S., et al., FDI and economic growth: the role of local financial markets, *Journal of International Economics*, 2004, 64(1), pp. 89–112.

[160] Allred, B. B., Park, W. G., Patent rights and innovative activity: evidence from national and firm-level data, *Journal of International Business Studies*, 2007, 38(6), pp. 878–900.

[161] Almeida, R., Fernandes, A. M., Openness and Technological Innovations in Developing Countries: Evidence from Firm-Level Surveys, *Journal of Development Studies*, 2008, 44(5), pp. 701–727.

[162] Amihud Y., Illiquidity and stock returns: cross-section and time-series effects, *Journal of Financial Markets*, 2002, 5(1), pp. 31–56.

[163] Amir R., Modelling imperfectly appropriable R&D via spillovers, *In-*

ternational Journal of Industrial Organization,2000,18(7),pp. 1013-1032.

[164] Anand B. N. , Khanna T. , The structure of licensing contracts, *The Journal of Industrial Economics*,2000,48(1),pp. 103-135.

[165] Anderson, J. E. , Van Wincoop, E. , Gravity with Gravitas: A Solution to the Border Puzzle, *American Economic Review*,2003,93(1),pp. 170-192.

[166] Ang, J. B. , Financial Reforms, Patent Protection, and Knowledge Accumulation in India, *World Development*,2010,38(8),pp. 1070-1081.

[167] Arnold J. M. , B. S. Javorcik, A. Mattoo, Does Services Liberalization Benefit Manufacturing Firms? Evidence from the Czech Republic, *Journal of International Economics*,2011,85(1),pp. 136-146.

[168] Arora A. , Fosfuri A. , Gambardella A. , Markets for technology in the knowledge economy, *International Social Science Journal*, 2002, 54 (171), pp. 115-128.

[169] Arora A. , Fosfuri A. , Licensing the market for technology, *Journal of Economic Behavior & Organization*,2003,52(2),pp. 277-295.

[170] Arora A. , Fosfuri A. , Wholly owned subsidiary versus technology licensing in the worldwide chemical industry, *Journal of International Business Studies*,2000,30(4),pp. 555-572.

[171] Arora, A. , Gambardella, A. , Ideas for Rent: An Overview of Markets for Technology, *Industrial and Corporate Change*,2010,19(3),pp. 775-803.

[172] Awokuse, T. O. , Yin, H. , Does Stronger Intellectual Property Rights Protection Induce More Bilateral Trade? Evidence from China's Imports, *World Development*,2010a,38(8),pp. 1094-1104.

[173] Awokuse, T. O. , Yin, H. , Intellectual Property Rights Protection and the Surge in FDI in China, *Journal of Comparative Economics*, 2010b, 38 (2), pp. 217-224.

[174] Balakrishnan, K. , Cohen, D. , Product market competition and financial accounting misreporting, *Working Paper*, University of Pennsylvania, 2011.

[175] Baron R. , Kenny D. , The moderator-mediator variable distinction in

social psychological research: conceptual, strategic, and statistical considerations, *Journal of Personality and Social Psychology*, 1986, 51(6), pp. 1173-1182.

[176] Barro R. J., Lee J. W., International comparisons of educational attainment, *Journal of Monetary Economics*, 1993, 32(3), pp. 363-394.

[177] Basu S., Weil D. N., Appropriate technology and growth, *The Quarterly Journal of Economics*, 1998, 113(4), pp. 1025-1054.

[178] Bergstrand J., the generalized gravity equation, monopolistic competition, and the factor-proportions theory in international trade, *Review of economics & statistics*, 1989, 71(1), pp. 143-153.

[179] Blalock, G., P. Gertler, Welfare Gains from Foreign Direct Investment through Technology Transfer to Local Suppliers, *Journal of International Economic*, 2008, 74(2), pp. 402-421.

[180] Borensztein E., De Gregorio J., Lee J. W., How does foreign direct investment affect economic growth?, *Journal of International Economics*, 1998, 45(1), pp. 115-135.

[181] Brandt L., Van Biesebroeck J., Zhang Y., Creative accounting or creative destruction? Firm-level productivity growth in Chinese level manufacturing, *Journal of Development Economic*, 2012, 97(2), pp. 339-351.

[182] Branstetter L., Fishman R., Foley F., Saggi K., Does Intellectual Property Rights Reform Spur Industrial Development, *Journal of Development Economics*, 2011, 83(1), pp. 27-36.

[183] Branstetter L., Ogura Y., Is academic science driving a surge in industrial innovation? Evidence from patent citations, *National Bureau of Economic Research*, 2005.

[184] Bushman R., Piotroski J., Financial reporting incentives for conservative accounting: The influence of legal and political institutions, *Journal of Accounting & Economics*, 2006, 42(1/2), pp. 107-148.

[185] Chan S. H., Martin J. D., Kensinger J. W., Corporate research and development expenditures and share value, *Journal of Financial Economics*, 1990,

26(2),pp. 255-276.

[186]Chang E.,Xu J.,Zheng L.,Short sale constraints,heterogeneous interpretations,and asymmetric price reactions to earnings announcements,*Journal of Accounting & Public Policy*,2013,32(6),pp. 435-455.

[187]Chen C.,Li Z.,Su X.,Sun Z.,Rent-seeking incentives,corporate political connections, and the control structure of private firms: Chinese evidence,*Journal of Corporate Finance*,2011,17(2),pp. 229-243.

[188]Chen Y.,Puttitanun T.,Intellectual property rights and innovation in developing countries, *Journal of Development Economics*, 2005, 78 (2), pp. 474-493.

[189]Cheung K.,Lin P.,Spillover effects of FDI on innovation in China: Evidence from the provincial data,*China Economic Review*,2004,15(1),pp. 25-44.

[190]Chordia T.,Sahn-Wook H.,Subralunanyam A.,The Cross-Section of Expected Trading Activity,*Review of Financial Studies*,2007,20(3),pp. 709-740.

[191]Chou C. F. U.,Shy O.,A Model of Technology Gap,Product Cycle, and the Process of Catching up Between the North and the South,*The Economic Record*,1991,67(3),pp. 217-226.

[192]Co,C. Y.,Do Patent Rights Regimes Matter?,*Review of International Economics*,2004,12(3),pp. 359-373.

[193] Cockburn I., Z. Griliches, Industry effects and appropriability measures in the stock market's valuation of R&D and patents,*American Economic Review*,1988,78(2),pp. 419-423.

[194]Coe D. T.,Helpman E.,Hoffmaister A. W.,International R&D spillovers and institutions,*European Economic Review*,2009,53(7),pp. 723-741.

[195]Coe D. T.,Helpman E.,International R&D spillovers,*European Economic Review*, 1995,39(5),pp. 859-887.

[196] Cohen W., Goto A., Nagata A., Nelson R., Walsh J., R&D

spillovers, patents and the incentives to innovate in Japan and the United States, *Research Policy*, 2002, 31(8/9), pp. 1349-1367.

[197] Connolly M., The dual nature of trade: measuring its impact on imitation and growth, *Journal of Development Economics*, 2003, 72(1), pp. 31-55.

[198] Contractor F. J., Choosing between direct investment and licensing: Theoretical considerations and empirical tests, *Journal of International Business Studies*, 1984, pp. 167-188.

[199] Crespo J., Martin C., Velazquez F. J., International technology diffusion through imports and its impact on economic growth, *European Economy Group Working Paper*, No. 12, 2002.

[200] Currie D., Levine P., Pearlman J., et al., Phases of imitation and innovation in a North-South endogenous growth model, *Oxford Economic Papers*, 1999, 51(1), pp. 60-88.

[201] Damijan, J. P., Knell, M., Majcen, B., Rojec, M., Technology transfer through FDI in top-10 transition countries: How important are direct effects, horizontal and vertical spillovers?, *William Davidson Working Paper*, No. 549, 2003.

[202] D'Aspremont C., Jacquemin A., Cooperative and noncooperative R&D in duopoly with spillovers, *The American Economic Review*, 1988, 78(5), pp. 1133-1137.

[203] DeLa Potterie B. V. P., Lichtenberg F., Does foreign direct investment transfer technology across borders, *Review of Economics and Statistics*, 2001, 83(3), pp. 490-497.

[204] Dimelis, S. P., Spillovers from Foreign Direct Investment and Firm Growth: Technological, Financial and Market Structure Effects, *International Journal of the Economics of Business*, 2005, 12(1), pp. 85-104.

[205] Diwan I., Rodrik D., Patents, appropriate technology, and North-South trade, *Journal of International Economics*, 1991, 30(1), pp. 27-47.

[206] Doanh, N. K., Heo, Y., Impacts of Intellectual Property Rights on

Trade Flows in ASEAN Countries, *Journal of International and Area Studies*, 2007,14(1),pp. 1-15.

[207] Dunning J. H., Towards an interdisciplinary explanation of international production, ders. (Hg.), *The Theory of Transnational Corporations*, London/New York, 1993, pp. 387-412.

[208] Eaton J., Kortum S., International technology diffusion: Theory and measurement, *International Economic Review*, 1999, 40(3), pp. 537-570.

[209] Eaton J., Kortum S., Trade in ideas Patenting and productivity in the OECD, *Journal of International Economics*, 1996, 40(3), pp. 251-278.

[210] Fagerberg J., Technology and international differences in growth rates, *Journal of economic Literature*, 1994, 32, pp. 1147-1175.

[211] Falvey R., Foster N., Greenaway D., North-South trade, knowledge spillovers and growth, *Journal of Economic Integration*, 2002, 17 (4), pp. 650-670.

[212] Falvey R., Foster N., Greenaway D., Imports, exports, knowledge spillovers and growth, *Economics Letters*, 2004, 85(2), pp. 209-213.

[213] Falvey R., Foster N., Greenaway D., Intellectual property rights and economic growth, *Review of Development Economics*, 2006, 10(4), pp. 700-719.

[214] Fan J., Gillan S., Yu X., Innovation or imitation? The role of intellectual property rights protections, *Working paper*, Chinese University of Hong Kong, 2011.

[215] Farole, T., Winkler, D., Foreign firm characteristics, absorptive capacity and the institutional framework, *Policy Research Working Paper*, No. 6265, World Bank, 2012.

[216] Feinberg S. E., Majumdar S. K., Technology spillovers from foreign direct investment in the Indian pharmaceutical industry, *Journal of International Business Studies*, 2001, 32(3), pp. 421-437.

[217] Fernandes, A. M., C. Paunov, Foreign Direct Investment in Services and Manufacturing Productivity: Evidence for Chile, *Journal of Development Eco-*

nomics, 2012, 97(2), pp. 305-321.

[218] Ferrantino M. J., The effect of intellectual property rights on international trade and investment, *Weltwirtschaftliches Archiv*, 1993, 129 (2), pp. 300-331.

[219] Fink, C., C. A. Primo Braga, How Stronger Protection of Intellectual Property Rights Affects International Trade Flows, *World Bank Working Paper*, No. 2051, 2005, pp. 1-23.

[220] Fisman R., Svensson J., Are corruption and taxation really harmful to growth? Firm level evidence, *Journal of Development Economics*, 2007, 83 (1), pp. 63-75.

[221] Fosfuri A., Patent protection, imitation and the mode of technology transfer, *International Journal of Industrial Organization*, 2000, 18 (7), pp. 1129-1149.

[222] Francis B., Hasan I., Huang Y., et al., Do banks value innovation? Evidence from US firms, *Financial Management*, 2012, 41(1), pp. 159-185.

[223] Gallini N. T., Winter R. A., Licensing in the theory of innovation, *The RAND Journal of Economics*, 1985, 16(2), pp. 237-252.

[224] Gambardella A., Giuri P., Luzzi A., The market for patents in Europe, *Research Policy*, 2007, 36(8), pp. 1163-1183.

[225] Gorg, H., Greenaway, D., Much do about Nothing? Do Domestic Firms Really Benefit from Foreign Direct Investment?, *World Bank Research Observer*, 2004, 19(2), pp. 171-197.

[226] Green J., Scotchmer S., On the division of profit in sequential innovation, *Rand Journal of Economics*, Spring95, 1995, 26(1), pp. 20-33.

[227] Grossman, G. M., Helpman, E., Quality ladders and product cycles, *Quarterly Journal of Economics*, 1991a, 106(2), pp. 557-586.

[228] Grossman, G. M., Helpman, E., Endogenous Product Cycles, *Economic Journal*, 1991b, 101(408), pp. 1214-1229.

[229] Grossman, G. M., Helpman, E., *Innovation and Growth in the Global*

Economy, Cambridge : MIT Press, 1991c.

[230] Grullon G. , Kanatas G. , Weston J. , Advertising, Breadth of Ownership, and Liquidity, *Review of Financial Studies*, 2004, 17(2), pp. 439–461.

[231] Gul F. , Kim J. , Qiu A. , Ownership concentration, foreign shareholding, audit quality, and stock price synchronicity: Evidence from China, *Journal of Financial Economics*, 2010, 95(3), pp. 425–442.

[232] Haddad M. , Harrison A. , Are there positive spillovers from direct foreign investment? Evidence from panel data for Morocco, *Journal of Development Economics*, 1993, 42(1), pp. 51–74.

[233] Hall B. H. , Jaffe A. , Trajtenberg M. , Market value and patent citations, *RAND Journal of Economics*, 2005, 36(1), pp. 16–38.

[234] Hall, B. H. , Industrial research during the 1980s: did the rat of return fall, *Brookings Papers on Economic Activity*, 1993a, (2), pp. 289–343.

[235] Hall B. H. , R. Oriani, Does the market value R&D investment by European firms? Evidence from a panel of manufacturing firms in France, Germany, and Italy, *International Journal of Industrial Organization*, 2006, 24 (5), pp. 971–993.

[236] Hall, B. H. , The stock market's valuation of R&D investment during the 1980's, *American Economic Review*, 1993b, 83(2), pp. 259–264.

[237] Hansen B. E. , Threshold effects in non–dynamic panels: Estimation, testing, and inference, *Journal of Econometrics*, 1999, 93(2), pp. 345–368.

[238] Harris C. , Vickers J. , Perfect Equilibrium in a Model of a Race, *Review of Economic Studies*, 1985, 52(2), pp. 193–209.

[239] Harrison A. E. , Aitken B. J. , Do Domestic Firms Benefit from Direct Foreign Investment? Evidence from Venezuela, *American Economic Review*, 1999, 89(3), pp. 605–618.

[240] Hejazi W. , Safarian A. E. , Trade, foreign direct investment, and R&D spillovers, *Journal of International Business Studies*, 1999, 30(3), pp. 491–511.

[241] Helpman E. , Hoffmaister A. , North–South R&D spillovers, *The Eco-*

nomic Journal, 1997, 1107, pp. 134-149.

[242] Hirshleifer D., Residual risk, trading costs, and commodity futures risk premia, *Review of Financial Studies*, 1988, 1(2), pp. 173-193.

[243] Hopenhayn, Hugo, Matthew Mitchell, Optimal Patent Policy with Recurrent Innovators, *UCLA and University of Toronto Working Paper*, 2011.

[244] Horii R., Iwaisako T., Economic growth with imperfect protection of intellectual property rights, *Journal of Economics*, 2007, 90(1), pp. 45-85.

[245] Hu A. G. Z., Jefferson G. H., Jinchang Q., R&D and technology transfer: firm-level evidence from Chinese industry, *Review of Economics and Statistics*, 2005, 87(4), pp. 780-786.

[246] Ivus O., Do stronger patent rights raise high-tech exports to the developing world, *Journal of International Economics*, 2010, 81(1), pp. 38-47.

[247] Jade Vichyanond, Intellectual Property Protection and Patterns of Trade, *Princeton University CEPS Working Paper*, No. 197, 2009.

[248] Jaffe, A. B., Technological opportunity and spillovers of R&D: evidence from firm's patents, profits, and market value, *American Economic Review*, 1986, 76(5), pp. 984-1001.

[249] Jaffe A., Trajtenberg M., Geographic localization of knowledge spillovers as evidenced by patent citations, *Quarterly Journal of Economics*, 1993, 108(3), pp. 576-598.

[250] Javorcik B. S., Does foreign direct investment increase the productivity of domestic firms? In search of spillovers through backward linkages, *The American Economic Review*, 2004, 94(3), pp. 605-627.

[251] Kanwar S., Evesnson R., Does intellectual property protection spur technological change?, *Oxford Economic Papers*, 2003, 55(2), pp. 235-264.

[252] Katz M. L., Shapiro C., On the licensing of innovations, *The RAND Journal of Economics*, 1985, 16(4), pp. 504-520.

[253] Keller W., Geographic Localization of International Technology Diffusion, *American Economic Review*, 2002, 92(1), pp. 120-142.

[254] Keller W. , International technology diffusion, *Journal of Economic Literature*, 2004, 42(3), pp. 752-782.

[255] Keller Wolfgang, International Trade, Foreign Direct Investment and Technology Spillovers, *CEPR Discussion Papers*, 2009.

[256] Kerr S. , Newell R. G. , Policy - Induced Technology Adoption: Evidence from the US Lead Phasedown, *The Journal of Industrial Economics*, 2003, 51(3), pp. 317-343.

[257] Kim L. , *Imitation to innovation: The dynamics of Korea's technological learning*, Harvard Business Press, 1997.

[258] Kinoshita, Y. , R&D and Technology Spillovers Via FDI: Innovation and Absorptive Capacity, *CEPR Discussion Paper*, No. 2775, 2006.

[259] Kokko A. , Foreign direct investment, host country characteristics and spillovers, *The Economic Research Institute*, Stockholm, 1992.

[260] Kokko A. , Tansini R. , Zejan M. C. , Local technological capability and productivity spillovers from FDI in the Uruguayan manufacturing sector, *The Journal of Development Studies*, 1996, 32(4), pp. 602-611.

[261] Kugler, Maurice, Spillovers from foreign direct investment: Within or between industries? *Journal of Development Economics*, 2006, 80 (2), pp. 444-477.

[262] Kumar N. , Intellectual property rights, technology and economic development: Experiences of Asian countries, *Economic and Political Weekly*, 2003, pp. 209-226.

[263] Lee, G. , International Knowledge Spillovers through the Import of Information Technology Commodities, *Applied Economics*, 2009, 41 (24), pp. 3161-3169.

[264] Lee J Y, Mansfield E. , Intellectual Property Protection and US Foreign Direct Investment, *The Review of Economics and Statistics*, 1996, 78(2), pp. 181-186.

[265] Li B. , Sun Q. , Wang C. , Liquidity, Liquidity Risk and Stock

Returns: Evidence from Japan, *European Financial Management*, 2014, 20(1), pp. 126-151.

[266]Lichtenberg F., Potterie B., International R&D spillovers: A re-examination, *NBER Working Paper*, No. 5668, 1996.

[267]Lichtenberg F. R., Pottelsberghe dela Potterie B., International R&D spillovers: a comment, *European Economic Review*, 1998, 42(8), pp. 1483-1491.

[268]Lin P., Learning with Information Capacity Constraints, *Journal of Financial & Quantitative Analysis*, 2005, 40(2), pp. 307-329.

[269]Mansfield E., Basic Research and Productivity Increase in Manufacturing, *American Economic Review*, 1980, 70(5), pp. 863-873.

[270]Mansfield E., How rapidly does new industrial technology leak out?, *Journal of Industrial Economics*, 1985, 34(2), pp. 217-223.

[271]Mansfield E., Intellectual Property Protection, Direct Investment, and Technology Transfer: Germany, Japan, and the United States, World Bank, *International Finance Corporation*, 1995, Discussion Paper 27.

[272] Mansfield E., Patents and Innovation: An Empirical Study, *Management Science*, 1986, 32(2), pp. 173-181.

[273]Markusen, James., Contracts, Intellectual Property Rights, and Multinational Investment in Developing Countries, *Journal of International Economics*, 2001, 53, pp. 189-204.

[274] Maskus K. E., Intellectual property rights in the global economy, *Peterson Institute*, 2000.

[275]McCalman P., Reaping what you sow: an empirical analysis of international patent harmonization, *Journal of International Economics*, 2001, 55(1), pp. 161-186.

[276] McLean R. D., Zhang T., Zhao M., Why does the law matter? Investor protection and its effects on investment, finance, and growth, *The Journal of Finance*, 2012, 67(1), pp. 313-350.

[277]Meng, Y. H., Trade in Producer Services and Technology Efficiency

MA: Harvard Economic Studies, 1934.

[301]Scotchmer S., On the optimality of the patent renewal system, *Rand Journal of Economics*, 1999, 30(2), pp. 181-196.

[302] Seamans R., Threat of entry, asymmetric information, and pricing, *Strategic Management Journal*, 2013, 34(4), pp. 426-444.

[303] Segerstrom P. S., Anant T. C. A., Dinopoulos E., A Schumpeterian model of the product life cycle, *The American Economic Review*, 1990, 80(5), pp. 1077-1091.

[304]Seyoum B., The impact of intellectual property rights on foreign direct investment, *The Columbia Journal of World Business*, 1996, 31(1), pp. 50-59.

[305]Shapiro C., Patent Licensing and R&D Rivalry, *American Economic Review*, 1985, 75(2), pp. 25-30.

[306]Smarzynska Javorcik B., The composition of foreign direct investment and protection of intellectual property rights: Evidence from transition economies, *European Economic Review*, 2004, 48(1), pp. 39-62.

[307]Stiglitz J. E., Weiss A., Credit rationing in markets with imperfect information, *The American Economic Review*, 1981, 71(3), pp. 393-410.

[308]Suzumura K., Cooperative and Noncooperative R&D in an Oligopoly with Spillovers, *The American Economic Review*, 1992, 82(5), pp. 1307-1320.

[309]Taylor M. S., TRIPs, Trade, and Growth, *International Economic Review*, 1994, 35, pp. 361-381.

[310]Thompson E. R., Clustering of Foreign Direct Investment and Enhanced Technology Transfer: Evidence from Hong Kong Firms in China, *World Development*, 2002, 30, pp. 873-889.

[311]Van Elkan R., Catching up and slowing down: Learning and growth patterns in an open economy, *Journal of International Economics*, 1996, 41(1), pp. 95-111.

[312]Varsakelis N., The impact of patent protection, economy openness and national culture on R&D investment: a cross-country empirical investigation, *Re-*

search Policy, 2001, 30(7), pp. 1059-1068.

[313] Vernon R., International investment and international trade in the product cycle, *The Quarterly Journal of Economics*, 1966, 80(2), pp. 190-207.

[314] Verrecchia R., Essays on disclosure, *Journal of Accounting & Economics*, 2001, 32(1-3), pp. 97-180.

[315] Wang Q., Wong T., Xia L., State ownership, the institutional environment, and auditor choice: Evidence from China, *Journal of Accounting & Economics*, 2008, 46(1), pp. 112-134.

[316] Waterson M., The economics of product patents, *The American Economic Review*, 1990, 80(4), pp. 860-869.

[317] Wen-Hsien Liu, Ya-Chi Lin, Foreign patent rights and high-tech exports: evidence from Taiwan, *Applied Economics*, 2005, 37(13), pp. 1543-1555.

[318] Wooldridge, J. M., *Economic Analysis of Cross Section and Panel Data*, Cambridge: MIT Press, 2002.

[319] Xu B., Multinational enterprises, technology diffusion, and host country productivity growth, *Journal of Development Economics*, 2000, 62(2), pp. 477-493.

[320] Yang C. H., Woo R. J., Do stronger intellectual property rights induce more agricultural trade? A dynamic panel data model applied to seed trade, *Agricultural Economics*, 2006, 35(1), pp. 91-101.

[321] Yang C., Li J., Investor sentiment, information and asset pricing model, *Economic Modelling*, 2013, 35, pp. 436-442.

[322] Yang G., Maskus K. E., Intellectual property rights, licensing, and innovation in an endogenous product-cycle model, *Journal of International Economics*, 2001, 53(1), pp. 169-187.

[323] Yang H., Phelps C., Steensma H. K., Learning from what others have learned from you: The effects of knowledge spillovers on originating firms, *Academy of Management Journal*, 2010, 53(2), pp. 371-389.

[324] Yasuda T., Firm Growth, Size, Age and Behavior in Japanese Manu-

facturing, *Small Business Economics*, 2005, 24(1), pp. 1-15.

[325] Yu, X., Zhang, P., Zheng, Y., Corporate governance and intra-industry information spillover effect: evidence from corporate scandal announcements in China, *Working paper*, Nanjing University, 2012.

[326] Zhan Y., Zhu X., Intellectual property right abuses in the patent licensing of technology standards from developed countries to developing countries: A study of some typical cases from China, *The Journal of World Intellectual Property*, 2007, 10(3-4), pp. 187-200.

[327] Zigic, Kresimir., Intelectual Property Rights Violations and Spillovers in North-South Trade, *European Economic Review*, 1998, 42(9), pp. 1779-1799.

[328] Zigic, Kresimir., Strategic Trade Policy, Intellectual Property Rights Protection, and North-South Trade, *Journal of Development Economics*, 2000, 61(1), pp. 27-60.

附 录

附录 1 2001—2015 年中国各省份律师人数 单位：人

年份/省份	2001	2002	2003	2004	2005	2006	2007	2008	2009	2010	2011	2012	2013	2014	2015
北京	8336	10590	10950	9755	11565	13511	15792	17931	21215	22937	22100	22796	23776	24390	24169
天津	2081	2177	2347	2445	2518	2731	2177	–	2620	3134	3644	4147	4624	4963	5058
河北	4680	5171	4986	5412	5565	6042	5269	–	6894	7734	8460	9303	9800	10459	10459
山西	3054	3740	3342	2944	3617	4065	3134	–	3357	3601	4546	5161	5540	6400	6400
内蒙古	2151	2107	2364	2334	2309	2571	2513	2451	2798	3264	3632	3976	4331	4741	4741
辽宁	5311	5463	5876	6142	6477	6479	5017	5943	6298	6648	7430	7925	8540	9041	9130
吉林	2595	2620	2681	2498	2129	2328	2277	2424	2541	2899	3206	3411	3610	3694	3694
黑龙江	3252	4128	4282	3785	3955	4017	3379	–	3474	3821	4760	4353	4309	–	4812
上海	6293	7078	7674	8285	9917	11001	9192	10192	10617	13027	14345	15717	16692	–	17820
江苏	7089	8596	8850	9363	9051	10664	8384	–	10146	11903	13018	13874	15475	16708	16708
浙江	6133	6931	7137	7626	8038	8688	6550	6953	8051	9289	10605	11679	12791	14144	14144
安徽	4128	4970	4704	4805	4806	4739	4191	4319	–	5019	5355	5875	6277	6763	6763
福建	3335	3691	4202	4243	4430	4725	4323	4584	4930	5633	6332	6867	7478	8135	8117
江西	2568	2655	2252	2307	2690	2928	2174	–	–	3247	3267	3391	3692	–	4043
山东	8169	8757	9432	9337	10150	10466	9024	9542	10531	12599	14137	15633	16941	18405	18405
河南	6166	6754	7439	7220	7378	7560	6475	7025	8027	9352	10227	11347	12422	13571	13571
湖北	4516	4725	4794	5083	5238	5497	4815	–	–	6581	7383	8167	8731	9482	9482
湖南	4859	5206	5090	5291	5663	5781	5532	–	6407	7055	7747	8335	8565	10227	10227
广东	11294	12882	13738	15064	15779	16792	15136	16638	18504	20230	21537	23209	25093	26920	26397
广西	2561	2894	2871	3241	3390	3465	3131	3440	3755	4033	4719	5041	5315	6030	6029
海南	1044	808	810	855	911	945	862	–	846	1140	1261	1402	1487	1387	1602
重庆	4461	4225	4182	4387	4626	5452	4002	4023	4311	4834	5467	5663	6355	6798	6798
四川	5997	6922	7534	7589	8117	8398	7163	6922	8478	9297	10029	11268	12435	13974	13974
贵州	1310	1579	1589	1589	1731	1951	1661	1655	–	2227	2471	2820	3192	3509	3509

续表

年份 省份	2001	2002	2003	2004	2005	2006	2007	2008	2009	2010	2011	2012	2013	2014	2015
云南	3064	3241	3613	3981	4294	4147	3453	–	3948	4554	5048	5614	6638	7278	7278
西藏	60	–	–	–	78	87	78	–	–	134	174	186	199	–	239
陕西	3083	3552	3905	3889	3618	4133	3067	3344	3762	4274	4869	5452	6030	6567	6567
甘肃	1583	1822	1878	1839	1853	2033	1654	–	1945	2179	2262	2262	2466	–	2596
青海	414	434	464	461	523	518	426	421	631	470	532	569	641	707	707
宁夏	745	743	824	729	777	805	702	702	812	945	1120	1263	1444	1577	1601
新疆	2021	2064	2572	2529	2477	2377	2228	–	2479	2900	3035	3399	3734	4092	4092

数据来源及说明：2001—2011年数据来自《中国律师年鉴》（2001—2003）、《中国律师年鉴》（2004）、《中国律师年鉴》（2005）、《中国律师年鉴》（2006—2008）、《中国律师年鉴》（2009）、《中国律师年鉴》（2010）、《中国律师年鉴》（2011）。2012、2013、2014、2015年数据笔者向《中国律师年鉴》赵伟主编索取。而2008年和2009年有大量数据缺失的原因是这两年《中国律师年鉴》没有各省份律师人数的统计表格，笔者从各省份律师协会工作概况中手工摘录部分数据，但仍然存在很多省份没有相关统计，导致2008年和2009年数据缺失较为严重。

附录2　2001—2015年中国各省份总人口数　　单位：万人

年份 省份	2001	2002	2003	2004	2005	2006	2007	2008	2009	2010	2011	2012	2013	2014	2015
北京	1385	1423	1456	1493	1538	1601	1676	1771	1860	1962	2019	2069	2115	2152	2171
天津	1004	1007	1011	1024	1043	1075	1115	1176	1228	1299	1355	1413	1472	1517	1547
河北	6699	6735	6769	6809	6851	6898	6943	6989	7034	7194	7241	7288	7333	7384	7425
山西	3272	3294	3314	3335	3355	3375	3393	3411	3427	3574	3593	3611	3630	3648	3664
内蒙古	2381	2384	2386	2393	2403	2415	2429	2444	2458	2472	2482	2490	2498	2505	2511
辽宁	4194	4203	4210	4217	4221	4271	4298	4315	4341	4375	4383	4389	4390	4391	4382
吉林	2691	2699	2704	2709	2716	2723	2730	2734	2740	2747	2749	2750	2751	2752	2753
黑龙江	3811	3813	3815	3817	3820	3823	3824	3825	3826	3833	3834	3834	3835	3833	3812
上海	1668	1713	1766	1835	1890	1964	2064	2141	2210	2303	2347	2380	2415	2426	2415
江苏	7359	7406	7458	7523	7588	7656	7723	7762	7810	7869	7899	7920	7939	7960	7976
浙江	4729	4776	4857	4925	4991	5072	5155	5212	5276	5447	5463	5477	5498	5508	5539
安徽	6128	6144	6163	6228	6120	6110	6118	6135	6131	5957	5968	5988	6030	6083	6144
福建	3445	3476	3502	3529	3557	3585	3612	3639	3666	3693	3720	3748	3774	3806	3839
江西	4186	4222	4254	4284	4311	4339	4368	4400	4432	4462	4488	4504	4522	4542	4566
山东	9041	9082	9125	9180	9248	9309	9367	9417	9470	9588	9637	9685	9733	9789	9847
河南	9555	9613	9667	9717	9380	9392	9360	9429	9487	9405	9388	9406	9413	9436	9480
湖北	5658	5672	5685	5698	5710	5693	5699	5711	5720	5728	5758	5779	5799	5816	5852

续表

省份＼年份	2001	2002	2003	2004	2005	2006	2007	2008	2009	2010	2011	2012	2013	2014	2015
湖南	6596	6629	6663	6698	6326	6342	6355	6380	6406	6570	6596	6639	6691	6737	6783
广东	8733	8842	8963	9111	9194	9442	9660	9893	10130	10441	10505	10594	10644	10724	10849
广西	4788	4822	4857	4889	4660	4719	4768	4816	4856	4610	4645	4682	4719	4754	4796
海南	796	803	811	818	828	836	845	854	864	869	877	887	895	903	911
重庆	2829	2814	2803	2793	2798	2808	2816	2839	2859	2885	2919	2945	2970	2991	3017
四川	8143	8110	8176	8090	8212	8169	8127	8138	8185	8045	8050	8076	8107	8140	8204
贵州	3799	3837	3870	3904	3730	3690	3632	3596	3537	3479	3469	3484	3502	3508	3530
云南	4287	4333	4376	4415	4450	4483	4514	4543	4571	4602	4631	4659	4687	4714	4742
西藏	264	268	272	276	280	285	289	292	296	300	303	308	312	318	324
陕西	3653	3662	3672	3681	3690	3699	3708	3718	3727	3735	3743	3753	3764	3775	3793
甘肃	2523	2531	2537	2541	2545	2547	2548	2551	2555	2560	2564	2578	2582	2591	2600
青海	523	529	534	539	543	548	552	554	557	563	568	573	578	583	588
宁夏	563	572	580	588	596	604	610	618	625	633	639	647	654	662	668
新疆	1876	1905	1934	1963	2010	2050	2095	2131	2159	2185	2209	2233	2264	2298	2360

数据来源：中国统计局网站，http://data. stats. gov. cn/workspace/index? m=fsnd.

附录 3　2001—2015 年中国各省份的律师人数占总人口的比例　单位：万分之一

省份＼年份	2001	2002	2003	2004	2005	2006	2007	2008	2009	2010	2011	2012	2013	2014	2015
北京	6. 019	7. 442	7. 521	6. 534	7. 520	8. 439	9. 422	10. 125	11. 406	11. 691	10. 946	11. 018	11. 242	11. 334	11. 133
天津	2. 073	2. 162	2. 321	2. 388	2. 414	2. 540	1. 952	–	2. 134	2. 413	2. 689	2. 935	3. 141	3. 272	3. 270
河北	0. 699	0. 768	0. 737	0. 795	0. 812	0. 876	0. 759	–	0. 980	1. 075	1. 168	1. 276	1. 336	1. 416	1. 409
山西	0. 933	1. 135	1. 008	0. 883	1. 078	1. 204	0. 924	–	0. 980	1. 008	1. 265	1. 429	1. 526	1. 754	1. 747
内蒙古	0. 903	0. 884	0. 991	0. 975	0. 961	1. 065	1. 035	1. 003	1. 138	1. 320	1. 463	1. 597	1. 734	1. 893	1. 888
辽宁	1. 266	1. 300	1. 396	1. 456	1. 534	1. 517	1. 167	1. 377	1. 451	1. 520	1. 695	1. 806	1. 945	2. 059	2. 084
吉林	0. 964	0. 971	0. 991	0. 922	0. 784	0. 855	0. 834	0. 887	0. 927	1. 055	1. 166	1. 240	1. 312	1. 342	1. 342
黑龙江	0. 853	1. 083	1. 122	0. 992	1. 035	1. 051	0. 884	–	0. 908	0. 997	1. 242	1. 135	1. 124	–	1. 262
上海	3. 773	4. 132	4. 345	4. 515	5. 247	5. 601	4. 453	4. 760	4. 804	5. 657	6. 112	6. 604	6. 912	–	7. 379
江苏	0. 963	1. 161	1. 187	1. 245	1. 193	1. 393	1. 086	–	1. 299	1. 513	1. 648	1. 752	1. 949	2. 099	2. 095
浙江	1. 297	1. 451	1. 469	1. 548	1. 610	1. 713	1. 271	1. 334	1. 526	1. 705	1. 941	2. 132	2. 326	2. 568	2. 554
安徽	0. 674	0. 809	0. 763	0. 772	0. 785	0. 776	0. 685	0. 704	–	0. 843	0. 897	0. 981	1. 041	1. 112	1. 101
福建	0. 968	1. 062	1. 200	1. 202	1. 245	1. 318	1. 197	1. 260	1. 345	1. 525	1. 702	1. 832	1. 981	2. 137	2. 114

续表

省份\年份	2001	2002	2003	2004	2005	2006	2007	2008	2009	2010	2011	2012	2013	2014	2015
江西	0.613	0.629	0.529	0.539	0.624	0.675	0.498	–	–	0.728	0.728	0.753	0.816	–	0.885
山东	0.904	0.964	1.034	1.017	1.098	1.124	0.963	1.013	1.112	1.314	1.467	1.614	1.741	1.880	1.869
河南	0.645	0.703	0.770	0.743	0.787	0.805	0.692	0.745	0.846	0.994	1.089	1.206	1.320	1.438	1.432
湖北	0.798	0.833	0.843	0.892	0.917	0.966	0.845	–	–	1.149	1.282	1.413	1.506	1.630	1.620
湖南	0.737	0.785	0.764	0.790	0.895	0.912	0.870	–	1.000	1.074	1.174	1.255	1.280	1.518	1.508
广东	1.293	1.457	1.533	1.653	1.716	1.778	1.567	1.682	1.827	1.938	2.050	2.191	2.357	2.510	2.433
广西	0.535	0.600	0.591	0.663	0.727	0.734	0.657	0.714	0.773	0.875	1.016	1.077	1.126	1.268	1.257
海南	1.312	1.006	0.999	1.045	1.100	1.130	1.020	–	0.979	1.312	1.438	1.581	1.661	1.536	1.759
重庆	1.577	1.501	1.492	1.571	1.653	1.942	1.421	1.417	1.508	1.676	1.873	1.923	2.140	2.273	2.253
四川	0.736	0.854	0.921	0.938	0.988	1.028	0.881	0.851	1.036	1.156	1.246	1.395	1.534	1.717	1.703
贵州	0.345	0.412	0.411	0.407	0.464	0.529	0.457	0.460	–	0.640	0.712	0.809	0.911	1.000	0.994
云南	0.715	0.748	0.826	0.902	0.965	0.925	0.765	–	0.864	0.990	1.090	1.205	1.416	1.544	1.535
西藏	0.227	–	–	–	0.279	0.305	0.270	–	–	0.447	0.574	0.604	0.638	–	0.738
陕西	0.844	0.970	1.063	1.057	0.980	1.117	0.827	0.899	1.009	1.144	1.301	1.453	1.602	1.740	1.731
甘肃	0.627	0.720	0.740	0.724	0.728	0.798	0.649	–	0.761	0.851	0.882	0.877	0.955	–	0.998
青海	0.792	0.820	0.869	0.855	0.963	0.945	0.772	0.760	1.133	0.835	0.937	0.993	1.109	1.213	1.202
宁夏	1.323	1.299	1.421	1.240	1.304	1.333	1.151	1.136	1.299	1.493	1.753	1.952	2.208	2.382	2.397
新疆	1.077	1.083	1.330	1.288	1.232	1.160	1.063	–	1.148	1.327	1.374	1.522	1.649	1.781	1.734

数据来源：根据附录 1 和附录 2 的数据计算所得。

附录 4　2001—2015 年中国各省份司法保护水平取值

省份\年份	2001	2002	2003	2004	2005	2006	2007	2008	2009	2010	2011	2012	2013	2014	2015
北京	1	1	1	1	1	1	1	1	1	1	1	1	1	1	1
天津	0.415	0.432	0.464	0.478	0.483	0.508	0.390	–	0.427	0.483	0.538	0.587	0.628	0.654	0.654
河北	0.140	0.154	0.147	0.159	0.162	0.175	0.152	–	0.196	0.215	0.234	0.255	0.267	0.283	0.282
山西	0.187	0.227	0.202	0.177	0.216	0.241	0.185	–	0.196	0.202	0.253	0.286	0.305	0.351	0.349
内蒙古	0.181	0.177	0.198	0.195	0.192	0.213	0.207	0.201	0.228	0.264	0.293	0.319	0.347	0.379	0.378
辽宁	0.253	0.260	0.279	0.291	0.307	0.303	0.233	0.275	0.290	0.304	0.339	0.361	0.389	0.412	0.417
吉林	0.193	0.194	0.198	0.184	0.157	0.171	0.167	0.177	0.185	0.211	0.233	0.248	0.262	0.268	0.268
黑龙江	0.171	0.217	0.224	0.198	0.207	0.210	0.177	–	0.182	0.199	0.248	0.227	0.225	–	0.252
上海	0.755	0.826	0.869	0.903	1	1	0.891	0.952	0.961	1	1	1	1	–	1
江苏	0.193	0.232	0.237	0.249	0.239	0.279	0.217	–	0.260	0.303	0.330	0.350	0.390	0.420	0.419

续表

年份 省份	2001	2002	2003	2004	2005	2006	2007	2008	2009	2010	2011	2012	2013	2014	2015
浙江	0. 259	0. 290	0. 294	0. 310	0. 322	0. 343	0. 254	0. 267	0. 305	0. 341	0. 388	0. 426	0. 465	0. 514	0. 511
安徽	0. 135	0. 162	0. 153	0. 154	0. 157	0. 155	0. 137	0. 141	-	0. 169	0. 179	0. 196	0. 208	0. 222	0. 220
福建	0. 194	0. 212	0. 240	0. 240	0. 249	0. 264	0. 239	0. 252	0. 269	0. 305	0. 340	0. 366	0. 396	0. 427	0. 423
江西	0. 123	0. 126	0. 106	0. 108	0. 125	0. 135	0. 100	-	-	0. 146	0. 146	0. 151	0. 163	-	0. 177
山东	0. 181	0. 193	0. 207	0. 203	0. 220	0. 225	0. 193	0. 203	0. 222	0. 263	0. 293	0. 323	0. 348	0. 376	0. 374
河南	0. 129	0. 141	0. 154	0. 149	0. 157	0. 161	0. 138	0. 149	0. 169	0. 199	0. 218	0. 241	0. 264	0. 288	0. 286
湖北	0. 160	0. 167	0. 169	0. 178	0. 183	0. 193	0. 169	-	-	0. 230	0. 256	0. 283	0. 301	0. 326	0. 324
湖南	0. 147	0. 157	0. 153	0. 158	0. 179	0. 182	0. 174	-	0. 200	0. 215	0. 235	0. 251	0. 256	0. 304	0. 302
广东	0. 259	0. 291	0. 307	0. 331	0. 343	0. 356	0. 313	0. 336	0. 365	0. 388	0. 410	0. 438	0. 471	0. 502	0. 487
广西	0. 107	0. 120	0. 118	0. 133	0. 145	0. 147	0. 131	0. 143	0. 155	0. 175	0. 203	0. 215	0. 225	0. 254	0. 251
海南	0. 262	0. 201	0. 200	0. 209	0. 220	0. 226	0. 204	-	0. 196	0. 262	0. 288	0. 316	0. 332	0. 307	0. 352
重庆	0. 315	0. 300	0. 298	0. 314	0. 331	0. 388	0. 284	0. 283	0. 302	0. 335	0. 375	0. 385	0. 428	0. 455	0. 451
四川	0. 147	0. 171	0. 184	0. 188	0. 198	0. 206	0. 176	0. 170	0. 207	0. 231	0. 249	0. 279	0. 307	0. 343	0. 341
贵州	0. 069	0. 082	0. 082	0. 081	0. 093	0. 106	0. 091	0. 092	-	0. 128	0. 142	0. 162	0. 182	0. 200	0. 199
云南	0. 143	0. 150	0. 165	0. 180	0. 193	0. 185	0. 153	-	0. 173	0. 198	0. 218	0. 241	0. 283	0. 309	0. 307
西藏	0. 045	-	-	-	0. 056	0. 061	0. 054	-	-	0. 089	0. 115	0. 121	0. 128	-	0. 148
陕西	0. 169	0. 194	0. 213	0. 211	0. 196	0. 223	0. 165	0. 180	0. 202	0. 229	0. 260	0. 291	0. 320	0. 348	0. 346
甘肃	0. 125	0. 144	0. 148	0. 145	0. 146	0. 160	0. 130	-	0. 152	0. 170	0. 176	0. 175	0. 191	-	0. 200
青海	0. 158	0. 164	0. 174	0. 171	0. 193	0. 189	0. 154	0. 152	0. 227	0. 167	0. 187	0. 199	0. 222	0. 243	0. 240
宁夏	0. 265	0. 260	0. 284	0. 248	0. 261	0. 267	0. 230	0. 227	0. 260	0. 299	0. 351	0. 390	0. 442	0. 476	0. 479
新疆	0. 215	0. 217	0. 266	0. 258	0. 246	0. 232	0. 213	-	0. 230	0. 265	0. 275	0. 304	0. 330	0. 356	0. 347

数据来源：根据附录 3 的数据计算所得，具体计算过程如下，当律师人数占总人口数量的比例超过万分之五时，取值为 1；当律师人数占总人口数量的比例小于万分之五时，取值为实际比例除以万分之五。

附录 5　2001—2015 年中国各省份经济发展水平取值基准的测算

指标 年份	中低收入水平 GNI 上限	人均 GNI	中低收入水平 GDP 上限	人均 GDP
2001	2975	1000	25649. 59	8621. 71
2002	2935	1100	25075. 71	9398. 05
2003	3035	1260	25392. 76	10541. 97
2004	3255	1490	26947. 86	12335. 58
2005	3465	1740	28248. 43	14185. 36
2006	3595	2040	29076. 68	16499. 70

续表

指标 / 年份	中低收入水平 GNI 上限	人均 GNI	中低收入水平 GDP 上限	人均 GDP
2007	3705	2470	30254.19	20169.46
2008	3855	3050	29964.99	23707.71
2009	3945	3610	27983.85	25607.53
2010	3975	4240	28139.11	30015.05
2011	4035	4900	28984.30	35197.79
2012	4085	5720	27466.25	38459.47
2013	4125	6430	27722.69	43213.80
2014	4125	7150	26831.24.	46507.49
2015	4035	7810	25764.46	49868.75

数据来源：①人均 GNI，http://data.worldbank.org/indicator/NY.GNP.PCAP.CD；②GNI 上限，http://siteresources.worldbank.org/DATASTATISTICS/Resources/OGHIST.xls；③人均 GDP，中国统计局网站；④GDP 上限，假定人均 GNI 占 GNI 上限值的比例与人均 GDP 占 GDP 上限值的比例相同的前提下计算所得，此值成为中国各省份经济发展水平取值的依据，并以此指标为基础计算得到附录 6；⑤中低收入水平 GNI 上限、人均 GNI，单位为当期美元；中低收入水平 GDP 上限、人均 GDP，单位为当期元。

附录 6　2001—2015 年中国各省份经济发展水平取值

年份 / 省份	2001	2002	2003	2004	2005	2006	2007	2008	2009	2010	2011	2012	2013	2014	2015
北京	1	1	1	1	1	1	1	1	1	1	1	1	1	1	1
天津	0.746	0.853	1	1	1	1	1	1	1	1	1	1	1	1	1
河北	0.322	0.357	0.404	0.463	0.519	0.574	0.650	0.767	0.878	1	1	1	1	1	1
山西	0.243	0.282	0.340	0.399	0.448	0.499	0.589	0.718	0.769	0.934	1	1	1	1	1
内蒙古	0.281	0.325	0.394	0.472	0.576	0.706	0.877	1	1	1	1	1	1	1	1
辽宁	0.468	0.518	0.562	0.588	0.675	0.754	0.861	1	1	1	1	1	1	1	1
吉林	0.308	0.348	0.388	0.428	0.473	0.541	0.641	0.785	0.950	1	1	1	1	1	1
黑龙江	0.347	0.380	0.419	0.462	0.511	0.559	0.614	0.726	0.802	0.962	1	1	1	1	1
上海	1	1	1	1	1	1	1	1	1	1	1	1	1	1	1
江苏	0.502	0.573	0.659	0.743	0.871	0.981	1	1	1	1	1	1	1	1	1
浙江	0.572	0.672	0.793	0.884	0.958	1	1	1	1	1	1	1	1	1	1
安徽	0.207	0.229	0.251	0.285	0.306	0.344	0.398	0.482	0.586	0.742	0.885	1	1	1	1
福建	0.456	0.508	0.556	0.602	0.650	0.726	0.846	0.993	1	1	1	1	1	1	1

续表

省份\年份	2001	2002	2003	2004	2005	2006	2007	2008	2009	2010	2011	2012	2013	2014	2015
江西	0.204	0.232	0.261	0.300	0.334	0.383	0.440	0.531	0.619	0.755	0.902	1	1	1	1
山东	0.397	0.452	0.523	0.609	0.706	0.812	0.912	1	1	1	1	1	1	1	1
河南	0.232	0.259	0.290	0.341	0.402	0.453	0.529	0.640	0.736	0.869	0.989	1	1	1	1
湖北	0.268	0.297	0.330	0.367	0.409	0.459	0.542	0.663	0.810	0.992	1	1	1	1	1
湖南	0.239	0.269	0.299	0.340	0.374	0.417	0.491	0.606	0.730	0.878	1	1	1	1	1
广东	0.540	0.613	0.701	0.775	0.873	0.981	1	1	1	1	1	1	1	1	1
广西	0.197	0.222	0.243	0.277	0.304	0.348	0.406	0.489	0.573	0.719	0.874	1	1	1	1
海南	0.285	0.321	0.348	0.374	0.395	0.441	0.493	0.590	0.688	0.847	0.997	1	1	1	1
重庆	0.271	0.316	0.358	0.402	0.439	0.479	0.550	0.684	0.819	0.981	1	1	1	1	1
四川	0.210	0.235	0.261	0.293	0.321	0.365	0.428	0.517	0.620	0.753	0.902	1	1	1	1
贵州	0.117	0.130	0.146	0.160	0.191	0.217	0.260	0.329	0.392	0.466	0.566	0.718	0.835	0.985	1
云南	0.196	0.214	0.231	0.260	0.276	0.307	0.351	0.419	0.484	0.560	0.665	0.808	0.913	1	1
西藏	0.208	0.244	0.271	0.301	0.320	0.358	0.399	0.461	0.547	0.615	0.693	0.835	0.950	1	1
陕西	0.215	0.246	0.278	0.321	0.378	0.442	0.514	0.657	0.784	0.964	1	1	1	1	1
甘肃	0.171	0.190	0.214	0.244	0.265	0.308	0.351	0.415	0.474	0.573	0.676	0.800	0.885	0.985	1
青海	0.225	0.258	0.289	0.323	0.356	0.409	0.480	0.615	0.695	0.857	1	1	1	1	1
宁夏	0.235	0.265	0.305	0.341	0.366	0.416	0.500	0.654	0.778	0.955	1	1	1	1	1
新疆	0.310	0.337	0.387	0.421	0.464	0.516	0.562	0.661	0.713	0.890	1	1	1	1	1

数据来源及说明：具体取值标准为，当各省份的人均 GDP（当期元）达到或超过中低收入水平 GDP 上限值（当期元）时，取值为 1；当各省份的人均 GDP 小于中低收入水平 GDP 上限值时，取值为各省份的实际人均 GDP 除以中低收入水平 GDP 上限值。中低收入水平 GDP 上限值（当期元）的计算过程见附录 5。

附录 7　2001—2015 年中国各省份成人识字率　单位：百分之一

省份\年份	2001	2002	2003	2004	2005	2006	2007	2008	2009	2010	2011	2012	2013	2014	2015
北京	98.6	98.9	99.2	99.0	99.0	98.5	99.0	99.0	98.9	99.5	99.6	99.7	99.7	99.7	99.8
天津	98.2	98.4	98.2	98.6	98.4	98.8	98.5	98.7	98.9	99.2	99.5	99.4	99.5	99.8	99.5
河北	95.4	96.0	96.5	97.1	96.5	96.7	96.6	97.6	97.4	98.4	99.0	98.5	97.8	98.7	98.7
山西	97.5	97.9	98.0	98.3	97.8	98.1	98.2	97.6	97.8	98.8	99.4	99.5	99.2	99.0	98.7
内蒙古	89.1	90.0	90.1	93.4	91.9	93.2	93.8	94.1	94.5	96.5	98.0	98.4	98.5	98.4	97.6
辽宁	97.9	98.5	98.3	98.6	98.5	98.6	98.5	98.5	98.7	99.3	99.4	99.6	99.7	99.6	99.5
吉林	98.3	98.5	98.5	98.8	97.7	97.4	98.1	98.3	98.4	99.1	98.6	98.8	98.8	99.3	98.8
黑龙江	96.4	96.9	97.5	98.5	97.2	97.8	98.3	98.3	98.1	99.1	98.6	98.7	98.4	99.2	99.1

续表

年份 省份	2001	2002	2003	2004	2005	2006	2007	2008	2009	2010	2011	2012	2013	2014	2015
上海	97.0	97.3	99.0	98.5	98.0	98.6	98.8	98.9	99.1	99.0	99.4	99.3	99.6	99.8	99.2
江苏	92.7	90.5	91.7	92.5	93.3	93.6	94.9	95.5	96.1	97.6	98.1	98.6	98.2	98.0	98.0
浙江	92.0	92.3	92.2	93.0	93.0	93.7	94.0	94.1	95.6	96.5	98.2	97.7	97.6	98.1	97.3
安徽	87.4	86.5	90.0	89.8	84.2	86.4	85.7	88.7	89.5	91.8	95.3	96.2	94.3	95.1	92.6
福建	92.7	91.5	92.0	90.1	92.2	93.3	93.2	93.5	95.7	98.4	98.3	98.2	98.2	98.5	97.0
江西	94.4	94.1	96.1	95.8	93.9	94.1	96.0	95.9	97.2	97.9	98.9	98.8	98.7	98.7	97.3
山东	91.8	93.5	92.0	93.1	91.6	94.1	94.6	95.0	95.8	96.4	98.6	97.6	98.0	98.1	97.3
河南	94.4	95.0	94.2	95.9	93.5	94.3	94.4	94.9	95.6	96.2	97.2	97.2	98.1	98.1	97.6
湖北	92.9	89.0	91.4	92.5	91.7	92.4	93.4	94.6	94.8	96.1	98.3	98.0	98.3	97.5	96.6
湖南	95.7	95.3	95.4	96.3	95.3	95.9	96.6	96.4	97.2	98.3	99.3	99.2	99.2	99.0	97.8
广东	96.8	97.5	97.3	98.0	97.7	97.8	98.7	98.6	98.6	99.1	99.3	99.1	99.4	99.5	99.1
广西	95.5	94.0	95.1	96.1	95.3	96.5	96.8	96.8	97.1	97.9	99.0	98.9	98.8	99.1	98.3
海南	91.9	94.4	94.2	96.5	93.9	93.5	94.3	94.4	95.9	96.8	98.1	99.0	99.2	98.3	97.5
重庆	91.1	92.8	94.3	91.5	91.4	92.4	94.6	94.6	95.2	96.0	97.7	97.9	97.4	97.9	97.1
四川	89.1	90.3	91.9	91.9	86.9	89.8	91.9	92.2	92.8	94.6	97.5	97.8	98.1	97.9	95.8
贵州	81.2	83.5	83.7	86.3	80.0	82.6	85.5	87.4	88.8	89.0	92.4	94.9	96.4	94.6	91.3
云南	82.5	80.6	82.7	88.4	83.2	85.8	86.1	89.1	88.9	93.1	95.1	95.9	97.1	97.1	93.9
西藏	54.9	58.8	44.9	60.7	52.0	55.1	65.4	64.5	61.1	63.4	94.7	91.6	92.0	80.1	69.5
陕西	89.9	88.1	90.8	93.2	92.6	92.6	92.6	93.7	94.4	96.7	98.5	98.5	98.7	98.6	97.3
甘肃	79.7	80.7	81.2	83.8	80.7	78.3	80.6	83.2	84.2	90.0	95.7	94.3	94.1	94.3	94.4
青海	72.5	76.8	78.8	80.6	76.3	81.6	82.5	85.0	86.6	86.3	93	93.3	93.7	94.8	92.8
宁夏	84.2	84.5	84.4	87.0	83.2	85.7	87.1	91.5	91.1	93.2	94.3	93.9	94.2	92.2	93.9
新疆	93.3	94.0	95.1	94.6	93.9	94.8	96.9	96.8	97.5	98.0	99.3	99.0	99.1	99.0	97.8

数据来源：2002—2016年《中国劳动统计年鉴》，成人识字率定义为就业人员受教育程度为小学及以上的人口所占的比例。

附录8　2001—2015年中国各省份社会公众意识取值

年份 省份	2001	2002	2003	2004	2005	2006	2007	2008	2009	2010	2011	2012	2013	2014	2015
北京	0.996	0.999	1	1	1	0.995	1	1	0.999	1	1	1	1	1	1
天津	0.992	0.994	0.992	0.996	0.994	0.998	0.995	0.997	0.999	1	1	1	1	1	1
河北	0.964	0.970	0.975	0.981	0.975	0.977	0.976	0.986	0.984	0.994	1	0.995	0.988	0.997	0.997
山西	0.985	0.989	0.990	0.993	0.988	0.991	0.992	0.986	0.988	0.998	1	1	1	1	0.997
内蒙古	0.900	0.909	0.910	0.943	0.928	0.941	0.947	0.951	0.955	0.975	0.990	0.994	0.995	0.994	0.986

续表

省份＼年份	2001	2002	2003	2004	2005	2006	2007	2008	2009	2010	2011	2012	2013	2014	2015
辽宁	0.989	0.995	0.993	0.996	0.995	0.996	0.995	0.995	0.997	1	1	1	1	1	1
吉林	0.993	0.995	0.995	0.998	0.987	0.984	0.991	0.993	0.994	1	0.996	0.998	0.998	1	0.998
黑龙江	0.974	0.979	0.985	0.995	0.982	0.988	0.993	0.993	0.991	1	0.996	0.997	0.994	1	1
上海	0.980	0.983	1	0.995	0.990	0.996	0.998	0.999	1	1	1	1	1	1	1
江苏	0.936	0.914	0.926	0.934	0.942	0.945	0.959	0.965	0.971	0.986	0.991	0.996	0.992	0.990	0.990
浙江	0.929	0.932	0.931	0.939	0.939	0.946	0.949	0.951	0.966	0.975	0.992	0.987	0.986	0.991	0.983
安徽	0.883	0.874	0.909	0.907	0.851	0.873	0.866	0.896	0.904	0.927	0.963	0.972	0.953	0.961	0.935
福建	0.936	0.924	0.929	0.910	0.931	0.942	0.941	0.944	0.967	0.994	0.993	0.992	0.992	0.995	0.980
江西	0.954	0.951	0.971	0.968	0.948	0.951	0.970	0.969	0.982	0.989	0.999	0.998	0.997	0.997	0.983
山东	0.927	0.944	0.929	0.940	0.925	0.951	0.956	0.960	0.968	0.974	0.996	0.986	0.990	0.991	0.983
河南	0.954	0.960	0.952	0.969	0.944	0.953	0.954	0.959	0.966	0.972	0.982	0.982	0.991	0.991	0.986
湖北	0.938	0.899	0.923	0.934	0.926	0.933	0.943	0.956	0.958	0.971	0.993	0.990	0.993	0.985	0.976
湖南	0.967	0.963	0.964	0.973	0.963	0.969	0.976	0.974	0.982	0.993	1	1	1	1	0.988
广东	0.978	0.985	0.983	0.990	0.987	0.988	0.997	0.996	0.996	1	1	1	1	1	1
广西	0.965	0.949	0.961	0.971	0.963	0.975	0.978	0.978	0.981	0.989	1	0.999	0.998	1	0.993
海南	0.928	0.954	0.952	0.975	0.948	0.944	0.953	0.954	0.969	0.978	0.991	1	1	0.993	0.985
重庆	0.920	0.937	0.953	0.924	0.923	0.933	0.956	0.956	0.962	0.970	0.987	0.989	0.984	0.989	0.981
四川	0.900	0.912	0.928	0.928	0.878	0.907	0.928	0.931	0.937	0.956	0.985	0.988	0.991	0.989	0.968
贵州	0.820	0.843	0.845	0.872	0.808	0.834	0.864	0.883	0.897	0.899	0.933	0.959	0.974	0.956	0.922
云南	0.833	0.814	0.835	0.893	0.840	0.867	0.870	0.900	0.898	0.940	0.961	0.969	0.981	0.981	0.948
西藏	0.555	0.594	0.454	0.613	0.525	0.557	0.661	0.652	0.617	0.640	0.957	0.925	0.929	0.809	0.702
陕西	0.908	0.890	0.917	0.941	0.935	0.935	0.935	0.946	0.954	0.977	0.995	0.995	0.997	0.996	0.983
甘肃	0.805	0.815	0.820	0.846	0.815	0.791	0.814	0.840	0.851	0.909	0.967	0.953	0.951	0.953	0.954
青海	0.732	0.776	0.796	0.814	0.771	0.824	0.833	0.859	0.875	0.872	0.939	0.942	0.946	0.958	0.937
宁夏	0.851	0.854	0.853	0.879	0.840	0.866	0.880	0.924	0.920	0.941	0.953	0.948	0.952	0.931	0.948
新疆	0.942	0.949	0.961	0.956	0.948	0.958	0.979	0.978	0.985	0.990	1	1	1	1	0.988

数据来源：根据附录 7 的数据计算所得，具体计算过程如下，当成人识字率达到或超过 99%时，取值为 1；当成人识字率小于 99%时，取值为实际比例除以 99%。